中等职业教育机电类专业"十一五"规划教材

车工工艺学（下册）

中国机械工业教育协会
全国职业培训教学工作指导委员会　　组编
机电专业委员会

杜俊伟　主编

机械工业出版社

本教材是为适应"工学结合、校企合作"培养模式的要求，根据中国机械工业教育协会和全国职业培训教学工作指导委员会机电专业委员会组织制订的中等职业教育教学计划大纲编写的。本教材主要内容包括：矩形、梯形、多线螺纹和蜗杆的车削，复杂工件的装夹和车削，金属切削原理，车床，典型工件的车削工艺分析，提高劳动生产率的途径。本教材采用最新的国家标准编写，附录中收集了车工常用的有关资料和数据。

　　本套教材公共课、专业基础课、专业课、技能课、企业生产实践配套，教学计划大纲、教材、电子教案（或课件）齐全，大部分教材还有配套的习题和习题解答。

　　本教材可供中等职业技术学校、技工学校、职业高中使用。

图书在版编目（CIP）数据

车工工艺学. 下册/杜俊伟主编. —北京：机械工业出版社，2008.7
（2025.8重印）

中等职业教育机电类专业"十一五"规划教材

ISBN 978-7-111-24519-3

Ⅰ. 车⋯　Ⅱ. 杜⋯　Ⅲ. 车削-专业学校-教材　Ⅳ. TG510.6

中国版本图书馆 CIP 数据核字（2008）第 096000 号

机械工业出版社（北京市百万庄大街 22 号　邮政编码 100037）
策划编辑：荆宏智　王晓洁　责任编辑：王晓洁　责任校对：李秋荣
封面设计：马精明　责任印制：张　博
北京机工印刷厂有限公司印刷
2025 年 8 月第 1 版第 6 次印刷
184mm×260mm・10.5 印张・254 千字
标准书号：ISBN 978-7-111-24519-3
定价：46.00 元

电话服务　　　　　　　　　　网络服务
客服电话：010-88361066　　机　工　官　网：www.cmpbook.com
　　　　　010-88379833　　机　工　官　博：weibo.com/cmp1952
　　　　　010-68326294　　金　书　网：www.golden-book.com
封底无防伪标均为盗版　　机工教育服务网：www.cmpedu.com

中等职业教育机电类专业"十一五"规划教材编审委员会

主　任　郝广发　季连海

副主任　刘亚琴　周学奎　何阳春　林爱平　李长江　李晓庆
　　　　　徐　彤　刘大力　张跃英　董桂桥

委　员　（按姓氏笔画排序）
　　　　　于　平　王　军　王兆山　王泸均　王德意　方院生
　　　　　付志达　许炳鑫　杜德胜　李　涛　杨柳青　（常务）
　　　　　杨耀双　何秉戌　谷希成　张　莉　张正明　周庆礼
　　　　　孟广斌　赵杰士　郝晶卉　荆宏智　（常务）　姜方辉
　　　　　贾恒旦　奚　蒙　徐卫东　章振周　梁文侠　喻勋良
　　　　　曾燕燕　蒙俊健　戴成增

策划组　荆宏智　徐　彤　何月秋　王英杰

《车工工艺学（下册）》编审人员

主　编　杜俊伟
参　编　杜德胜　黄浩伟　王卫东　赵丽君
审　稿　吴春霞

序

为贯彻《国务院关于大力发展职业教育的决定》精神,落实文件中提出的中等职业学校实行"工学结合、校企合作"的新教学模式,满足中等职业学校、技工学校和职业高中技能型人才培养的要求,更好地适应企业的需要,为振兴装备制造业提供服务,中国机械工业教育协会和全国职业培训教学工作指导委员会机电专业委员会共同聘请有关行业专家制定了中等职业学校6个专业10个工种新的教学计划大纲,并据此组织编写了这6个专业的"十一五'规划教材。

这套新模式的教材共近70个品种。为体现行业领先的策略,编出特色,扩大本套教材的影响,方便教师和学生使用,并逐步形成品牌效应,我们在进行了充分调研后,才会同行业专家制定了这6个专业的教学计划,提出了教材的编写思路和要求。共有22个省(市、自治区)的近40所学校的专家参加了教学计划大纲的制定和教材的编写工作。

本套教材的编写贯彻了"以学生为根本,以就业为导向,以标准为尺度,以技能为核心"的理念,以及"实用、够用、好用"的原则。本套教材具有以下特色:

1. 教学计划大纲、教材、电子教案(或课件)齐全,大部分教材还有配套的习题集和习题解答。

2. 从公共基础课、专业基础课,到专业课、技能课全面规划,配套进行编写。

3. 按"工学结合、校企合作"的新教学模式重新制定了教学计划大纲,在专业技能课教材的编写时也进行了充分考虑,还编写了第三学年使用的《企业生产实习指导》。

4. 为满足不同地区、不同模式的教学需求,本套教材的部分科目采用了"任务驱动"形式和传统编写方式分别进行编写,以方便大家选择使用;考虑到不同学校对软件的不同要求,对于《模具CAD/CAM》课程,我们选用三种常用软件各编写了一本教材,以供大家选择使用。

5. 贯彻了"实用、够用、好用"的原则,突出"实用",满足"够用",一切为了"好用"。教材每单元中均有教学目标、本章小结、复习思考题或技能练习题,对内容不做过高的难度要求,关键是使学生学到干活的真本领。

本套教材的编写工作得到了许多学校领导的重视和大力支持以及各位老师的热烈响应,许多学校对教学计划大纲提出了很多建设性的意见和建议,并主动推荐教学骨干承担教材的编写任务,为编好教材提供了良好的技术保证,在此对各个学校的支持表示感谢。

由于时间仓促,编者水平有限,书中难免存在某些缺点或不足,敬请读者批评指正。

中国机械工业教育协会
全国职业培训教学工作指导委员会
机电专业委员会

前　　言

　　本教材是根据中国机械工业教育协会和全国职业培训教学工作指导委员机电专业委员会联合颁发的《车工工艺学》教学大纲、《车工国家职业标准》编写的。供技工学校、中等职业技术学校、中级技术工人培训使用。

　　随着科学技术的迅速发展，对技能型人才的要求也越来越高。作为培养技能型人才的中等职业技术学校，原来传统的教学模式及教材已不能完全适应现今教学对象的要求。本书采用最新国家标准，根据培养目标的需求，对教材内容进行了适当的调整，补充了一些新知识。注重培养学生具有良好综合素质、实践能力和创新能力，使教材更规范、更实用。本书图文并茂，内容丰富，章首有教学目标和教学重点、难点，各章均附有复习思考题，还配有电子教案供教学参考。

　　本书由杜德胜、黄浩伟、王卫东、杜俊伟、赵丽君编写，杜俊伟主编，吴春霞审稿。

　　由于时间较仓促，编者水平有限，调查研究不够深入，书中仍难免有缺点和错误，诚恳地希望专家和广大读者批评指正。

编　者

目　录

第一章 矩形、梯形、多线螺纹和蜗杆的车削

教学目标 1. 掌握螺纹升角对车刀工作角度的影响。
2. 懂得矩形螺纹尺寸的计算、车刀几何形状和矩形螺纹的车削方法。
3. 掌握梯形螺纹各部分尺寸的计算、车刀几何形状和梯形螺纹的车削方法。
4. 了解蜗杆传动的作用、特点。
5. 掌握米制蜗杆各部分尺寸的计算及车削方法。
6. 懂得多线螺纹的作用和分线方法。
7. 了解梯形螺纹的公差等级和公差带位置。
8. 掌握梯形螺纹和蜗杆的检测方法。

教学重点 梯形螺纹、米制蜗杆各部分尺寸的计算、刀具的几何形状、车削方法和测量方法。

教学难点 螺纹升角对车刀工作角度的影响，多线螺纹的分线方法，蜗杆的检测方法。

矩形、梯形、多线螺纹和蜗杆等，一般作为传动零件，因此精度要求较高。而且，由于它们的螺距（齿距）和螺纹升角（导程角）都较大，所以要比三角形螺纹加工难度大。

第一节 螺纹升角对车刀工作角度的影响

车螺纹时，因受螺旋运动的影响，切削平面和基面的位置发生了变化，使车刀工作时的前角和后角与刃磨前角（静止前角）和刃磨后角（静止后角）的数值不相同，车刀的切削情况有很大的变化，直接影响切削加工能否顺利进行和加工质量。车刀工作角度变化的程度，决定于工件螺纹升角的大小。三角形螺纹的螺纹升角一般比较小，影响也较小，刃磨三角形螺纹车刀时，对螺纹升角的影响考虑较少。但在车削矩形螺纹、梯形螺纹、蜗杆及多线螺纹时，影响就比较大。因此，在刃磨螺纹车刀时，必须考虑螺纹升角对车刀工作角度的影响。

一、螺纹升角的计算

螺纹牙侧表面是一个螺旋面，在同一螺旋面上牙侧各点的导程是相等的，但由于各点的直径不同，因而各点的螺纹升角就各不相同，如图 1-1 所示，即

$$\tan\phi_0 = \frac{P_h}{\pi d}$$

$$\tan\phi = \frac{P_h}{\pi d_2}$$

$$\tan\phi_1 = \frac{P_h}{\pi d_1}$$

(1-1)

式中 P_h——导程（mm）；
d、d_2、d_1——分别表示螺纹大径、中径、小径（mm）；

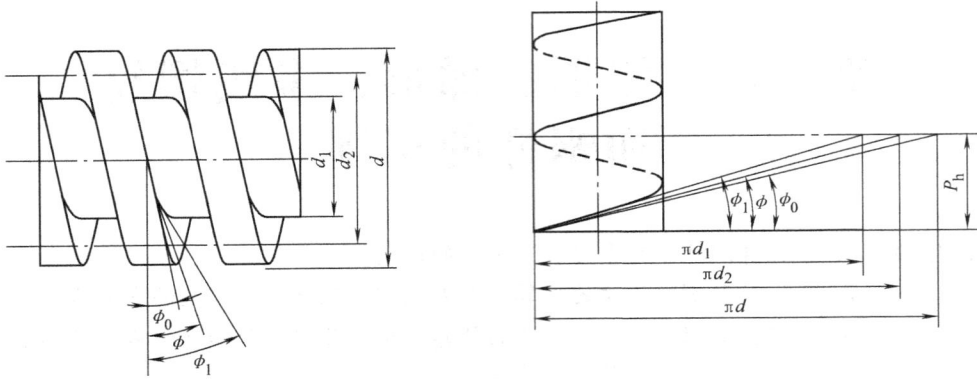

图 1-1　螺纹各直径上螺纹升角的变化

ϕ_0、ϕ、ϕ_1——分别表示螺纹大径、中径、小径的螺纹升角（°）。

由上述公式中可以看出，当螺纹的导程相同时，其直径愈小，螺纹升角愈大。螺纹大径、中径、小径的螺纹升角各不相等。在标准中所规定的螺纹升角是按中径计算的。

二、螺纹升角对车刀两侧后角的影响

车刀两侧的工作后角一般取 3°~5°。当不存在螺纹升角时（如横向进给车沟槽时）。车刀两侧的工作后角与刃磨后角（静止后角）是相等的。从图 1-2 中可以看出：车右旋螺纹时，由于螺纹升角的存在，车刀左侧的刃磨后角（α_{oL}）应等于工作后角加上螺纹升角（ϕ）；为了保证刀头有足够的强度，车刀右侧的刃磨后角（α_{oR}）应等于工作后角减去螺纹升角。即

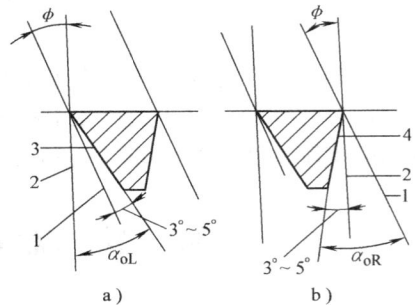

图 1-2　车右旋螺攻时螺纹升角
对螺纹车刀工作后角的影响
a）左侧切削刃　b）右侧切削刃
1—螺旋线（工作时的切削平面）
2—切削平面　3—左侧
后角　4—右侧后角

$$\alpha_{oL} = (3° \sim 5°) + \phi$$
$$\alpha_{oR} = (3° \sim 5°) - \phi \qquad (1\text{-}2)$$

车削左旋螺纹时，情况则相反。

例 1-1　车削螺纹升角 $\phi = 8°$ 的右旋螺纹，求车刀两侧静止后角的刃磨范围。

解　根据式（1-2）

$$\alpha_{oL} = (3° \sim 5°) + \phi = (3° \sim 5°) + 8° = 11° \sim 13°$$
$$\alpha_{oR} = (3° \sim 5°) - \phi = (3° \sim 5°) - 8° = -5° \sim -3°$$

三、螺纹升角对车刀前角的影响

车削螺纹时，由于螺纹升角的影响，使得基面位置发生了变化，从而影响螺纹车刀的工作角度，车刀两侧切削刃的工作前角与刃磨前角不相等。如图 1-3a 所示，如果车刀两侧切削刃的静止前角均为 0°，在车右旋螺纹时，左侧切削刃的工作前角为 $\gamma_{oL} = \phi$，切削较顺利；右侧切削刃的工作前角为 $\gamma_{oR} = -\phi$，切削不顺利，排屑也困难。

为了改善上述状况，可采用以下措施：

1）将车刀左右两侧切削刃组成的平面垂直于螺旋线装夹（法向装刀），如图 1-3b 所示，这时两侧切削刃的工作前角都为 0°，即 $\gamma_{oL} = \gamma_{oR} = 0°$。

2）车刀仍然水平装夹，但在前面上沿左右两侧切削刃上磨出具有较大前角的断屑槽，如图1-3c所示。这样可使切削顺利，有利于排屑，并保证牙侧素线为直线。

3）法向装刀时，在前面上也可磨出有较大前角的断屑槽，如图1-3d所示。这样切削更顺利，但需注意，牙侧素线在通过螺纹轴线的平面内不是直线而是曲线。

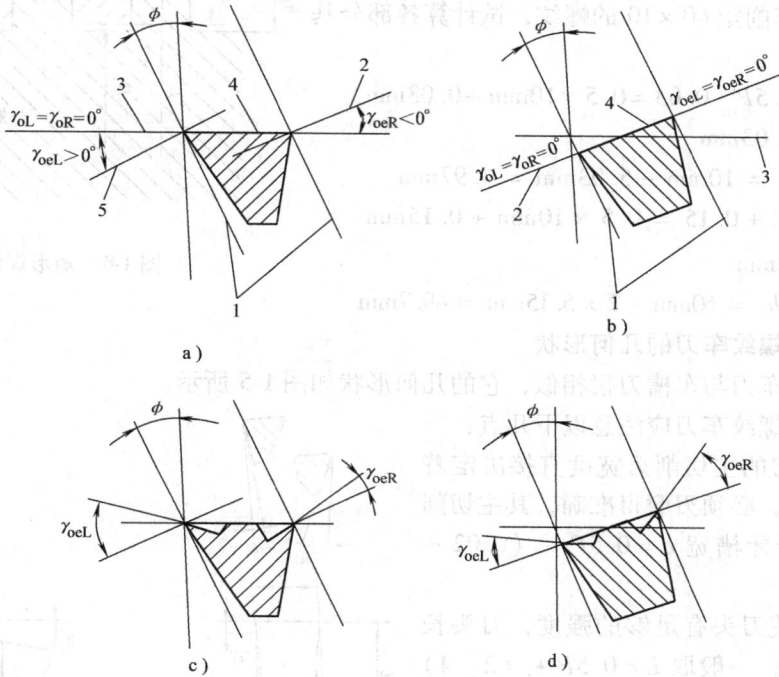

图1-3　螺纹升角对螺纹车刀工作前角的影响

a）水平装刀　b）法向装刀　c）水平装刀且磨有较大前角的断屑槽　d）法向装刀且磨有较大前角的断屑槽

1—螺旋线（工作时的切削平面）　2、5—工作时的基面　3—基面　4—前面

第二节　矩形螺纹的车削

矩形螺纹亦称方牙螺纹，是一种非标准螺纹，在零件图上的螺纹标注中不用代号表示，须直接注明"矩"及"公称直径×螺距"，如矩36×6。

一、矩形螺纹的尺寸计算

矩形螺纹的牙型如图1-4所示，它的理论牙型为一正方形。但由于内外螺纹配合时的相对运动，在牙顶、牙底和牙侧间都必须有一定的间隙，所以实际牙型并不是正方形的。

矩形螺纹各部分尺寸的计算

$$b = 0.5P + (0.02 \sim 0.04)\,\text{mm} \tag{1-3}$$

$$a = P - b \tag{1-4}$$

$$h_1 = 0.5P + (0.1 \sim 0.2)\,\text{mm} \tag{1-5}$$

$$d_1 = d - 2h_1 \tag{1-6}$$

式中　P——螺距（mm）；

　　　a——齿宽（mm）；

b——槽宽（mm）；

h_1——牙型高度（mm）；

d——外螺纹大径（mm）；

d_1——外螺纹小径（mm）。

例 1-2　车削矩 60×10 的螺纹，试计算各部分基本尺寸。

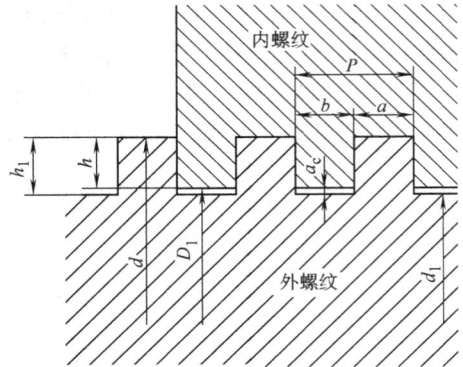

图 1-4　矩形螺纹

解　$b = 0.5P + 0.03 = 0.5 \times 10\text{mm} + 0.03\text{mm}$
$= 5.03\text{mm}$

$a = P - b = 10\text{mm} - 5.03\text{mm} = 4.97\text{mm}$

$h_1 = 0.5P + 0.15 = 0.5 \times 10\text{mm} + 0.15\text{mm}$
$= 5.15\text{mm}$

$d_1 = d - 2h_1 = 60\text{mm} - 2 \times 5.15\text{mm} = 49.7\text{mm}$

二、矩形螺纹车刀的几何形状

矩形螺纹车刀与车槽刀很相似，它的几何形状如图 1-5 所示。

刃磨矩形螺纹车刀应注意以下几点：

1）精车刀的主切削刃宽度直接决定着螺纹的牙槽宽，必须刃磨得准确，其主切削刃宽度应等于牙槽宽 $b = 0.5P -$（0.02 ~ 0.04）mm。

2）为了使刀头有足够的强度，刀头长度 L 不宜过长，一般取 $L = 0.5P +$（2 ~ 4）mm。

3）矩形螺纹的螺纹升角一般都比较大，刃磨两侧后角时必须考虑螺纹升角的影响。

4）为了减小螺纹牙侧的表面粗糙度值，在精车刀的两侧面切削刃上应磨有 $b_g' = 0.3 ~ 0.5\text{mm}$ 的修光刃。

例 1-3　车削矩 60×10 的丝杠，已知螺纹升角 $\phi = 40°30'$，求车刀各部分的尺寸。

解　刀头宽度　$b = 0.5P + 0.03\text{mm} = 0.5 \times 10\text{mm} + 0.03\text{mm} = 5.03\text{mm}$

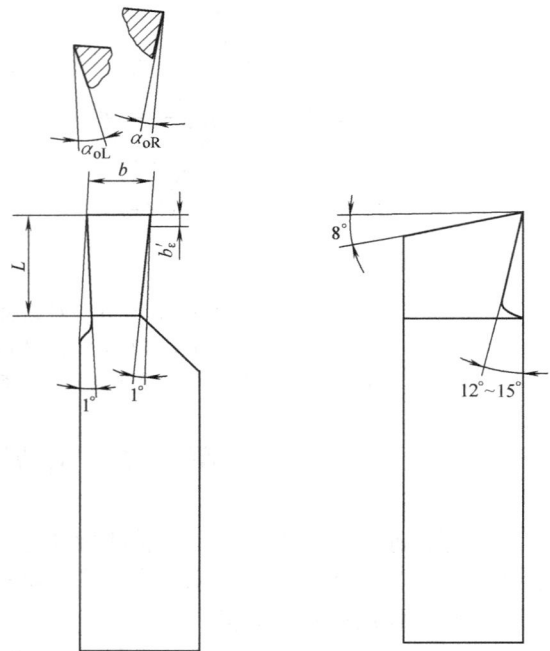

图 1-5　矩形螺纹车刀

刀头长度　$L = 0.5P + 3\text{mm} = 0.5 \times 10\text{mm} + 3\text{mm} = 8\text{mm}$

左侧后角　$\alpha_{oL} =$（3° ~ 5°）$+ \phi = 3°30' + 4°30' = 8°$

右侧后角　$\alpha_{oR} = 4°30' - 4°30' = 0°$

修光刃长度　$b_g' = 0.3 ~ 0.5\text{mm}$

三、矩形螺纹的车削方法

矩形螺纹一般采用高速钢车刀低速车削。车削 P 小于 4mm 的矩形螺纹时，一般不分粗、精车，可用一把车刀采用直进法车削完成。车削螺距 P 为 4 ~ 12mm 的螺纹时，可先用粗车刀以直进法粗车，两侧各留有 0.2～0.4mm 的精加工余量，再用精车刀采用直进法精车至尺寸要求，如图 1-6a 所示。

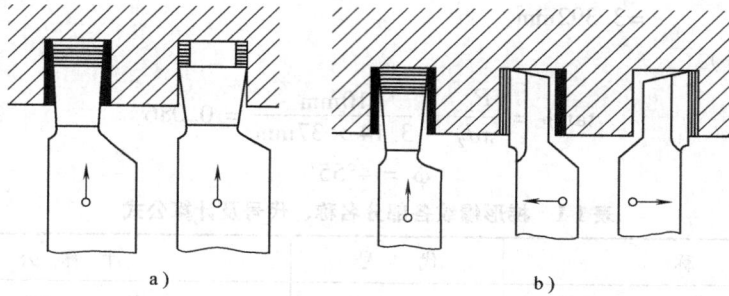

图 1-6 矩形螺纹的车削方法
a) 直进法 b) 左右切削法

车削大螺距（$P > 12mm$）的矩形螺纹，粗车时用刀头宽度较小的矩形螺纹车刀采用直进法车削，精车时用两把类似90°左、右车（偏）刀的精车刀分别精车螺纹的两侧面。注意要严格控制牙槽宽度，以保证内、外螺纹两侧的配合间隙。

车削矩形螺纹时，应注意到内、外螺纹配合是以径向定心的，必须注意定心精度，矩形螺纹一般采用螺纹的外径来定心。

第三节 梯形螺纹的车削

梯形螺纹是应用最广泛的传动螺纹，例如车床的长丝杠和中、小滑板的丝杠等都是梯形螺纹。它们的使用精度要求较高，工作长度较长，牙型深度较深，使用要求较高，因此车削时比普通三角形螺纹困难。

梯形螺纹分米制和英制两种。国家标准规定，米制梯形螺纹的牙型角为30°。英制梯形螺纹在我国较少使用，其牙型角为29°。

一、米制梯形螺纹的各部分尺寸计算

米制梯形的牙型如图 1-7 所示。

米制梯形螺纹各部分名称、代号及计算公式见表 1-1。

例 1-4 车削一对 Tr42×10 的丝杠和螺母，试计算各基本尺寸和螺纹升角。

解 根据表 1-1 所列公式和尺寸

$a_c = 0.5mm$

$h_3 = 0.5P + a_c = 0.5 \times 10mm + 0.5mm$
$\quad = 5.5mm$

$H_4 = h_3 = 5.5mm$

$d_2 = D_2 = d - 0.5P = 42mm - 0.5 \times 10mm$
$\quad = 37mm$

$d_3 = d - 2h_3 = 42mm - 2 \times 5.5mm = 31mm$

$D_1 = d - P = 42mm - 10mm = 32mm$

$D_4 = d + 2a_c = 42mm + 2 \times 0.5mm = 43mm$

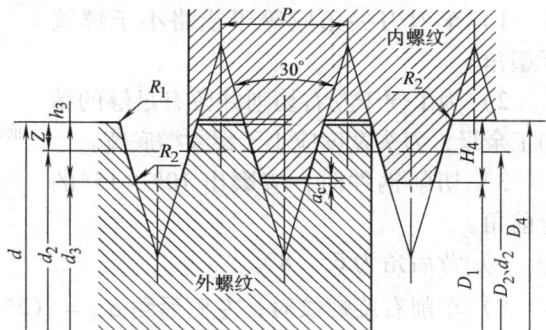

图 1-7 梯形螺纹的牙型

$$s_a = 0.366P = 0.366 \times 10\text{mm} = 3.66\text{mm}$$

$$e_f = 0.366P - 0.536a_c = 0.366 \times 10\text{mm} - 0.536 \times 0.5\text{mm}$$
$$= 3.392\text{mm}$$

根据式（1-1）

$$\tan\phi = \frac{P_h}{\pi d_2} = \frac{10\text{mm}}{3.14 \times 37\text{mm}} = 0.086$$

$$\phi = 4°55'$$

表 1-1　梯形螺纹各部分名称、代号及计算公式

名　称		代　号	计　算　公　式			
牙型角		α	$\alpha = 30°$			
螺距		P	由螺纹标准确定			
牙顶间隙		a_c	P	1.5 ~ 5	6 ~ 12	14 ~ 44
			a_c	0.25	0.5	1
外螺纹	大径	d	公称直径			
	中径	d_2	$d_2 = d - 0.5P$			
	小径	d_3	$d_3 = d - 2h_3$			
	牙高	h_3	$h_3 = 0.5P + a_c$			
内螺纹	大径	D_4	$D_4 = d + 2a_c$			
	中径	D_2	$D_2 = d_2$			
	小径	D_1	$D_1 = d - P$			
	牙高	H_4	$H_4 = h_3$			
牙顶高		s_a、s_a'	$s_a = s_a' = 0.366P$			
牙槽底宽		e_f、e_f'	$e_f = e_f' = 0.366P - 0.536a_c$			

二、梯形螺纹车刀的几何形状

梯形螺纹车刀切削部分的材料有高速钢和硬质合金两类，现分别介绍如下。

1. 高速钢梯形外螺纹粗车刀

为了提高螺纹的质量，加工时可分为粗车和精车两个过程。高速钢梯形螺纹粗车刀的几何形状，如图 1-8 所示。具体参数可按下列原则选择：

1）车刀刀尖角应等于或略小于螺纹牙型角。

2）为了便于左右切削并留有足够的精加工余量，刀头宽度应小于螺纹槽底宽。

3）切削钢件时，应磨出 10°~15° 的背前角。

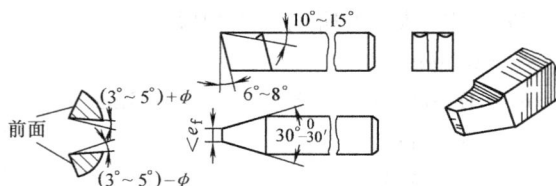

图 1-8　高速钢梯形螺纹粗车刀

4）背后角为 6°~8°。

5）车削右旋螺纹时，左侧后角 $\alpha_{oL} = (3°~5°) + \phi$，右侧后角 $\alpha_{oR} = (3°~5°) - \phi$

6）为了增加刀尖的寿命，刀尖处适当倒圆。

2. 高速钢梯形外螺纹精车刀

高速钢梯形外螺纹精车刀如图 1-9 所示。具体要求如下：

1）为了保证螺纹的牙型正确：刀尖角应等于牙型角，切削刃平直，表面粗糙度值要小（R_a =0.8~0.4μm），背前角应等于0°。

2）为了保证两侧切削刃切削顺利，刀尖锋利：从而获得较小的牙侧表面粗糙度值，两侧切削刃都应磨有较大前角（γ_o =10°~16°）的断屑槽。但车削时必须注意，车刀的前端切削刃不能参加切削，只能精车两牙侧。

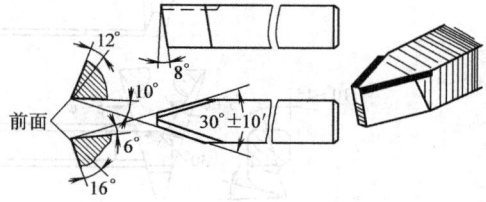

图 1-9　高速钢梯形螺纹精车刀

由于其材料的特点，高速钢梯形螺纹车刀只能用于低速切削精度要求较高的梯形螺纹，生产率较低。

3. 硬质合金梯形外螺纹车刀

为了提高效率，在车削一般精度梯形外螺纹时，可采用硬质合金车刀进行高速车削。硬质合金梯形外螺纹车刀如图 1-10 所示。

高速切削梯形螺纹时，由于三个切削刃同时参加切削，切削力大，容易引起振动，并且当刀具前面是平行面（背前角为0°）时，切屑呈带状流出，操作很不安全。为了解决上述矛盾，可在前面上磨出两个圆弧槽，如图 1-11 所示。

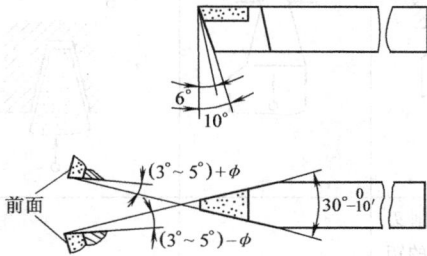

图 1-10　硬质合金梯形外螺纹车刀

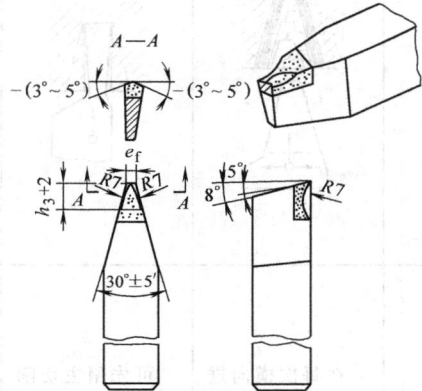

图 1-11　双圆弧硬质合金梯形外螺纹车刀

其主要优点是：

1）因为磨出了两个 $R7mm$ 的圆弧，使其背前角增大，切削轻快，有消振作用，使得车削时不易引起振动。

2）切屑呈球状排出，保证安全，排屑顺利，清除切屑方便。

但这种车刀车出的螺纹，牙型精度不高。

4. 梯形内螺纹车刀

梯形内螺纹车刀如图 1-12 所示，其几何形状和三角形内螺纹车刀基本相同，只是刀尖角应刃磨成30°

三、梯形螺纹的车削方法

梯形螺纹的车削方法分低速和高速车削两大类。在精度要求较高的梯形螺纹车削及在单

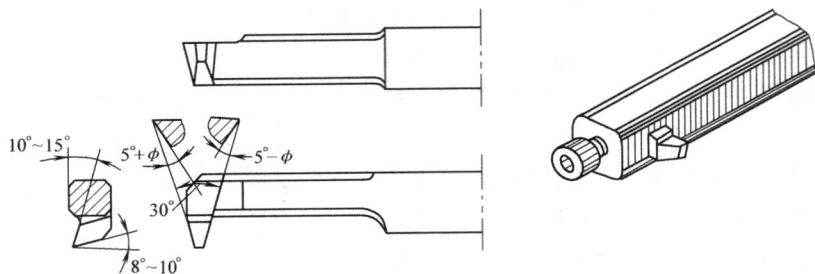

图 1-12　梯形内螺纹车刀

件生产和修配工作中，常采用高速钢车刀低速切削。

　　梯形螺纹车削时的进刀方法及其特点和使用场合，见表 1-2。

表 1-2　梯形螺纹的车削方法

车削方法	低速车削法			高速车削法	
进刀方法	左右车削法	车直槽法	车阶梯槽法	直进法	车直槽法和车阶梯槽法
图示					
车削方法说明	在每次横向进给时，都必须把车刀向左或向右做微量移动，很不方便。但是可防止因三个切削刃同时参加切削而产生振动和扎刀现象	可先用主切削刃宽度等于牙槽底宽 W 的矩形螺纹车刀车出螺旋直槽，使槽底直径等于梯形螺纹的小径，然后用梯形螺纹精车刀精车牙型两侧	可用主切削刃宽度小于 P_h 的矩形螺纹车刀，用车直槽法车至接近螺纹中径处，再用主切削刃宽度等于牙槽底宽 W 的矩形螺纹车刀把槽深车至接近螺纹牙高 h_3，这样就车出了一个阶梯槽。然后用梯形螺纹精车刀精车牙型两侧	可用图 1-11 所示的双圆弧硬质合金梯形外螺纹车刀粗车，再用硬质合金梯形螺纹车刀精车	为了防止振动，可用硬质合金车槽刀，采用车直槽法和车阶梯槽法进行粗车，然后用硬质合金梯形螺纹车刀精车
使用场合	车削 $P \le 8\text{mm}$ 的梯形螺纹	粗车 $P \le 8\text{mm}$ 的梯形螺纹	精车 $P > 8\text{mm}$ 的梯形螺纹	车削 $P \le 8\text{mm}$ 的梯形螺纹	车削 $P > 8\text{mm}$ 的梯形螺纹

第四节　蜗杆的车削

蜗轮、蜗杆组成的运动副常用于减速传动机构中，以传递两轴在空间交错成90°的运动。如蜗轮蜗杆减速机。为了提高传动效率，减少齿面磨损，蜗轮材料常采用青铜（锡青铜、铅青铜、铝青铜）制造，蜗杆材料常采用中碳钢或中碳合金钢制造，齿面淬硬至46～48HRC。

蜗杆的齿形角（α）为在通过蜗杆轴线的平面内，轴线垂直面与齿侧之间的夹角。蜗杆一般可分为米制蜗杆（$\alpha = 20°$）和英制蜗杆（$\alpha = 14.5°$）两种。我国大多采用米制蜗杆，英制蜗杆很少采用，因此主要介绍米制蜗杆。

在轴向剖面内，蜗杆传动相当于齿轮与齿条间的传动，如图1-13所示。同时蜗杆的各项基本参数也是在该剖面内测量的，并规定为标准值。蜗杆、蜗轮的参数和尺寸，可模仿齿轮传动的参数和尺寸来计算。

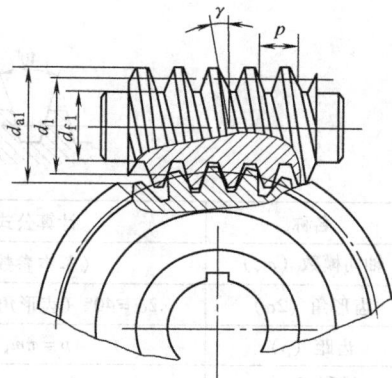

图1-13　蜗杆传动

一、蜗杆的齿形

根据齿廓形状的不同，常用蜗杆齿形分轴向直廓蜗杆和法向直廓蜗杆两种，如图1-14所示。

（1）轴向直廓蜗杆　轴向直廓蜗杆又称ZA蜗杆，这种蜗杆的轴向齿廓为直线，而在垂直于轴线的截面内，齿形是阿基米德螺旋线（等速螺线），所以又称为阿基米德蜗杆，如图1-14a所示。

（2）法向直廓蜗杆　法向直廓蜗杆又称ZN蜗杆，这种蜗杆在垂直于齿面的法向截面内，齿廓为直线，所以称为法向直廓蜗杆，而在垂直于轴线的截面内，齿形是延长渐开线，所以又称延长渐开线蜗杆，如图1-14b所示。

以上两种蜗杆，由于法向直廓蜗杆传动的蜗轮制造比较困难，所以目前轴向直廓蜗杆应用较多。

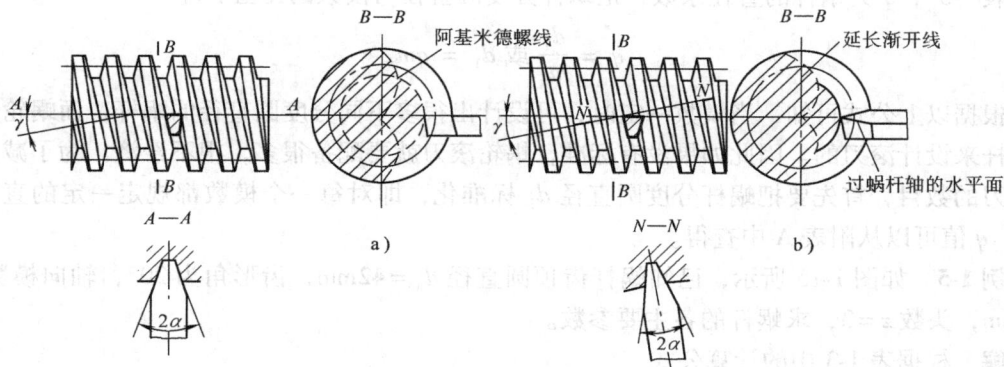

图1-14　常用蜗杆的齿形
a）轴向直廓　b）法向直廓

二、蜗杆主要参数的计算

蜗杆在传动中是与蜗轮相啮合的，它的轴向齿距必须等于蜗轮齿距 P。

米制蜗杆主要参数的名称、符号和计算公式见表 1-3。

表 1-3　米制蜗杆的各部分名称符号及尺寸计算

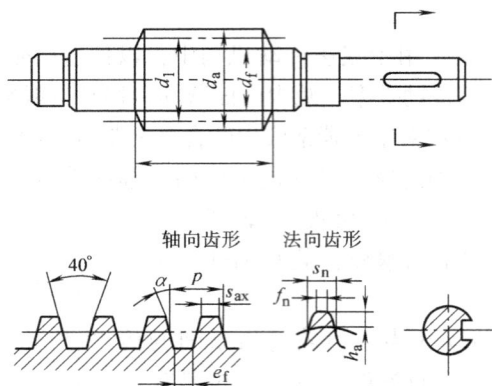

名称	计算公式	名称		计算公式
轴向模数（m_x）	（基本参数）	导程角（γ）		$\tan\gamma = \dfrac{p_z}{\pi d_1}$
齿形角（2α）	$2\alpha = 40°$（齿形角 $\alpha = 20°$）			
齿距（p）	$p = \pi m_x$	齿顶宽（s_a）	轴向	$s_{ax} = 0.843m_x$
导程（p_z）	$p_z = z_1 p = z_1 \pi m_x$		法向	$s_{an} = 0.843m_x \cos\gamma$
全齿高（h）	$h = 2.2m_x$	齿根槽宽（e_f）	轴向	$e_{fx} = 0.697m_x$
齿顶高（h_a）	$h_a = m_x$		法向	$e_{fn} = 0.697m_x \cos\gamma$
齿根高（h_f）	$h_f = 1.2m_x$	齿厚（s）	轴向	$s_x = \dfrac{\pi m_x}{2} = \dfrac{p}{2}$
分度圆直径（d_1）	$d_1 = qm_x$（q 为蜗杆直径系数）			
齿顶圆直径（d_a）	$d_a = d_1 + 2m_x$		法向	$s_n = \dfrac{\pi m_x}{2}\cos\gamma = \dfrac{p}{2}\cos\gamma$
齿顶圆直径（d_f）	$d_f = d_1 - 2.4m_x$ 或 $d_f = d_a - 4.4m_x$			

表 1-3 中 q 为蜗杆的直径系数，是蜗杆分度圆直径与模数的比值。即

$$q = \frac{d_1}{m_x} \text{ 或 } d_1 = qm_x$$

根据以上公式可知，当模数一定时，可设计出很多不同分度圆直径的蜗杆，而蜗轮是根据蜗杆来设计滚刀的。因此如果没有标准，蜗轮滚刀就要配备很多，很不经济。为了减少蜗轮滚刀的数目，首先要把蜗杆分度圆直径 d_1 标准化，即对每一个模数都规定一定的直径系数 q，q 值可以从附表 A 中查得。

例 1-5　如图 1-15 所示，已知蜗杆齿顶圆直径 $d_a = 42\text{mm}$，齿形角为 20°，轴向模数 $m_x = 3\text{mm}$，头数 $z = 3$，求蜗杆的各主要参数。

解　根据表 1-3 中的计算公式

齿距　$p = \pi m_x = 3.1416 \times 3\text{mm} = 9.425\text{mm}$

导程　$p_z = z\pi m_x = 3 \times 3.1416 \times 3\text{mm} = 28.27\text{mm}$

全齿高　$h = 2.2m_x = 2.2 \times 3\text{mm} = 6.6\text{mm}$

齿顶高　$h_a = m_x = 3\text{mm}$

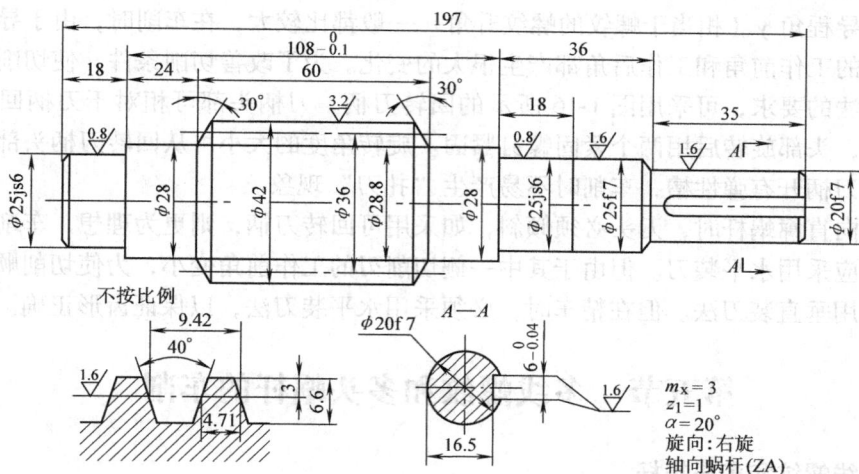

其余 $\sqrt[6.3]{}$

图 1-15　蜗杆零件图

齿根高　$h_f = 1.2m_x = 1.2 \times 3mm = 3.6mm$

分度圆直径　$d_1 = d_a - 2m_x = 42mm - 2 \times 3mm = 36mm$

齿根圆直径　$d_f = d_1 - 2.4m_x = 36mm - 2.4 \times 3mm = 28.8mm$

齿顶宽（轴向）　$s_{ax} = 0.843m_x = 0.843 \times 3mm = 2.53mm$

齿根槽宽　$e_{fx} = 0.697m_x = 0.697 \times 3mm = 2.09mm$

轴向齿厚　$s_x = p/2 = 9.425mm/2 = 4.71mm$

导程角 γ　$\tan\gamma = p_z/\pi d_1 = \dfrac{28.27mm}{3.1416 \times 36mm} = 0.25$

$\gamma = 14°2'$

法向齿厚　$s_n = p/2 \times \cos\gamma = 4.7125mm \times 0.97 = 4.571mm$

三、蜗杆的车削方法

蜗杆的车削方法与梯形螺纹的车削方法基本相同，所不同的是在车削米制蜗杆时，车刀两侧切削刃之间的夹角为 40°（齿形角的两倍）。

在装夹蜗杆车刀时，必须根据不同的蜗杆齿形采用不同的装刀方法。

1. 水平装刀

精车轴向直廓蜗杆时，为了保证齿形正确，必须使蜗杆车刀两侧切削刃组成的平面与蜗杆轴线在同一平面内，这种装刀法称为水平装刀法，如图 1-14a 所示。

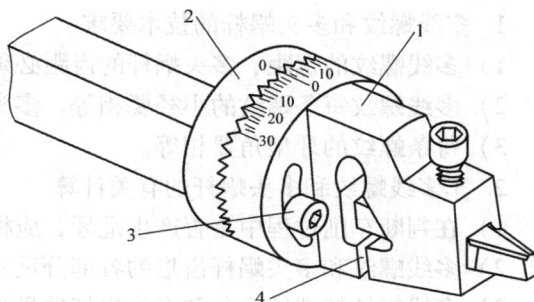

图 1-16　可回转刀柄
1—头部　2—刀柄　3—紧固
螺钉　4—弹性槽

2. 垂直装刀法

车削法向直廓蜗杆时，必须使车刀两侧切削刃组成的平面与蜗杆齿面垂直，这种装刀方法称为垂直装刀法，如图 1-14b 所示。

蜗杆的导程角 γ（相当于螺纹的螺纹升角）一般都比较大，在车削时，由于导程角的影响，使车刀的工作前角和工作后角都产生很大的变化。为了改善切削条件，使切削顺利，达到垂直装刀法的要求，可采用图 1-16 所示的回转刀柄。刀柄头部可相对于刀柄回转一个所需的导程角，头部旋转后用两个紧固螺钉紧固。旋转角度的大小可从回转刀柄头部的刻度上看出。这种刀柄开有弹性槽，车削时不易产生"扎刀"现象。

车削法向直廓蜗杆时，刀头必须倾斜，如采用可回转刀柄，则更为理想。车削轴向直廓蜗杆时，本应采用水平装刀。但由于其中一侧切削刃的工作前角变小，为使切削顺利，在粗车时也可采用垂直装刀法。但在精车时，必须采用水平装刀法，以保证齿形正确。

第五节　多线螺纹和多头蜗杆的车削

一、多线螺纹和多头蜗杆

沿两条或两条以上，在轴向等距分布（或圆周等角度分布）的螺旋线所形成的螺纹，称为多线螺纹。多线螺纹旋转一周时，螺母（或螺杆）能移动几倍的螺距。所以，多线螺纹常用于快速移动机构中。判定螺纹的线数，可根据螺纹尾部螺旋槽的数目，如图 1-17a 所示；或从螺纹的端面上判定螺纹的线数，如图 1-17b 所示。

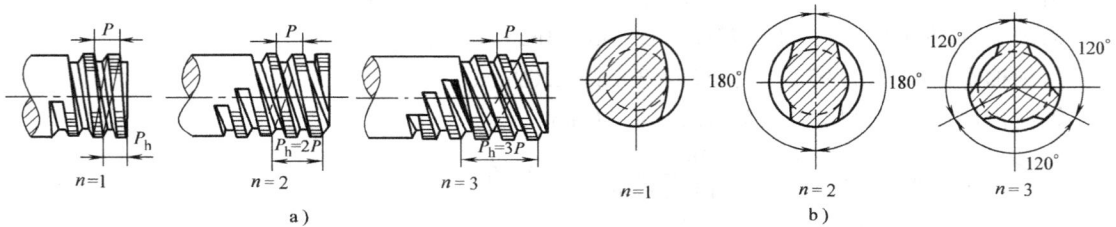

图 1-17　单线螺纹和多线螺纹
a）从螺纹尾部判定　b）从螺纹端面判定

1. 多线螺纹和多头蜗杆的技术要求
1）多线螺纹的螺距、多头蜗杆的齿距必须相等。
2）多线螺纹每条螺纹的小径要相等，多头蜗杆每个齿根圆直径要相等。
3）每条螺纹的牙型角要相等。
2. 车多线螺纹和多头蜗杆的有关计算
1）在判断车削过程中是否产生乱牙，应根据工件导程判断。
2）多线螺纹和多头蜗杆齿形的各部分尺寸，应根据螺纹螺距、蜗杆齿距进行计算。
3）多线螺纹的螺纹升角和多头蜗杆的导程角，必须按导程计算。
二、分线（或分头）方法

多线螺纹（或多头蜗杆）的各螺旋槽在轴向是等距分布的，在端面上螺旋线的起点是等角度分布的，进行等距分布或等角度分布的过程叫分线（或分头）。

如果螺纹分线出现误差，使车出的多线螺纹螺距不相等，则会直接影响内外螺纹的配合性能（或蜗杆与蜗轮的啮合精度），增加不必要的磨损，降低使用寿命。因此必须掌握分线（或分头）方法，控制分线（或分头）精度。

根据多线螺纹在轴向上等距分布（在圆周上等角度分布）的特点，分线（或分头）方法有轴向分线（分头）法和圆周分线法（分头）两类。

1. 轴向分线（分头）法

当第一条螺旋槽加工完毕后，在不断开传动路线的前提下，把车刀沿螺纹（或蜗杆）轴线方向移动一个螺距，再加工第二条螺旋槽的分线方法称为轴向分线（分头）法。这种方法必须精确控制车刀轴向移动距离，才能完成分线（或分头）工作。轴向分线（分头）法的具体方法如下：

（1）用小滑板刻度分线（分头）法 在车好一条螺旋槽后，把小滑板向前或向后移动一个螺距（或齿距），再车相邻的另一螺旋槽。小滑板移动的距离，可利用小滑板刻度控制。刻度转过的格数 K 可用下式计算

$$K = \frac{P}{a} \tag{1-7}$$

式中　P——螺纹螺距或蜗杆齿距 p（mm）；

a——小滑板刻度盘每格移动的距离（mm）。

例 1-6 车削 Tr36×12（$P=6$mm）螺纹时，车床小滑板刻度每格为 0.05mm，求分线时小滑板刻度应转过的格数？

解 根据式（1-7）

$$K = \frac{P}{a} = \frac{6\text{mm}}{0.05\text{mm}} = 120（格）$$

利用小滑板分线（分头）法比较简便，不需其他辅助工具，但分线精度不高，一般用于多线螺纹的粗车，适用于单件、小批量生产。

（2）用百分表、量块、小滑板分线（分头）法 在车削等距精度要求较高的多线螺纹和多头蜗杆时，可利用百分表和量块控制小滑板的移动距离，如图 1-18 所示。把百分表装夹在方刀架上，并在床鞍上固定一挡块，在车削第一条螺旋槽前，调整小滑板，使百分表触头与挡块接触，并把百分表调节至零位。当第一条螺旋槽车好后，移动小滑板，使百分表指示的读数等于被加工螺纹的螺距（或蜗杆齿距）。

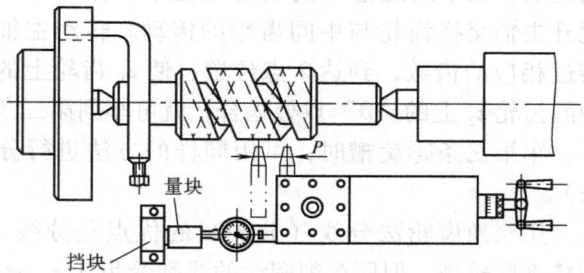

图 1-18　百分表和量块分线（分头）法

在对螺距较大的多线螺纹（或多头蜗杆）进行分线（或分头）时，因受百分表量程的限制，可在百分表与挡块之间垫入一块（或一组）量块，其厚度等于工件的螺距（或齿距）。在开始车削第二条螺旋槽之前，取出量块，移动小滑板，使触头与挡铁接触，利用百分表控制小滑板的移动量即可。

在生产一线，常用图 1-19 所示的磁性表座和百分表配合的方法，对螺距（或齿距）较

小的多线螺纹（或多头蜗杆）进行分线（或分头）。

用这些方法分线（分头）的精度较高，但由于车削时的振动容易使百分表走动，在使用时百分表应经常找正零位。

2. 圆周分线（分头）法

圆周分线（分头）是根据螺旋线的起点在圆周上等角度分布的特点，当第一条螺旋线槽加工完毕后，脱开主轴与丝杠之间的传动链，并把装夹在卡盘上的工件转过一个 θ 角度（$\theta = 360°/n$）；然后，再连接主轴与丝杠之间的传动链，车削另一条螺旋线槽。这样依次进行，就完成了分线（分头）工作。

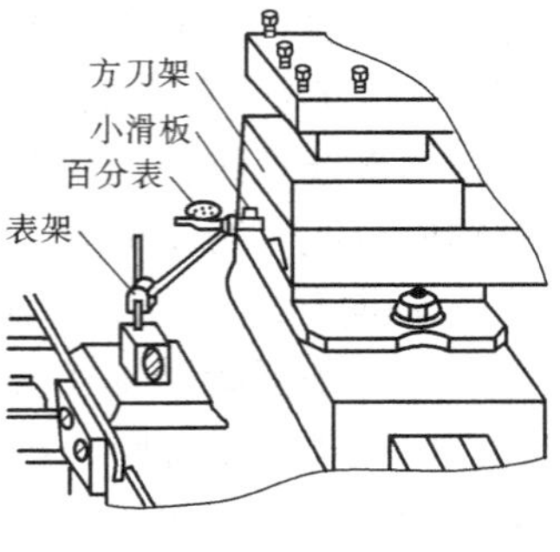

图 1-19　磁力表座和百分表分线（分头）

圆周分线（分头）法的具体方法有：

（1）利用三爪自定心卡盘、四爪单动卡盘分线（分头）　当工件采用两顶尖装夹并用卡盘的卡爪代替拨盘时，可利用三爪自定心卡盘卡爪位置分三线螺纹，利用四爪单动卡盘卡爪位置分双线和四线螺纹。车好一条螺旋槽之后，只需松开后顶尖，把工件连同鸡心夹头转过一个角度，由卡盘上的另一只卡爪拨动，再用后顶尖支顶好工件，就可车削另一条螺旋槽。

这种分线（分头）方法比较简单，但由于卡爪本身的位置误差较大，使得工件的分线（分头）精度不高。

（2）利用交换齿轮分线（分头）　车多线螺纹时，一般情况下，车床主轴转速与交换齿轮箱中的交换齿轮 z_1 的转速相等，工件转过的角度等于齿轮 z_1 转过的角度。因此，当 z_1 的齿数是螺纹线数的整数倍时，就可以利用交换齿轮分线（分头）。具体分线（分头）方法如图 1-20 所示。

分线（分头）时，开合螺母不能提起，当车好一条螺旋槽后，停车并切断电源，在 z_1 上根据线数进行等分，z_1 与 z_2 的啮合处用粉笔作一标记"/"，作为等分 z_1 齿数的起点。在中间齿轮 z_2 的啮合处也作一标记"0"，然后脱开主轴交换齿轮与中间齿轮的传动。转动主轴带动 z_1 转过相应的齿数，到达 2 点位置，使 z_1 齿轮上的 2 点与中间齿轮 z_2 上的"0"点处啮合，就可车削第二条螺旋线了，车第三条螺旋槽时，可用同样的方法进行分线（分头）。

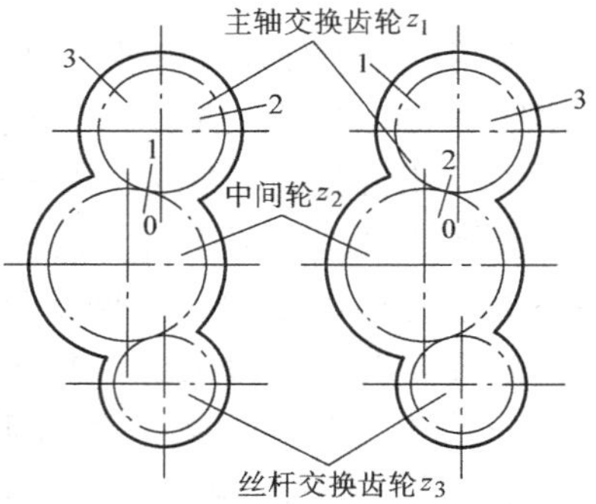

图 1-20　交换齿轮分线（分头）法

用交换齿轮法分线（分头）的优点是分线（分头）的精确度较高，但所车削螺纹的线数受齿轮 z_1 齿数的限制，操作比较麻烦，不宜在成批生产中使用。

（3）利用分度插盘分线（分头）　图 1-21 所示为车多线螺纹（或多头蜗杆）时用的多孔分度插盘。将其装在车床轴上，转盘 4 上有等分精度很高的定位插孔 2（分度盘一般等分 12 孔或 24 孔），可以对 2、3、4、6、8 或 12 线的螺纹进行分线。

分线（分头）时，先停车松开螺母 3 后，拔出定位插销 1，把转盘旋转一个 $360°/n$ 角度，再把插销插入另一个相应的定位孔中，紧固螺母 3，分线（分头）工作就完成。多孔插盘上可以装夹卡盘，工件夹持在卡盘上；也可装上拨块拨动夹头，进行两顶尖间的车削。

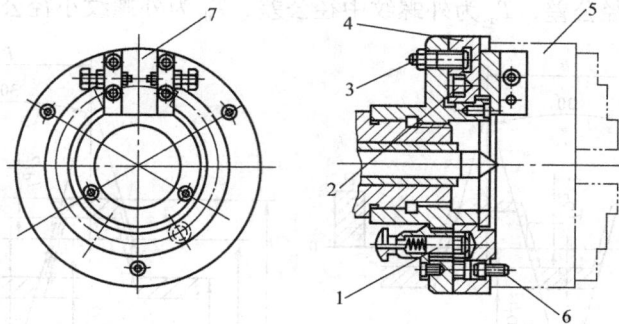

图 1-21　分度插盘分线（分头）

1—定位插销　2—定位插孔　3—紧固螺母　4—转盘　5—夹具　6—螺钉　7—定位块

这种分线（分头）方法的精度主要取决于多孔插盘的等分精度。如果多孔插盘的等分精度高，可以使该装置获得较高的分线精度。多孔插盘分线（分头）操作简单、方便，是一种较理想的分线（分头）方法，但分线（分头）数受插孔数的限制。

三、多线螺纹车削中的注意事项

1）车多线螺纹时，绝不能将一条螺旋线槽粗、精加工完后，再车另一条螺旋槽。应先将各条螺旋槽逐个粗车完毕，再逐个精车。

2）车削各条螺旋槽时，螺纹车刀的背吃刀量应该相等。

3）用左右切削法车削时，螺纹车刀的左右移动量应相等，以保证螺纹的螺距精度或多头蜗杆的轴向齿距精度。现以精车双线梯形螺纹为例说明加工步骤，如图 1-22 所示。

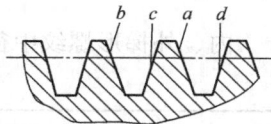

图 1-22　精车双线梯形螺纹步骤

1）精车第一条螺旋槽 a 面，记住向左赶刀量。

2）分线精车第二条螺旋槽 b 面，向左赶刀量与精车 a 面时相等。

3）车刀向右赶刀精车 c 面，控制第二条螺旋槽的螺纹中径尺寸，使之符合图样要求。

4）分线精车第一条螺旋槽 d 面，控制螺纹中径尺寸，使两条螺旋槽的中径尺寸相等。

第六节　梯形螺纹公差

为了保证梯形螺纹的互换性，国家标准对梯形螺纹公差带位置与基本偏差、公差带大小及公差等级、旋合长度、螺纹精度、公差带的选用和多线螺纹公差等都作了明确规定。

一、梯形螺纹公差带位置与基本偏差

公差带的位置由基本偏差确定。标准规定梯形外螺纹的上偏差 es 及梯形内螺纹的下偏差 EI 为基本偏差。

对内螺纹大径 D_4、中径 D_2 及小径 D_1 规定了一种公差带位置 H，如图 1-23 所示，其基本偏差为零，图中 T_{D_2} 为内螺纹中径公差，T_{D_1} 为内螺纹小径公差。

对梯形外螺纹中径 d_2 规定了三种公差带位置 h（见图 1-24a）、e 和 c（见图 1-24b）。对大径 d 和小径 d_3 只规定了一种公差带位置 h，h 的基本偏差为零，e 和 c 的基本偏差为负值。

图中 T_d 为外螺纹大径公差，T_{d_2} 为外螺纹中径公差，T_{d_3} 为外螺纹小径公差。

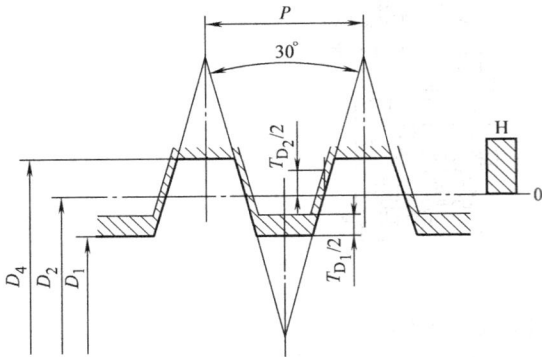

图 1-23　梯形内螺纹的公差带位置

D_4—内螺纹大径　D_1—内螺纹小径

D_2—内螺纹中径　T_{D_1}—内螺纹小径公差带

T_{D_2}—内螺纹中径公差带　P——螺距

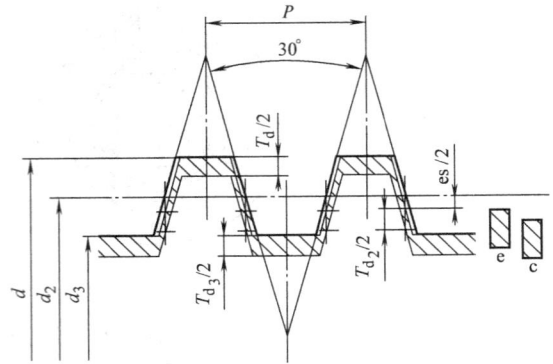

图 1-24　梯形外螺纹的公差带位置

d—外螺纹大径　d_2—外螺纹中径　d_3—外螺纹小径

es—中径基本偏差　T_d—外螺纹大径公差　T_{d_2}—外螺纹

中径公差　T_{d_3}—外螺纹小径公差

内、外梯形螺纹中径的基本偏差见表 1-4。

表 1-4　梯形内、外螺纹中径的基本偏差

螺距 P/mm	内螺纹 D_2	外螺纹 d_2	
	H EI	c es	e es
1.5	0	−140	−67
2	0	−150	−71
3	0	−170	−85
4	0	−190	−95
5	0	−212	−106
6	0	−236	−118
7	0	−250	−125
8	0	−265	−132
9	0	−280	−140
10	0	−300	−150
12	0	−335	−160
14	0	−355	−180
16	0	−375	−190
18	0	−400	−200
20	0	−425	−212
22	0	−450	−224
24	0	−475	−236
28	0	−500	−250
32	0	−530	−265
36	0	−560	−280
40	0	−600	−300
44	0	−630	−315

二、梯形螺纹公差带大小及公差等级

1）梯形螺纹公差带的大小由公差值 T 确定，并按其大小分为若干等级，内、外螺纹各直径规定的公差等级见表 1-5。

表 1-5　梯形螺纹各直径的公差等级

螺纹直径	公差等级	螺纹直径	公差等级
内螺纹小径 D_1	4	外螺纹中径 d_2	7、8、9
外螺纹大径 d	4	外螺纹小径 d_3	7、8、9
内螺纹中径 D_2	7、8、9		

2）内螺纹小径的公差数值见表 1-6。

表 1-6　梯形内螺纹小径公差 T_{D_1}　　　　　　（单位：μm）

螺距 P/mm	4 级公差	螺距 P/mm	4 级公差
1.5	190	16	1000
2	236	18	1120
3	315	20	1180
4	375	22	1250
5	450	24	1320
6	500	28	1500
7	560		
8	630		
9	670	32	1600
		36	1800
10	710	40	1900
12	800	44	2000
14	900		

3）外螺纹大径公差数值见表 1-7。

表 1-7　梯形外螺纹大径公差 T_d　　　　　　（单位：μm）

螺距 P/mm	4 级公差	螺距 P/mm	4 级公差
1.5	150	16	710
2	180	18	800
3	236	20	850
4	300	22	900
5	335	24	950
6	375	28	1060
7	425		
8	450	32	1120
9	500	36	1250
10	530	40	1320
12	600	44	1400
14	670		

4）内螺纹中径公差数值见表1-8。

表1-8 梯形内螺纹中径公差 T_{D_2}　　　　　　　　　（单位：μm）

基本大径 d/mm		螺距 P/mm	公差 等 级		
>	≤		7	8	9
5.6	11.2	1.5	224	280	355
		2	250	315	400
		3	280	355	450
11.2	22.4	2	265	335	425
		3	300	375	475
		4	355	450	560
		5	375	475	600
		8	475	600	750
22.4	45	3	335	425	530
		5	400	500	630
		6	450	560	710
		7	475	600	750
		8	500	630	800
		10	530	670	850
		12	560	710	900
45	90	3	355	450	560
		4	400	500	630
		8	530	670	850
		9	560	710	900
		10	560	710	900
		12	630	800	1000
		14	670	850	1060
		16	710	900	1120
		18	750	950	1180
90	180	4	425	530	670
		6	500	630	800
		8	560	710	900
		12	670	850	1060
		14	710	900	1120
		16	760	950	1180
		18	800	1000	1250
		20	800	1000	1250
		22	850	1060	1320
		24	900	1120	1400
		28	950	1180	1500

基本大径 d/mm		螺距	公 差 等 级		
>	≤	P/mm	7	8	9
		8	600	750	950
		12	710	900	1120
		18	850	1060	1320
		20	900	1120	1400
180	355	22	900	1120	1400
		24	950	1180	1500
		32	1060	1320	1700
		36	1120	1400	1800
		40	1120	1400	1800
		44	1250	1500	1900

5）外螺纹中径公差数值见表 1-9。

表 1-9　梯形外螺纹中径公差 T_{d_2}　　　　　　（单位：μm）

基本大径 d/mm		螺距	公 差 等 级		
>	≤	P/mm	7	8	9
		1.5	170	212	265
5.6	11.2	2	190	236	300
		3	212	265	335
		2	200	250	315
		3	224	280	355
11.2	22.4	4	265	335	425
		5	280	355	450
		8	355	450	560
		3	250	315	400
		5	300	375	475
		6	335	425	530
22.4	45	7	355	450	560
		8	375	475	600
		10	400	500	630
		12	425	530	670
		3	265	335	425
		4	300	375	475
		8	400	500	630
45	90	9	425	530	670
		10	425	530	670
		12	475	600	750

（续）

基本大径 d/mm		螺距 P/mm	公差等级		
>	≤		7	8	9
45	90	14	500	630	800
		16	530	670	850
		18	560	710	900
90	180	4	315	400	500
		6	375	475	600
		8	425	530	670
		12	500	630	800
		14	530	670	850
		16	560	710	900
		18	600	750	950
		20	600	750	950
		22	630	800	1000
		24	670	850	1060
		28	710	900	1120
180	355	8	450	560	710
		12	530	670	850
		18	630	800	1000
		20	670	850	1060
		22	670	850	1060
		24	710	900	1120
		32	800	1000	1250
		36	850	1060	1320
		40	850	1060	1320
		44	900	1120	1400

6）梯形外螺纹小径公差见表 1-10。

表 1-10　梯形外螺纹小径公差 T_{d_3}　　　　（单位：μm）

基本大径 d/mm		螺距 P/mm	中径公差带位置为 c			中径公差带位置为 e		
			公差等级			公差等级		
>	≤		7	8	9	7	8	9
5.6	11.2	1.5	352	405	471	279	332	398
		2	388	445	525	309	366	446
		3	435	501	589	350	416	504
11.2	22.4	2	400	462	544	321	383	465
		3	450	520	614	365	435	529
		4	521	609	690	426	514	595
		5	562	656	775	456	550	669
		8	709	828	965	576	695	832

（续）

基本大径 d/mm		螺距 P/mm	中径公差带位置为 c			中径公差带位置为 e		
			公差等级			公差等级		
>	≤		7	8	9	7	8	9
22.4	45	3	482	564	670	397	479	585
		5	587	681	806	481	575	700
		6	655	767	899	537	649	781
		7	694	813	950	569	688	825
		8	734	859	1015	601	726	882
		10	800	925	1087	650	775	937
		12	866	998	1223	691	823	1048
45	90	3	501	589	701	416	504	616
		4	565	659	784	470	564	689
		8	765	890	1052	632	757	919
		9	811	943	1118	671	803	978
		10	831	963	1138	681	813	988
		12	929	1085	1273	754	910	1098
		14	970	1142	1355	805	967	1180
		16	1038	1213	1438	853	1028	1253
		18	1100	1288	1525	900	1088	1320
90	180	4	584	690	815	489	595	720
		6	705	830	986	587	712	868
		8	796	928	1103	663	795	970
		12	960	1122	1335	785	947	1160
		14	1018	1193	1418	843	1018	1243
		16	1075	1263	1500	890	1078	1315
		18	1150	1338	1588	950	1138	1388
		20	1175	1363	1613	962	1150	1400
		22	1232	1450	1700	1011	1224	1474
		24	1313	1538	1800	1074	1299	1561
		28	1388	1625	1900	1138	1375	1650
180	355	8	828	965	1153	695	832	1020
		12	998	1173	1398	823	998	1223
		18	1187	1400	1650	987	1200	1450
		20	1263	1488	1750	1050	1275	1537
		22	1288	1513	1775	1062	1287	1549
		24	1363	1600	1875	1124	1361	1636
		32	1530	1780	2092	1265	1515	1827
		36	1623	1885	2210	1343	1605	1930
		40	1663	1925	2250	1363	1625	1950
		44	1755	2030	2380	1440	1715	2065

三、螺纹的旋合长度

梯形螺纹的旋合长度见表1-11。

表 1-11　梯形螺纹旋合长度　　　　　　　　　（单位：mm）

基本大径 d		螺距 P	旋合长度		
			N		L
>	≤		>	≤	>
5.6	11.2	1.5	5	15	15
		2	6	19	19
		3	10	28	28
11.2	22.4	2	8	24	24
		3	11	32	32
		4	15	43	43
		5	18	53	53
		8	30	85	85
22.4	45	3	12	36	36
		5	21	63	63
		6	25	75	75
		7	30	85	85
		8	34	100	100
		10	42	125	125
		12	50	150	150
45	90	3	15	45	45
		4	19	56	56
		8	38	118	118
		9	43	132	132
		10	50	140	140
		12	60	170	170
		14	67	200	200
		16	75	236	236
		18	85	265	265
90	180	4	24	71	71
		6	36	106	106
		8	45	132	132
		12	67	200	200
		14	75	236	236
		16	90	265	265
		18	100	300	300
		20	112	335	335
		22	118	355	355
		24	132	400	400
		28	150	450	450

四、梯形螺纹精度与公差带的选用

标准规定，梯形螺纹有中等和粗糙两种精度，其选用原则是：中等，一般用途；粗糙，对精度要求不高时采用。一般情况下应选用表 1-12 规定的推荐中径公差带。

表 1-12　梯形内、外螺纹推荐公差带

公差精度	内螺纹（中径公差带）		外螺纹（中径公差带）	
	N	L	N	L
中等	7H	8H	7e	8e
粗糙	8H	9H	8c	9c

五、多线螺纹公差

多线螺纹的大径公差和小径公差与单线螺纹相同。多线螺纹的中径公差是在单线螺纹中径公差的基础上按线数不同分别乘以修正系数而得，各种不同线数的修正系数见表 1-13。

表 1-13　梯形多线螺纹修正系数

线数	2	3	4	≥5
修正系数	1.12	1.25	1.4	1.6

六、梯形螺纹公差表格应用实例

例 1-7　查表并确定 Tr48×8—7H/7e 各直径上下偏差。

解　此为一梯形螺纹副，先查表 1-1，并计算出内螺纹 Tr48×8—7H 各直径上下偏差。然后再查表并计算出外螺纹 Tr48×8—7e 各直径上下偏差。

计算内螺纹各直径

$$D_4 = d + 2a_c = 48\text{mm} + 2 \times 0.5\text{mm} = 49\text{mm}$$

$$D_2 = d - 0.5P = 48\text{mm} - 0.5 \times 8\text{mm} = 44\text{mm}$$

$$D_1 = d - P = 48\text{mm} - 8\text{mm} = 40\text{mm}$$

根据标准规定，已知梯形内螺纹中径 D_2、小径 D_1 的基本偏差 EI = 0，如图 1-23 所示。

查表 1-6，$T_{D_1} = 0.630\text{mm}$

查表 1-8，$T_{D_2} = 0.530\text{mm}$

所以对于小径，EI = 0，ES = EI + T_{D_1} = 0mm + 0.630mm = 0.630mm

对于中径，EI = 0，ES = EI + T_{D_2} = 0mm + 0.530mm = 0.530mm

故梯形内螺纹小径应为 $\phi 40 \, ^{+0.630}_{0}$ mm，中径应为 $\phi 44 \, ^{+0.530}_{0}$ mm。

根据标准规定，大径的基本偏差也为零，即 EI = 0，而且对其上偏差不作规定。

计算外螺纹各直径

$$d = 48 \text{mm}$$

$$d_2 = D_2 = 44\text{mm}$$

$$d_3 = d - 2h_3 = d - 2(0.5P + a_c) = 48\text{mm} - 2(0.5 \times 8\text{mm} + 0.5\text{mm}) = 39\text{mm}$$

根据标准规定，梯形外螺纹大径 d 和小径 d_3 的基本偏差为 0，即 es = 0，如图 1-24 所示。

查表 1-7，$T_d = 0.450\text{mm}$

查表 1-9，$T_{d_2} = 0.400$mm

查表 1-10，$T_{d_3} = 0.632$mm

查表 1-4，梯形外螺纹中径基本偏差为 -0.132mm，即 es $= -0.132$mm

所以对于大径 es $= 0$ ei $=$ es $- T_d = 0$mm $- 0.450$ mm $= -0.450$mm

对于中径 es $= -0.132$ ei $=$ es $- T_{d_2} = -0.132$mm $- 0.400$mm $= -0.532$mm

对于小径 es $= 0$ ei $=$ es $- T_{d_3} = 0$mm $- 0.632$mm $= -0.632$mm

故梯形外螺纹 $\phi 48_{-0.45}^{0}$mm，中径 $\phi 44_{-0.532}^{-0.132}$mm，小径应为 $\phi 39_{-0.632}^{0}$mm。

第七节　梯形螺纹和蜗杆的检测

一、用三针法测量中径

梯形螺纹的中径和蜗杆分度圆直径，也可以用三针测量法进行测量，其 M 值和量针直径的简化计算公式见表 1-14。

表 1-14　三针测量梯形螺纹和蜗杆时的简化计算公式

蜗杆齿形角（α）	螺纹牙型角（α）	M 值计算公式	量针直径 d_D		
			最大值	最佳值	最小值
	30°	$M = d_2 + 4.864 d_D - 1.866 P$	$0.656P$	$0.518P$	$0.486P$
20°		$M = d_2 + 3.924 d_D - 4.316 m_x$	$2.446 m_x$	$1.672 m_x$	$1.61 m_x$

例 1-8　用三针测量 Tr40 × 7 的丝杠。已知螺纹中径的基本尺寸和极限偏差为 $36.5_{-0.480}^{-0.125}$mm，使用 $\phi 3.5$mm 的量针，求千分尺的读数 M 值的范围。

解　根据表 1-14 中，30° 梯形螺纹 M 值的计算公式，已知量针 $d_D = 3.5$mm 则

$$M = d_2 + 4.864 d_D - 1.866 P$$
$$= 36.5\text{mm} + 4.864 \times 3.5\text{mm} - 1.866 \times 7\text{mm}$$
$$= 40.46\text{mm}$$

根据规定的极限偏差，M 值应在 40.355mm 至 39.98mm 范围内，螺纹中径才合格。

二、用单针法测量中径

在测量直径较大的螺纹时，用单针测量螺纹中径，如图 1-25 所示。

用单针测量螺纹中径比用三针测量要简便得多。只需使用一根量针，其原理与三针测量相同，但一侧是利用已加工好的螺纹外圆作基准。所以，在测量前应先量出螺纹大径的实际尺寸 d_0。

单针测量时，千分尺测得的读数值 A，可按下式计算

$$A = \frac{M + d_0}{2} \qquad (1-8)$$

式中　d_0——螺纹大径的实际尺寸（mm）；

M——用三针法测量时千分尺的读数值（mm）。

例 1-9　用单针测量例 1-8 中所列丝杠，测得螺纹大径的实际尺寸 $d_0 = 39.80$mm。使用 $\phi 3.5$mm 的量针，若用三针

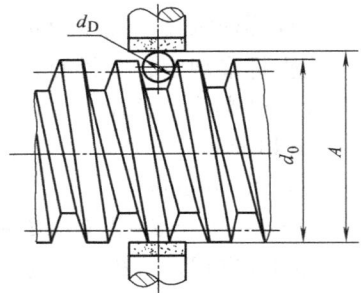

图 1-25　用单针测量螺纹中径

测量时，千分尺的读数值 $M = 40.46$mm，求单针测量时千分尺读数值 A 的范围。

解 已知 $d_0 = 39.80$mm，$M = 40.46$mm，$d_2 = 36.5 \, ^{-0.125}_{-0.480}$mm。根据式（1-8），有

$$A = \frac{M + d_0}{2} = \frac{40.46\text{mm} + 39.80\text{mm}}{2} = 40.13\text{mm}$$

根据规定的极限偏差，A 值应在 $40.13 \, ^{-0.063}_{-0.24}$mm 范围内，中径才合格。

单针检测没有三针检测精确。必须注意，用单针和三针检测中径时，量针沿螺旋槽放置。当螺纹升角大于 4° 时，会产生较大的检测误差。

三、齿厚检测

在检测蜗杆时，除了用三针检测法和单针检测法检测分度圆直径外，也可用检测齿厚的方法判断蜗杆分度圆直径的大小。

蜗杆的齿厚是一个很重要的参数，在齿形角正确的情况下，分度圆直径处的轴向齿厚（s_x）与齿槽宽度应是相等的，但轴向齿厚无法直接检测，常通过对法向齿厚（s_n）的检测，来判断轴向齿厚是否正确。如果经检测齿厚正确，则说明分度圆直径也正确。法向齿厚（s_n）的换算公式如下

$$s_n = s_x \cos\gamma = \frac{\pi m_x}{2} \cos\gamma \tag{1-9}$$

式中　s_x——轴向齿厚（mm）；

　　　s_n——法向齿厚（mm）；

　　　m_x——轴向模数（mm）；

　　　γ——导程角（°）

例 1-10 测量一根轴向模数 $m_x = 5$mm，线数 $z_1 = 2$，齿顶圆直径 $d_a = 60$mm，求蜗杆的法向齿厚（s_n）的基本尺寸。

解 已知 $d_a = 60$mm　$m_x = 5$mm　$z_1 = 2$

根据表 1-3 公式

导程　$p_z = z_1 p = z_1 \pi m_x = 2 \times 3.14 \times 5\text{mm} = 31.4$mm

分度圆直径　$d_1 = q m_x = d_a - 2 m_x = 60\text{mm} - 2 \times 5\text{mm} = 50$mm

导程角　$\tan\gamma = \dfrac{p_z}{\pi d_1} = \dfrac{31.4\text{mm}}{314 \times 50\text{mm}} = 0.2$

　　　　$\gamma = 11°18'$

根据式（1-9）

$$s_n = \frac{\pi m_x}{2} \cos\gamma = \frac{3.14 \times 5}{2} \times \cos 11°18' = 7.85\text{mm} \times 0.9806 = 7.70\text{mm}$$

法向齿厚可以用齿厚游标卡尺进行检测，如图 1-26 所示。齿轮卡尺由互相垂直的齿高卡尺 1 和齿厚卡尺 2 组成。测量时，卡脚的测量面必须与齿侧平行，即把卡尺平面与蜗杆轴线相交一个蜗杆导程角 γ。

在检测时，应把齿高卡尺读数调整到齿顶高（h_1）。必须注意齿顶圆直径尺寸的误差对齿顶高的影响，齿厚卡尺所测得的读数就是法向齿厚的实际尺寸。这种方法的测量精度比较低，仅适用于精度要求不高的蜗杆。

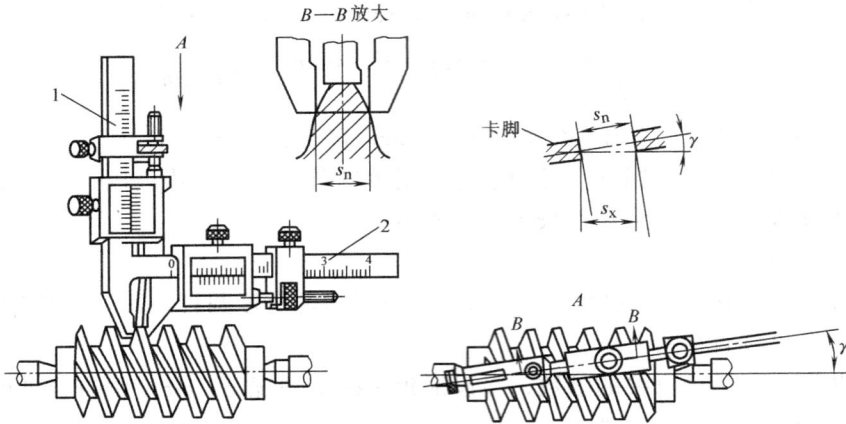

图 1-26　用齿厚游标卡尺测量法向齿厚
1—齿高卡尺　2—齿厚卡尺

本　章　小　结

本章主要介绍了矩形、梯形、多线螺纹和蜗杆的车削方法和相关工艺知识。通过本章的学习，了解梯形螺纹的精度等级和公差等级，了解蜗杆传动的特点，初步掌握螺纹升角对车刀工作角度的影响，熟练掌握矩形螺纹、梯形螺纹和蜗杆各部分的名称、尺寸计算及相应车刀的几何参数，掌握矩形螺纹、梯形螺纹、多线螺纹和蜗杆的车削方法和检测方法，会分析车削矩形螺纹、梯形螺纹、多线螺纹和蜗杆时产生废品的原因及预防方法。

复习思考题

1. 怎样计算螺纹升角？螺纹升角的大小与螺纹直径和导程有什么关系？

2. 车削较大螺纹升角的螺纹时，对车刀后角有什么影响？如何确定螺纹车刀两侧后角的数值？

3. 车削较大螺纹升角的螺纹时，水平装刀在车削时有什么缺点？怎样解决？

4. 矩形螺纹车刀与切断刀、车槽刀有什么区别？

5. 试计算矩 50×10 螺纹的各基本尺寸。

6. 画出矩 50×10 螺纹的车刀图，并标注角度。

7. 试计算 Tr48 $\times 8$—7c 梯形螺纹大径 d、中径 d_2、小径 d_3 的公差及上、下偏差。

8. 试画出车削 Tr50 $\times 6$ 螺纹高速钢粗、精车刀图，并标注尺寸。

9. 车削矩形螺纹和梯形螺纹的进刀方法分别有哪些？

10. 常用的蜗杆的齿形有哪些？

11. 已知蜗杆（$\alpha = 20°$）齿顶圆直径 $d_a = 60$mm，轴向模数 $m_x = 5$，试求分度圆直径 d_1、全齿高 h、齿顶宽 s_a 和齿根槽宽 e_f。

12. 如何根据蜗杆的齿形选用适当的装刀方法？

13. 什么叫多线螺纹？其作用是什么？导程与螺距的关系是什么？

不设计专用夹具，而使用花盘、角铁等一些车床附件来加工，既能保证加工质量，又能降低生产成本。

复杂工件在花盘、角铁上加工要比一般装夹方法复杂得多，它要考虑到怎样选择基准面；如何用既简便又牢固的方法把工件夹紧；此时还得考虑工件转动时的平衡和安全问题等。

一、常用的车床附件

1. 花盘

花盘如图 2-2a 所示，是一个铸铁大圆盘，可直接安装在车床主轴上，盘面上有很多长度不同的穿通槽（有的是 T 形槽），用来安插各种螺钉，以紧固工件。花盘的平面必须与主轴中心垂直，盘面平整，表面粗糙度值 R_a 小于等于 $1.6\mu m$。

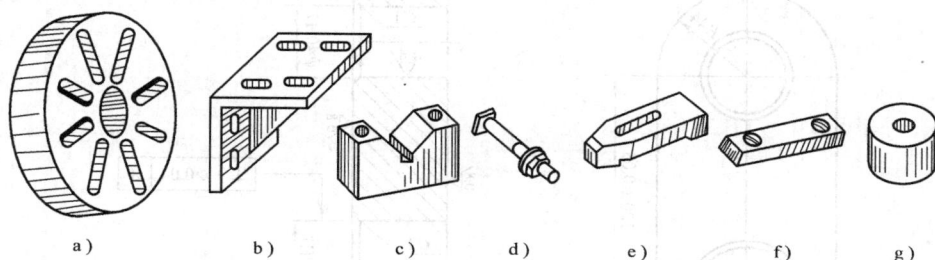

图 2-2　常用的附件

a) 花盘　b) 角铁　c) V 形块　d) 方头螺栓
e) 压板　f) 平垫铁　g) 平衡铁

2. 角铁

角铁如图 2-2b 所示，用铸铁制成的车床附件，最常用的两个平面互相垂直，角铁的两个表面必须经过磨削和精刮削，以保证角度正确，接触性能良好。

3. V 形块

V 形块（见图 2-2c）的工作面是一条 V 形槽，一般做成 90°或 120°，在 V 形块上根据需要可以加工几个螺孔或圆柱孔，以便用螺钉把 V 形块固定在花盘上或把工件固定在 V 形块上。

4. 方头螺栓

方头螺栓（见图 2-2d）的头部做成方形，是为了防止螺栓安装在花盘上时本身转动。根据装夹需要，做成长度不同的尺寸。

5. 压板

压板（见图 2-2e）可根据需要做成单头、双头和高低长度不同的各种规格，它的上面铣有腰形长槽，用来安插螺栓，螺栓在长槽中可以移动，以调整夹紧力的位置。

6. 平垫铁

平垫铁（见图 2-2f）装在花盘、角铁上，可作为工件的基准平面或导向平面。

7. 平衡铁

平衡铁（见图 2-2g）是花盘工作中不可缺少的附件，平衡铁可以用钢或铸铁做成，为了减小体积，也可用比重较大的铅做成。在花盘上安装的工件大部分是偏重一面的，这样不但影响工件的加工精度，而且还会引起振动并损坏车床的主轴和轴承。因此，在花盘偏重的对面装上适当的平衡铁。在花盘上平衡工件时，可以调整平衡铁的重量和位置。平衡铁装好后，先将主轴箱外的变速手柄置于空挡位置，再用手转动花盘，看花盘能否在任意位置停下来。若在任意位置能停下来，说明工件已被平衡好，否则必须重新调整平衡铁的位置或增减平衡铁的重量。

二、在花盘上加工工件

被加工表面回转轴线与基准面互相垂直、外形复杂的工件（如图 2-3 所示的双孔连杆）都可以装夹在花盘上车削。

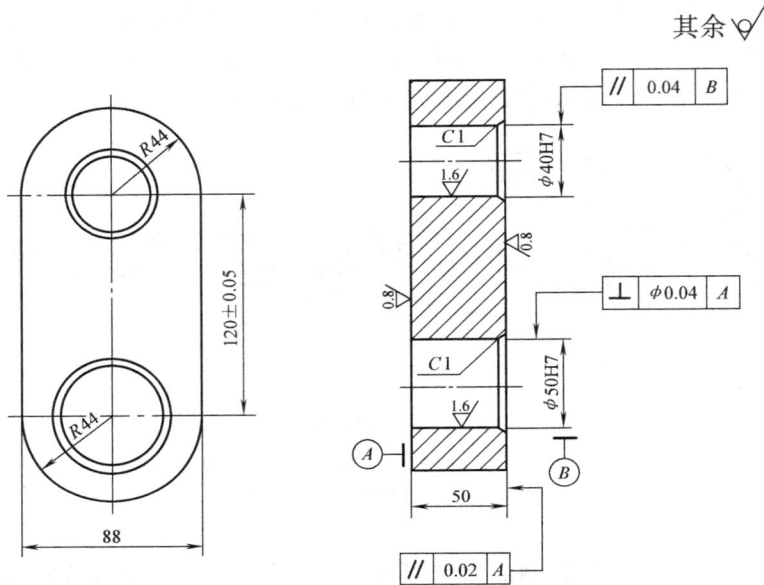

图 2-3　双孔连杆

在花盘上加工工件之前，必须先检查一下盘面是否平整、盘面与主轴中心是否垂直，否则会使加工后的工件产生相互位置偏差。

1. 双孔连杆的装夹

车削双孔连杆时，其两个平面已经过铣削加工和平面磨床精加工，车削的技主要求是：两孔中心距有一定的公差（120 ± 0.05）mm；两孔轴线要求平行并与基面垂直（公差为 0.04mm）；两孔径本身有一定的尺寸精度要求（ϕ40H7、ϕ50H7）。要达到以上三个要求，关键是掌握两点：第一，花盘本身的形位公差比工件要求高 1 倍以上，（即垂直度公差小于 0.02mm）；第二，要有一定的测量手段来保证两孔的中心距公差。

双孔连杆加工第一孔的装夹方法如图 2-4 所示。因为双孔连杆两端都是圆弧形表面，就可以利用 V 形块作为定位基准。先按划线找正连杆的第一个孔，并把圆弧面靠在 V 形块上，再用压板和方头螺栓压紧工件，并用螺栓穿过双连杆的毛坯孔夹紧工件的另一端，用手转动花盘，如果平衡恰当，转动不碰，即可车孔。第一个工件找正以后，其余工件即可按 V 形块定位加工，不必再进行找正。

加工第二孔时，可用如图 2-5 所示的方法来装夹工件，先在花盘上装一个定位圆柱，它的直径与第一孔具有较小的间隙配合，再在车床主轴孔中安装一个预先车好的心轴，将心轴

找正后，用千分尺测量出它与定位柱之间的尺寸 M，再用下式计算中心距

$$L = M - \frac{D + d}{2}$$ (2-1)

式中　L——两孔中心距（mm）；

　　　M——千分尺测得尺寸（mm）；

　　　D——心轴直径（mm）；

　　　d——定位圆柱直径（mm）。

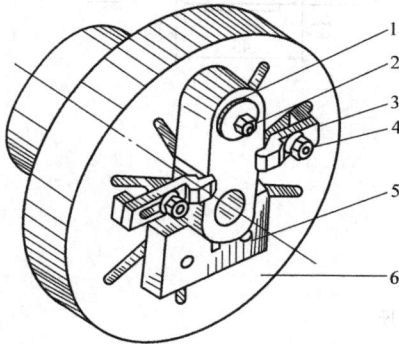

图2-4　花盘上装夹双孔连杆的方法

1—双孔连杆　2、4—方头螺钉
3—压板　5—V形块　6—花盘

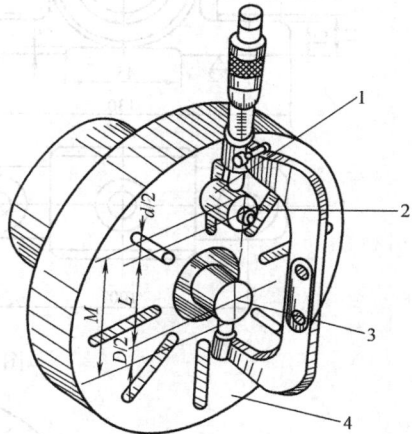

图2-5　用定位圆柱找正中心距的方法

1—定位圆柱　2—紧固螺母　3—主
轴锥孔中的定位心轴　4—花盘

如果测量出的中心距 L 与计算要求不同，可微松定位圆柱的螺母，用铜棒轻敲调整，直至找正为止。中心距找正好以后，把心轴取下，并把双孔连杆已加工好的第一孔与定位柱配合，找正外形，然后夹紧工件，即可车削第二孔。

2. 十字孔工件的装夹

在花盘上加工十字孔的方法如图2-6所示。工件要求圆柱孔的轴线与两端轴的轴线相互垂直并相交，加工这类工件可选用两块等高的V形块，先把V形块中心找正，并用螺钉固定在花盘上。装夹时，把工件两端外圆置于V形槽内，利用工件的轴肩作轴向定位，找正工件平面，用V形压板固定工件就可进行车削。用这种装夹方法车削成批工件时，当第一个工件找正好后，其余各件只要找正平面即可车削。

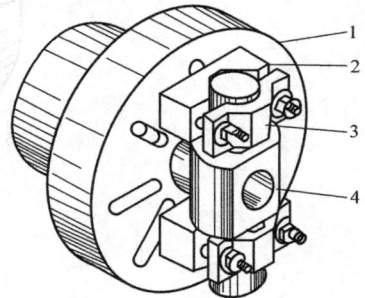

图2-6　在花盘上装夹十
字孔工件的方法

1—花盘　2—V形块
3—V形压板　4—工件

三、在角铁上装夹工件

1. 在普通角铁上车削轴承座

被加工表面的旋转轴线与定位基准面互相平行，且外形复杂的工件，可以装夹在花盘的角铁上加工。如图2-7所示的对开轴承座，用三爪自定心卡盘或四爪单动卡盘很难装夹，用花盘也无法装夹。这时需要在花盘上再装夹上一块角铁3，如图2-8所示。工件2装夹在角

铁 3 上，先将压板 5 初步压紧，再用划线盘 4 找正对称十字中心线，使被加工表面的轴线与主轴旋转轴线重合，最后紧固工件。装上平衡块 1，平衡好工件就可以进行车削。

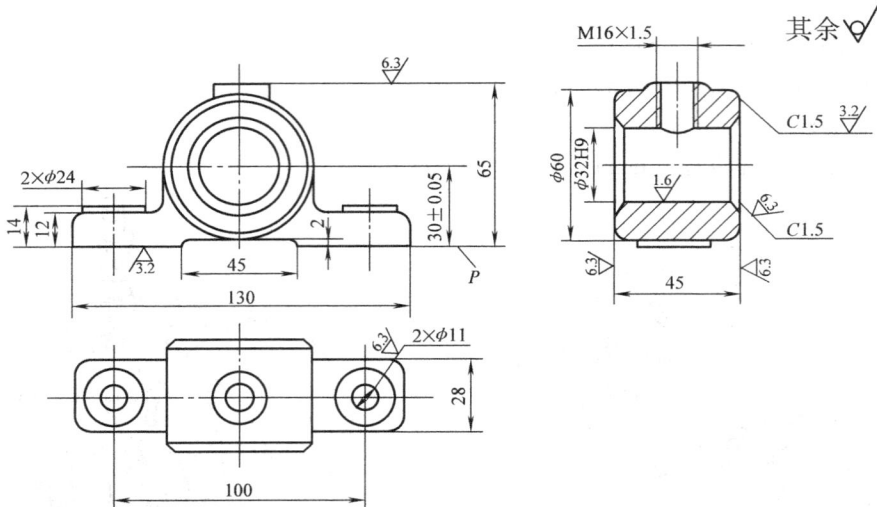

图 2-7 对开轴承座

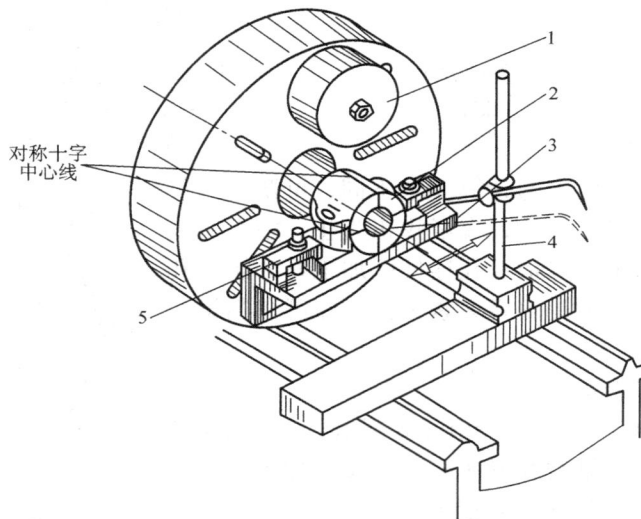

图 2-8 在角铁上装夹轴承座的方法
1—平衡铁 2—工件 3—角铁 4—划线盘 5—压板

　　装夹工件之前，先找正花盘的平面，再将角铁用螺钉紧固在花盘的适当位置。将百分表装在刀架上，摇动床鞍，测量角铁平面是否与主轴轴线平行，如图 2-9 所示。如果不平行可把角铁卸下，检查结合面是否有毛刺或杂物，去毛刺并擦干净后再装上进行测量。若仍不平行，可以修刮角铁或在角铁和花盘的结合面中间垫上薄纸来调整，直至角铁平面平行度找正。

　　必须指出：在花盘、角铁上加工工件时应特别注意安全。另外，在花盘角铁上加工工件，转速不宜太高。转速太高时，会因离心力的影响，很容易使螺钉松动，工件飞出，发生事故。

普通角铁有一个共同的缺点：找正第一个工件的轴线都比较困难，辅助时间很长。为了克服这一缺点，可使用如图 2-10 所示的可调角铁。

2. 在可调角铁上装夹工件

可调角铁有两条相互垂直的燕尾槽导轨，中间都有丝杠螺母，转动丝杠方榫 2，可使角铁上下移动，而转动方榫 4，可使角铁左右移动，调整好角铁后，用螺钉 1、3 把燕尾槽镶条锁紧，装上工件就可以车削了。

可调角铁使用方便，适宜在修理、工具等车间加工单件小批量的小型复杂工件，缺点是刚性略差。

3. 微型角铁上装夹工件

对于那些小型的复杂工件，如十字孔工件、移动螺母、环首螺钉等，它们的共同特点是体积很小，重量很轻，基准面到加工表面中心距离不大。如果用很大的花盘、角铁去装夹，非常不方便，这时可用如图 2-11 所示的微型角铁。这种角铁的柄部做成莫氏锥度，与车床主轴锥孔配合，头部做成圆柱体，并在圆柱体上加工出一个垂直平面，工件就可以装夹在这个小平面上进行加工。

如图 2-11a 所示是用来加工小型十字孔工件的微型角铁，根据工件的形状，可在角铁平面的中央钻、铰一个定位孔，工件可插入孔内，并利用工件下面的螺纹紧固工件。

图 2-9　用百分表检测角铁与主轴的平行度

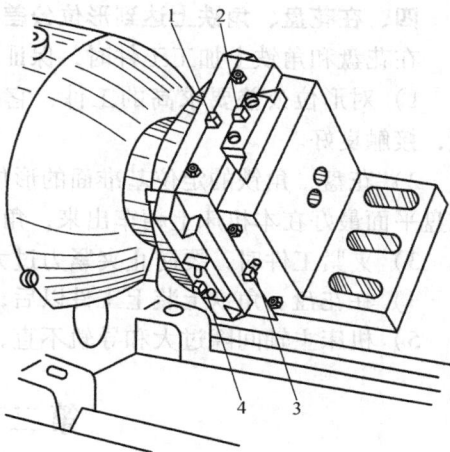
图 2-10　可调角铁
1、3—螺钉　2、4—方榫

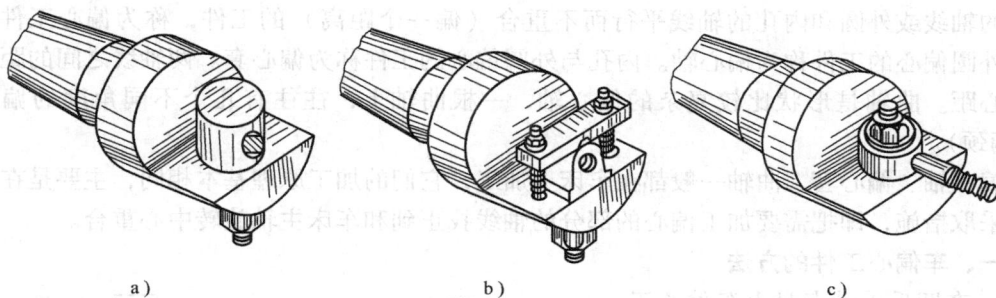
图 2-11　微型角铁
a) 装夹十字孔工件　b) 装夹移动螺母　c) 装夹环首螺钉

如图 2-11b 所示是加工移动螺母用的微型角铁，装夹移动螺母时，可以利用它加工好的两个侧面，嵌在角铁槽中定位，上面用压板压紧，弹簧的作用是防止装卸工件时压板下落，使装夹方便。

如图 2-11c 是加工环首螺钉用的微型角铁，它是利用已加工好的环圈，用心轴固定在角铁上，找正好侧母线，就可以进行车削。

微型角铁有以下几个特点：

1）没有体积庞大的花盘、角铁和平衡铁，使用时安全可靠。

2）由于微型角铁体积小、重量轻、惯性小，所以加工时主轴转速可选择较高，有利于提高生产率。

3）由于微型角铁可回转直径较小，工件离中心近，偏重现象不显著，因此可以不用平衡铁。

4）调整装夹方便，在下次使用时，只须卸下卡盘，把微型角铁的锥柄插入主轴孔中，不需要找正即可加工。

5）微型角铁制造容易，保管方便。但微型角铁只适用于加工在角铁上装夹的小型工件。

四、在花盘、角铁上达到形位公差要求的方法

在花盘和角铁上加工工件时，保证工件形位公差要求的方法有：

1）对形位公差要求高的工件，它的定位基准面必须经过平磨或精刮，基准面要求平直，接触良好。

2）花盘、角铁的定位基准面的形位公差要求，要小于工件形位公差的1/2以下。因此，花盘平面最好在本机床上精车出来，角铁必须经过精刮削。

3）夹紧工件时，要防止夹紧力过大使工件变形。

4）在花盘、角铁上装上工件以后，必须经过平衡。

5）机床主轴间隙过大和导轨不直，都会影响工件的形位精度。

第二节　车偏心工件

在机械传动中，回转运动变为往复直线或直线运动变为回转运动，一般都是用偏心轴或曲轴来完成的，例如主轴箱中的偏心轴带动的润滑液压泵、汽车发动机中的曲轴等。外圆和外圆的轴线或外圆和内孔的轴线平行而不重合（偏一个距离）的工件，称为偏心工件。外圆与外圆偏心的工件称为偏心轴。内孔与外圆偏心的工件称为偏心套。两轴线之间的距离称为偏心距。曲轴是形状比较复杂的偏心轴，一根曲轴上，往往有几个不同角度的偏心轴（曲柄颈）。

偏心轴、偏心套、曲轴一般都在车床上加工，它们的加工原理基本相同，主要是在装夹方面采取措施，即把需要加工偏心的部分的轴线找正到和车床主轴旋转中心重合。

一、车偏心工件的方法

1. 在四爪单动卡盘上车偏心工件

对外形复杂、长度较短、加工数量较少、精度要求不高、不便于在两顶尖间装夹的工件，可装夹在四爪单动卡盘上加工偏心。

如图2-12所示，在四爪单动卡盘上车削偏心工件时，装夹时必须找正已划好的偏心轴线和侧母线，

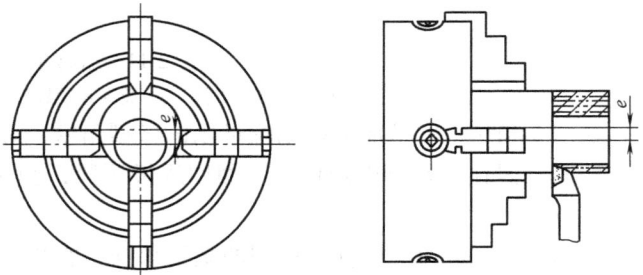

图2-12　在四爪单动卡盘上加工偏心工件

使偏心轴线与车床主轴轴线重合，工件装夹固定后即可车削。

在开始车削偏心工件时，由于两边切削量相差较多，起动主轴时，车刀应先远离工件。然后，车刀刀尖从偏心工件的最外一点逐步切入工件。这样就可以避免因背吃刀量而突然增大损坏刀具，发生事故。

2. 在两顶尖间车偏心工件

一般的偏心轴只要两端面能钻中心孔，且有鸡心夹头装夹位置，都应该用在两顶尖间车偏心的方法车削，如图2-13所示。因为在两顶尖间车偏心轴与车一般外圆没有多大区别，仅仅是两顶尖顶在偏心中心孔中加工而已。这种方法的优点是：不需要用过多的时间去找正偏心，偏心中心孔可经划线后在钻床上

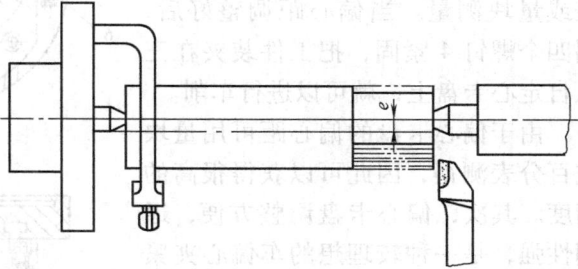

图2-13　在两顶尖间车偏心轴的方法

钻好，偏心距精度要求高的中心孔可在镗床或坐标镗床钻出，其定位精度高。

3. 在三爪自定心卡盘上车偏心工件

长度较短的偏心工件，也可以采用在三爪自定心卡盘的一个卡爪上增加一块垫片的方法使工件产生偏心来车削，如图2-14所示，垫片的厚度可用以下近似公式计算

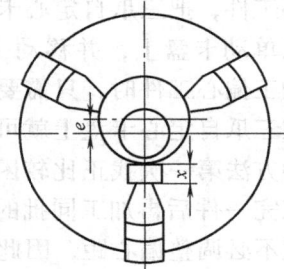

$$x = 1.5e + k \tag{2-2}$$
$$k \approx 1.5\Delta e \tag{2-3}$$
$$\Delta e = e - e_{测} \tag{2-4}$$

式中　x——垫片厚度（mm）；

e——工件偏心距（mm）；

k——偏心距修正值（mm）；

Δe——试车后，实测偏心距误差（mm）；

$e_{测}$——试车后，实测偏心距（mm）。

图2-14　在三爪自定心卡盘
上车削偏心工件

例2-1　如车削偏心距 $e = 2mm$ 的工件，试用近似公式计算垫片厚度 x。

解　先不考虑修正值，按近似公式计算垫片厚度

$$x = 1.5e = 1.5 \times 2mm = 3mm$$

先垫入3mm厚的垫片，进行试车削。试切后检查其实际偏心距，如实测偏心距为2.04mm，则偏心距有误差：

$$\Delta e = 2mm - 2.04mm = -0.04mm$$
$$k = 1.5\Delta e = 1.5 \times (-0.04mm)$$
$$= -0.06mm$$

则垫片厚度的正确值为：$x = 1.5e + k = 3mm - 0.06mm = 2.94mm$

4. 在偏心卡盘上偏心工件

车削批量较大、精度较高的偏心工件时，可以用偏心卡盘如图2-15所示来车削。偏心卡盘分两层，底盘2用螺钉固定在车床主轴的连接盘上，偏心体与底盘燕尾槽相互配合，偏心体3上装有三爪自定心卡盘5，利用丝杠1来调整卡盘的中心距。偏心距的大小可在两个

测头 6、7 之间测得，当偏心距为零时，测头 6、7 正好相碰，转动丝杠 1，测头 7 逐渐离开 6，离开尺寸即为偏心距，两测头之间的距离可用百分表或量块测量。当偏心距调整好后，用四个螺钉 4 紧固，把工件装夹在三爪自定心卡盘上，就可以进行车削。

由于偏心卡盘的偏心距可用量块或百分表测得，因此可以获得很高的精度。其次，偏心卡盘调整方便，通用性强，是一种较理想的车偏心夹紧工具。

5. 在双重卡盘上车偏心工件

如图 2-16 所示在双重卡盘上车偏心工件，把三爪自定心卡盘装夹在四爪单动卡盘上，并移动一个偏心距。加工偏心工件时，只需要把工件装夹在三爪自定心卡盘上就可以车削，这种方法第一次找正比较困难，但是加工完一件后再加工同批的其余工件时就不必调整偏心距，因此适用于加工成批工件。因两只卡盘重叠在一起，刚性较差，切削用量不能选得太大，此外车削时尽量用后顶尖支顶，工件找正后需加平衡铁，防止事故发生。

6. 在专用偏心夹具上车偏心工件

（1）用偏心夹具车偏心工件　对加工数量较多、偏心距精度要求较高的工件，可以制造专用偏心夹具来装夹和车削。如图 2-17b 所示是一种偏心夹具，夹具中预先加工一个偏心孔，其偏心距等于工件偏心距，工件插在夹具的偏心孔中，用铜头螺钉紧固。也可以把偏心夹具的较薄处铣出一条窄槽，如图 2-17a 所示，靠夹具的变形来夹紧工件。

如图 2-18 所示，是车偏心凸轮的心轴。这根心轴是预先车好的，其偏

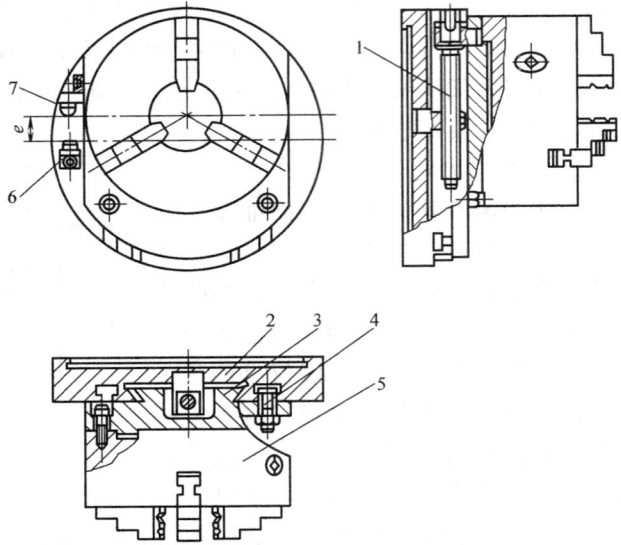

图 2-15　在偏心卡盘上车削偏心工件
1—丝杠　2—底盘　3—偏心体　4—螺钉
5—三爪自定心卡盘　6、7—测头

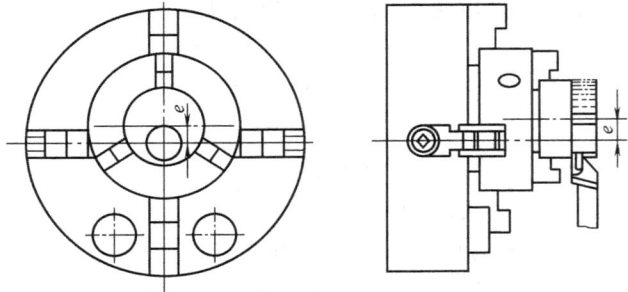

图 2-16　在双重卡盘上车削偏心工件

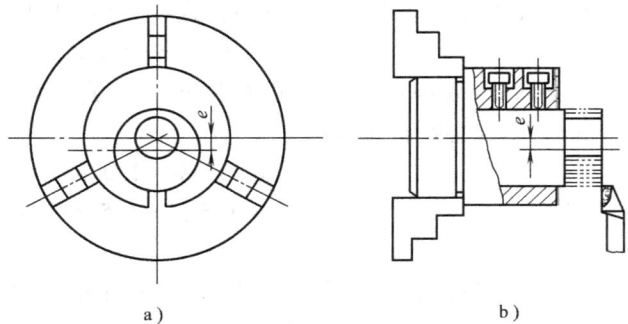

a)　　　　　　　　b)

图 2-17　用专用偏心夹具上车偏心工件
a）用变形紧固工件　b）用螺钉紧固工件

心距 e 与工件偏心距相同。将心轴外圆夹在三爪自定心卡盘上，工件装在偏心轴上，用螺钉和垫圈压紧工件后，就可以车削。这种方法加工方便，但材料比较浪费，适用于加工偏心距较小的有孔工件。

（2）用偏心夹具钻偏心中心孔

当加工数量较多的偏心轴时，用划线的方法找正中心来钻中心孔，生产率

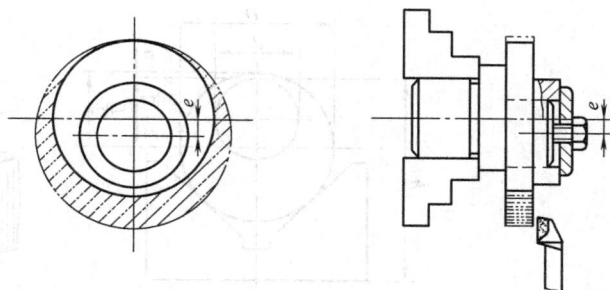

图 2-18　车偏心凸轮的心轴

低，偏心距精度不易保证。这时，可将偏心轴装夹在偏心夹具中钻中心孔，如图 2-19 所示，并用紧固螺钉拧紧。钻另一端中心孔时，夹具调头，工件不能卸下，装夹在软卡爪上。钻好中心孔后再用两顶尖装夹车偏心轴。

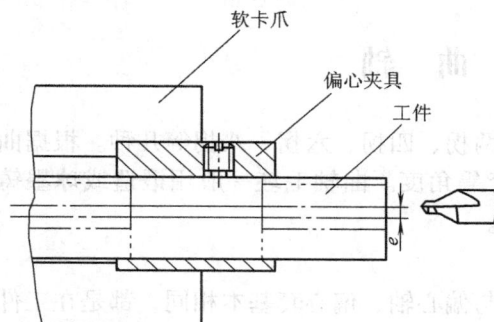

图 2-19　用偏心夹具钻偏心中心孔

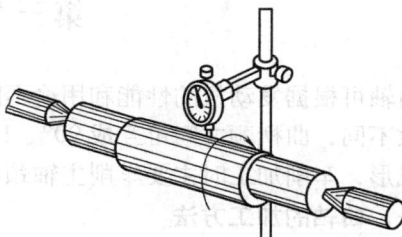

图 2-20　在两顶尖间测量偏心距的方法

二、偏心距的测量

1. 在两顶尖间测量

两端有中心孔的偏心轴，在偏心距较小时，可用如图 2-20 所示的方法测量偏心距。测量时，把工件装夹在两顶尖之间，用百分表的测头与偏心轴偏心部分接触，转动偏心轴，百分表指示出的最大值与最小值之差一半为偏心距。

偏心套的偏心距也可用类似上述方法来测量，但必须将偏心套套在心轴上，然后在两顶尖之间测量。

2. 在 V 形架上测量

偏心距较大的工件，因为受到百分表测量范围的限制或无中心孔的偏心轴，就不能用上述在两顶尖间测量的方法来测量。这时可用如图 2-21 所示的间接测量偏心距的方法。测量时，把 V 形架放在平板上，并把工件放在 V 形架中，转动偏心轴，用百分表测得偏心轴的最高点。找出最高点后，工件固定不动，将百分表水平移动，测量出偏心轴外圆到基准轴外圆之间的距离 a，然后用下式计算出偏心距 e。

$$e = \frac{D}{2} - \frac{d}{2} - a \tag{2-5}$$

式中　　D——基准轴直径（mm）；

$\quad\quad\quad d$——偏心轴直径（mm）；

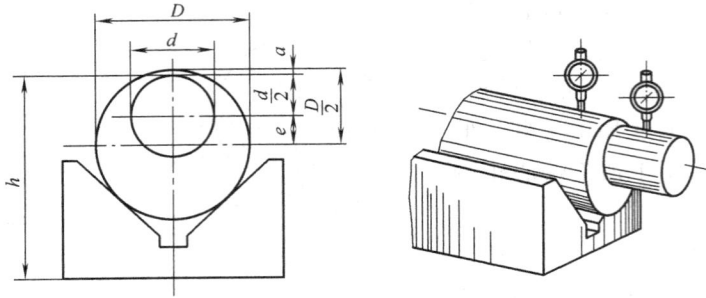

图 2-21　偏心距的间接测量方法

a——基准外圆到偏心外圆之间的最小距离（mm）。

用上述方法，必须用千分尺准确测量出基准轴直径和偏心轴直径的实际值，否则计算时会产生误差。

第三节　车　曲　轴

曲轴可根据发动机的性能和用途不同，分成两拐、四拐、六拐、八拐等几种。根据曲柄颈拐数不同，曲柄颈之间可互成 90°、120°、180° 等角度。曲轴毛坯一般用锻造或球墨铸铁浇注成形，车削加工时主要车削主轴颈和曲柄颈。

一、曲轴的加工方法

曲轴实质上是一种多拐偏心轴，其加工原理与偏心轴、偏心套基本相同，都是在工件安装时采取适当的措施，使被加工的曲柄颈的轴线和车床主轴轴线重合。但是由于曲轴结构复杂，不仅细长，又有多个曲拐，刚性较差，而且曲柄颈和主轴颈尺寸精度、形状精度要求较高，彼此间的位置精度要求也较高，因此，曲轴加工难度较大，工艺过程比较复杂。

一般在车床上主要进行曲轴的主轴颈和曲柄颈的粗加工和半精加工，其精加工通常采用磨削方法进行。主轴颈的加工方法与加工一般轴类工件相似，但曲柄颈的加工却要困难得多。所以，对此应特别注意。

现以图 2-22 所示最简单的两拐曲轴为例，说明曲轴的车削方法。

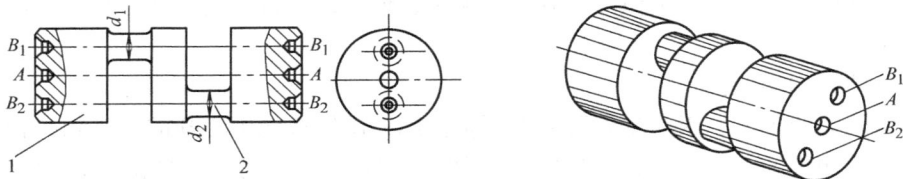

图 2-22　两拐曲轴
1—主轴颈　2—曲柄颈

该曲轴有两个曲柄颈 d_1、d_2，互成 180°。通常要求两曲柄颈的轴线与主轴颈轴线平行，两曲柄颈之间的角度误差在允许范围之内。为此，可以采用如下工艺措施：

1）加工时，首先划线，然后需要在两端面钻基准圆中心孔 A 和偏心中心孔 B_1、B_2。车削时，采用两顶尖装夹，先用两顶尖顶中心孔 A，粗车外圆，再用两顶尖分别顶偏心中心孔

B_1 和 B_2 便可车出曲轴颈 d_1 和 d_2，最后两顶尖顶在中心孔 A 中，精车主轴颈。若零件两端不允许保留偏心中心孔，则可将偏心中心孔 B_1、B_2 车去。

2）车曲轴时，仍要先粗车、后精车，避免工件刚度不足，偏心曲轴余量大，且粗车时断续切削会产生冲击、振动，以及切削力大等原因而造成工件变形。车削时，为了增加曲轴刚度，防止变形可采取以下措施：

如果两曲柄臂间距离小时，可在曲柄颈对面的空挡处用支承螺杆支撑，如图 2-23a 所示。如果两曲柄臂间的距离较大，可在两柄颈对面的空挡处用较硬的木块或木棒支撑，如图 2-23b 所示。

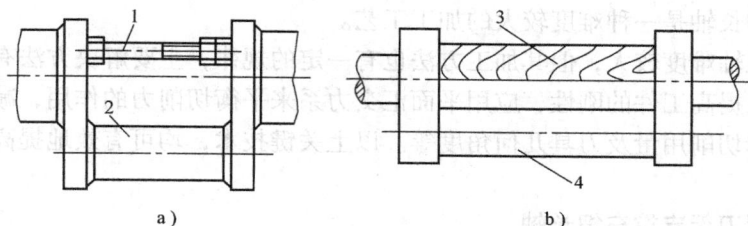

图 2-23　曲柄臂间增加支撑的方法
a）增加支承螺杆支撑　b）增加木块支撑
1—支承螺杆　2、4—曲柄颈　3—硬木块

3）由于曲轴在加工过程中，安排了调质处理工序。调质处理后应修研中心孔，方可进行曲轴的半精加工。

4）在主轴颈较细、无法在工件两端面上钻出偏心中心孔时，可借助偏心夹板钻好偏心孔。使用时，先根据偏心距的要求，钻好偏心中心孔，然后通过偏心夹板内孔与主轴颈采用过渡配合，并用螺钉或定位键使偏心夹板紧固，定位于主轴上。车削时，用两顶尖顶在相应的偏心中心孔上，便可车曲柄颈了。

5）车削偏心距较大的曲轴，还要注意找正静平衡。

二、曲轴的测量方法

曲轴的尺寸精度、同轴度和平行度的测量方法与一般轴类工件相似，把曲轴装夹在两顶尖之间，用百分表和高度游标卡尺测出主轴颈表面最高点至平板表面间的距离 h 和曲柄颈表面至平板间的距离 H，同时用千分尺测量出主轴颈的半径 r 及曲柄颈的半径 r_1，如图 2-24 所示。然后用下式计算出曲柄颈的偏心距 e。

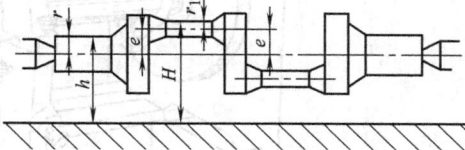

图 2-24　曲轴偏心距的测量

$$e = (H - r_1) - (h - r) \qquad (2-6)$$

第四节　车细长轴

工件的长度（L）和直径（d）之比大于 25 的轴类工件，称为细长轴。

一、细长轴工件的工艺特点

（1）细长轴的柔、软、弯特性　切削加工时，由于背向分力的作用，工件出现弯曲变形，易车削成中间粗、两端细的腰鼓形。

（2）细长轴的下垂特性　细长轴由自重而引起弯曲变形，使中部下垂。旋转时，受离心力作用而产生机械振动，影响加工质量。

（3）细长轴的热膨胀特性　细长轴加工中产生的切削热，使工件的温度升高，从而导致工件伸长变形，容易引起振动，有时甚至使工件挤死在两顶尖间。

（4）细长轴刀具易磨损的特性　由于细长轴刀具进给的距离很长，在刚性不足的情况下进行切削，切削速度受到一定的限制，刀具的磨损较快，工件容易出现锥度误差。

（5）细长轴使用过定位加工的特性　加工时，采用跟刀架、中心架等过定位装夹方法。若使用不当，很容易使工件产生竹节形、多棱形、麻花形等缺陷。

因此，车细长轴是一种难度较大的加工工艺。

虽然车细长轴难度较大，但其加工方法也有一定的规律，主要解决方法有：正确使用中心架、跟刀架以提高工件的刚性，应用平面汇交力系来平衡切削力的作用，减小工件热变形伸长，合理选择切削用量及刀具几何角度等。以上关键技术，均可有效地提高细长轴类工件的加工质量。

二、使用跟刀架支撑车细长轴

在车削细长轴时，使用中心架来增加工件刚性，一般车削细长轴使用中心架的方法有两种：

1. 中心架直接支撑在工件的中间

当细长轴可以分段车削时，中心架的架体通过压板支撑在工件中间，如图 2-25 所示，L/d 的值减少了 1 倍，车削时细长轴的刚性可增加好几倍。工件装夹在中心架上之前，必须在其中间车一段支撑中心架支承爪的沟槽。沟槽的表面粗糙度值及圆柱度误差要小，否则会影响工件精度。调整中心时，必须先调整下面的两个支承爪，接触压力要适当，用紧定螺钉紧固，然后把上盖盖好并固定，调整上面的一个支承爪并用紧定螺钉紧固。

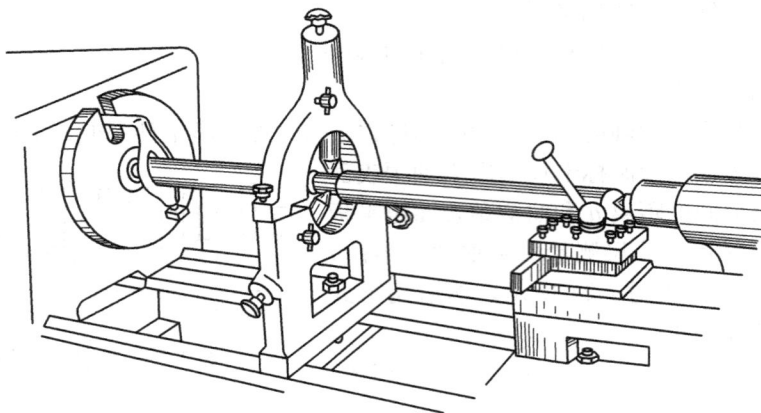

图 2-25　用中心架支撑车削细长轴

车削时，支承爪与工件接触处应经常加润滑油，为了使支承爪和工件保持良好的接触，也可以在中心架支承爪与工件之间加一层砂布或研磨剂，进行研磨抱合。

2. 用过渡套筒支撑车细长轴

在上面所介绍的方法中，要在细长轴中间车削一条沟槽比较困难。为了解决这一问题，可使用过渡套筒。将过渡套筒套在细长轴上，使支承爪与过渡套外表面接触，如图 2-26 所示。过渡套筒的两端各装有 4 个螺钉，用这些螺钉夹住工件毛坯，并调整套筒外圆的轴线与主轴旋转轴线相重合，即可车削。

三、使用跟刀架支撑车细长轴

跟刀架分为两个支承爪和三个支承爪两种，如图 2-27 所示。由于跟刀架是固定在床鞍上，在车削时跟在车刀的后面，所以得名。它跟在车刀后面进行进给运动，可抵消背向力，并

图 2-26　用过渡过套筒支撑车细长轴

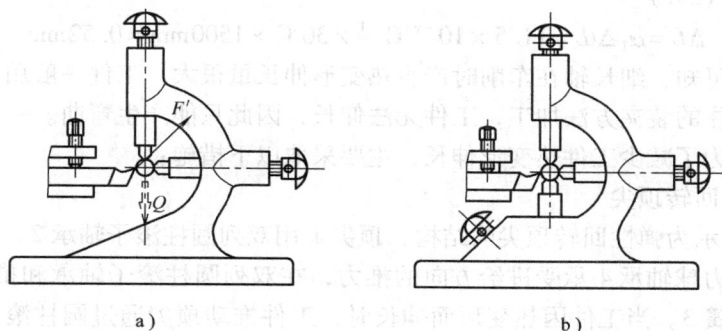

可以增加工件的刚度，减少变形，从而提高细长轴的形位精度和减小表面粗糙度值。

从跟刀架的设计原理来看，只需两个支承爪就可以了，如图 2-27a 所示。车刀对工件的切削力 F，使工件贴在跟刀架的两个支承爪上。但是在实际车削时，工件本身有一个向下的重力，以及工件免不了有些弯曲，工件往往因离心力的作用而瞬时离开支承爪、瞬时接触支承爪，这样就会产生振动。如果采用三个支承爪的跟刀架，如图 2-27b 所示，工件一面由车刀抵住，另一面由跟刀架支撑，上下左右都不能移动，车削时比较稳定，不易产生振动。因此，车削细长轴时要应用三个支承爪的跟刀架。

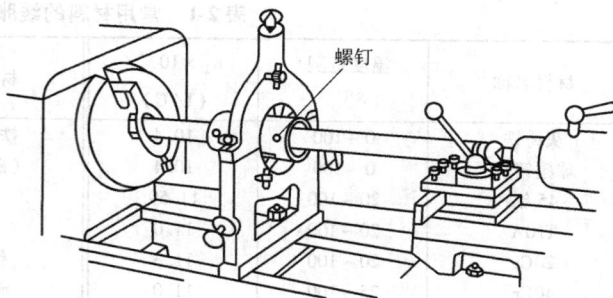

图 2-27　用跟刀架支撑车细长轴受力情况
a）两爪跟刀架　b）三爪跟刀架

四、减少工件的热变形伸长

车削时，因切削热的影响，使工件随着温度升高而逐渐伸长，称为热变形。在车削一般轴类工件时可不考虑热变形伸长问题，但是车削细长轴时，因工件长、伸长量大，所以一定要考虑到热变形的影响。工件热变形伸长量可按下式计算

$$\Delta L = \alpha_L \Delta t L \qquad (2\text{-}7)$$

式中　ΔL——工件热变形伸长量（mm）；

α_L——材料热胀系数（1/℃，钢：$\alpha_L = 11.5 \times 10^{-6}$）；

L——工件的总长（mm）；

Δt——工件升高的温度（℃）。

常用材料的线胀系数，见表 2-1。

例 2-2　车削直径 φ30mm，长度 L 为 1500mm 的细长轴，材料为 45 钢，车削时因受切削

表 2-1　常用材料的线胀系数 α_L

材料名称	温度范围/℃	$\alpha_L \times 10^{-6}/(1/℃)$	材料名称	温度范围/℃	$\alpha_L \times 10^{-6}/(1/℃)$
灰铸铁	0 ~ 100	10.4	铁锰合金	20 ~ 100	11.0
球墨铸铁	0 ~ 100	10.4	（磁尺用）		
45 钢	20 ~ 100	11.59	纯铜	20 ~ 100	17.2
T10A	20 ~ 100	11.0	黄铜	20 ~ 100	17.8
20Cr	20 ~ 100	11.3	铝青铜	20 ~ 100	17.6
40Cr	25 ~ 100	11.0	锡青铜	20 ~ 100	18.0
65Mn	25 ~ 100	11.1	铝	0 ~ 100	23.8
2Cr13	20 ~ 100	10.5	镍	0 ~ 100	13.0
60Si2Mn	20 ~ 100	11.5 ~ 12.4	光学玻璃	20 ~ 100	11.0
1Cr18Ni9Ti	20 ~ 100	16.6	普通玻璃	20 ~ 100	4 ~ 11.5
Ni58	20	11.5	有机玻璃	20 ~ 100	120 ~ 130
			水泥、混凝土	20	10 ~ 14
GCr15	100	14.0	纤维、夹布胶木		30 ~ 40
38CrMoAlA	20 ~ 100	12.3	聚氯乙烯管材	10 ~ 60	50 ~ 80
镍相合金	20 ~ 100	11.0	尼龙	0 ~ 100	110 ~ 150
（磁尺用）			硬橡胶、胶木	17 ~ 25	77

热的影响，使工件比原来的温度升高30℃，求这根细长轴的热变形伸长量？

解　根据式（2-7）

$$\Delta L = \alpha_L \Delta t L = 11.5 \times 10^{-6}℃^{-1} \times 30℃ \times 1500mm = 0.52mm$$

从上面计算可知，细长轴在车削时产生热变形伸长量很大。工件一般用两顶尖或用一端夹住、另一端顶住的装夹方法加工，工件无法伸长，因此只能产生弯曲。一旦产生弯曲，车削就很难进行，为了减少工件热变形伸长，主要采取以下措施：

1. 使用弹性回转顶尖

如图 2-28 所示为弹性回转顶尖的结构，顶尖 1 用双列圆柱滚子轴承 2、滚针轴承 5 支撑背向切削力，推力球轴承 4 承受进给方向的推力，在双列圆柱滚子轴承和推力球轴承之间，放置两片碟形弹簧 3。当工件因热变形而伸长时，工件推动顶尖通过圆柱滚子轴承，使碟形弹簧压缩变形。生产实践证明，用弹性回转顶尖加工细长轴，可有效地补偿工件的热变形伸长，工件不易弯曲，车削可顺利进行。

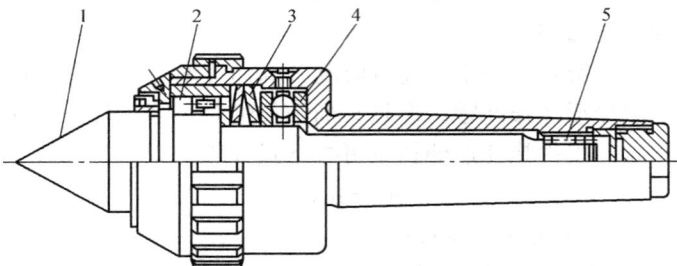

图 2-28　弹性回转顶尖

1—顶尖　2—双列圆柱滚子轴承　3—碟形弹簧　4—推力球轴承　5—滚针轴承

2. 加注足够的切削液

车削细长轴时，不论是低速切削还是高速切削，为了减少工件的热变形伸长，必须加注足够的切削液，有效地降低切削区域的温度，提高刀具的使用寿命和工件的加工质量。

3. 刀具保持锋利

刀具应经常保持锋利状态，以减少车刀与工件的摩擦，降低切削热。

五、合理选择车刀的几何形状和刀具材料

车削细长轴时，由于工件刚性差，车刀的几何形状对工件的弯曲变形、切削力、切削热、振动等都有明显的影响，选择时主要考虑以下几点：

1）为了减少背向力，减少细长轴弯曲，车刀的主偏角取 $\kappa_r = 80° \sim 93°$。

2）为了减小切削力和切削热，应该选择较大的前角 $\gamma_o = 15° \sim 30°$，使刀具锋利，减小切削变形。

3）车刀前面应该磨有 $R1.5 \sim R3.2mm$ 的断屑槽，使切屑卷曲折断。

4）选择正值刃倾角，取 $\lambda_s = 3° \sim 10°$，使切屑流向待加工表面。

5）切削刃表面粗糙度要求不大于 $R_a 0.4\mu m$，并保持切削刀锋利。

6）为了减少背向力，刀尖圆弧半径应选小些（$r_\varepsilon < 0.3mm$），倒棱的宽度也应选择得较小，一般取 $b_\gamma = 0.5f$。

7）后角应选得小一些，一般 $\alpha_o = 4° \sim 6°$，起防振作用。如图 2-29 所示，为车削 90°细长轴车刀。

8）选用热硬性和耐磨性好的刀片材料（如 YT15、YT30 或 YW1 等），并提高刀尖的刃磨质量，以增加刀具的寿命。

六、加工细长轴的切削用量

粗车和半精车细长轴切削用量的选择原则：尽可能减小背向力，减少切削热。

车削细长轴时，一般在长径之比和工件材料韧性都较大时，应选用较小的切削用量，即增加车削进给次数，减小背吃刀量，以减少振动。

粗车时，切削速度 $v_c = 50 \sim 60 m/min$；进给量 $f = 0.3 \sim 0.4mm/r$；背吃刀量 $a_p = 1.5 \sim 2mm$。

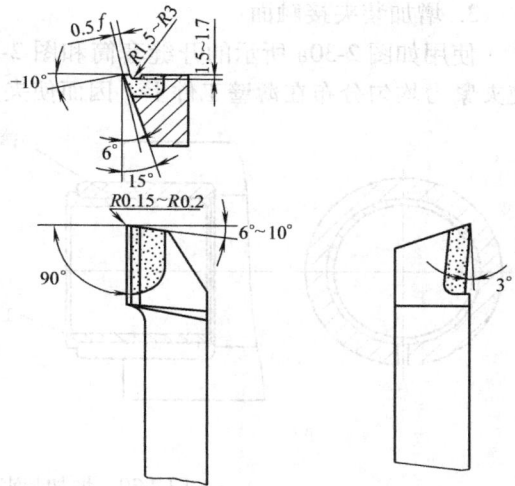

图 2-29 90°细长轴车刀

精车时，切削速度 $v_c = 50 \sim 100m/min$；进给量 $f = 0.08 \sim 0.12mm/r$；背吃刀量 $a_p = 0.5 \sim 1mm$。

七、切削液的选择

加工细长轴时，应采用流动性能好的乳化液进行充分的冷却与润滑。如果用柴油掺入 10% 全损耗用油的混合液，则效果更加显著。

第五节 车薄壁工件

一、薄壁工件的加工特点

车薄壁工件时，由于工件的刚性差，所以在车削过程中，可能产生以下现象：

1）在夹紧力的作用下容易产生变形，影响工件的尺寸精度和形位精度。

2）车削时产生切削热引起热变形，使工件尺寸不易控制。

3）在切削力（特别是背向力）的作用下，容易产生振动和变形，从而影响工件的尺寸精度、形位精度和表面粗糙度。

二、薄壁工件的加工方法

针对上述车薄壁工件时可能产生的问题，下面介绍防止和减少车薄壁工件时产生变形的方法。

1. 采用适当的夹紧力

薄壁工件的加工可分为粗车和精车两个过程。

粗车时，工件的切量余量较大，夹紧力可稍大些，不会影响工件的最终精度。

精车时，工件的切量余量较小，夹紧力可稍小些，工件变形小，还可以消除粗车时因切削力过大而产生的变形。

2. 车刀保持锋利并加注足够的切削液

精车薄壁工件时，刀柄刚度要求高，修光刃不易太长（一般为 $0.2 \sim 0.3 \text{mm}$），刃口要锋利。外圆精车刀：$\kappa_r = 90° \sim 93°$，$\kappa_r' = 15°$，$\alpha_o = 14° \sim 16°$，γ_o 适当增大。内孔精车刀：$\kappa_r = 60°$，$\kappa_r' = 30°$，$\gamma_o = 35°$，$\alpha_o = 14° \sim 16°$，$\lambda_s = 5° \sim 6°$

3. 增加装夹接触面

使用如图 2-30a 所示的开缝套筒和图 2-30b 所示的特制的软卡爪，可增加装夹接触面，使夹紧力均匀分布在薄壁工件上，因而使夹紧时工件不易变形。

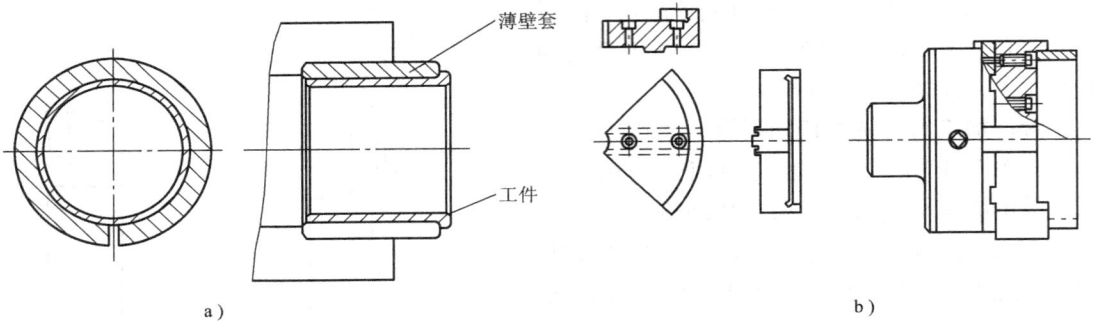

图 2-30 增加装夹接触面，减少工件变形
a）开缝套筒 b）特制的软卡爪

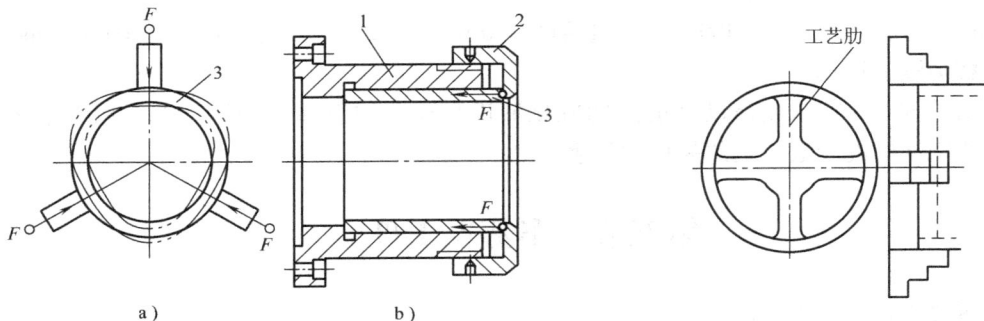

图 2-31 薄壁套的夹紧
a）错误 b）正确
1—夹具 2—螺母 3—工件

图 2-32 增加工艺肋减少变形

4. 使用轴向夹紧夹具

车薄壁工件时，尽量不使用径向夹紧的方法，优先选用轴向夹紧的方法。如图 2-31b 所示，把薄壁工件装夹在夹具内，用内螺母的端面夹压紧工件，使夹紧力 F 沿工件轴向分布，这样可防止夹紧变形。

5. 增加工艺肋

在薄壁工件的装夹部分特制几根工艺肋，如图 2-32 所示，以增加刚性。装夹时夹紧力作用在肋上，可减少工件变形。加工完毕后，把工艺肋去掉。

6. 合理选择切削用量

薄壁工件车削时，应根据其刚度低、易变形等特点，适当降低切削用量，一般按照中速、小吃刀量、快进给的原则进行选择。具体数据可参考表 2-2。

表 2-2 车削薄壁工件时的切削用量

加工性质	切削速度 v_c/ (mm/min)	进给量 f/ (mm/r)	背吃刀量 a_p/ mm
粗车	70 ~ 80	0.6 ~ 0.8	1
精车	100 ~ 120	0.15 ~ 0.25	0.3 ~ 0.5

第六节　深孔加工简介

工件内孔的孔深与孔径之比 $L/d > 5$ 的孔称为深孔。在加工深孔时，刀具细长、刚性差、冷却困难、切屑不易排出，又因刀具在工件内部切削，切削变化情况和刀具磨损情况都无法观察到。因此，深孔加工也是一种难度较大的加工工艺，必须使用一些特殊刀具（深孔钻、深孔车刀等）及特殊的附件，并对切削液的流量、压力都有较高的要求。

深孔加工的关键技术是深孔钻的几何形状和冷却、排屑问题。较常用的深孔加工方法和排屑方式有以下三种。

一、枪孔钻和外排屑

在钻削 $\phi3 \sim \phi20mm$ 的深孔时，一般都采用枪孔钻。如图 2-33a 所示为枪孔钻的几何形状，枪孔钻是用高速钢或硬质合金刀头与无缝钢管的刀柄焊接制成的。刀柄上压有 V 形槽，是排出切屑的通道，前端腰形孔 2 是切削液的出口，切削液的压力一般为 0.35 ~ 0.9MPa。枪孔钻钻孔时，棱边 1 和 3 承受切削力，并作为钻孔时的导向部分。高压切削液从空心刀柄经腰形孔进入切削区域，切屑被切削液从 V 形

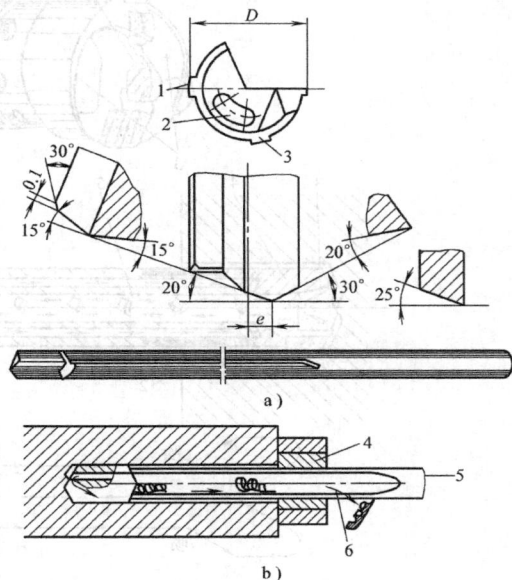

图 2-33　用枪孔钻加工深孔
a) 枪孔钻　b) 钻削方法
1、3—棱边　2—腰形孔　4—导向套
5—切削液入口　6—切屑排出口

槽中冲出。由于枪孔钻是单切削刃,其钻尖偏离一边,刀头刚进入工件时,刀柄会产生扭动,因此必须使用导向套(见图2-33b)。

枪孔钻加工深孔时,由于刀柄强度极差,选择切削用量时必须注意,尤其是进给量应选得较小,切削液压力、流量都应较大而使切屑容易冲出。

二、喷吸钻和内排屑

在钻削 φ20 ~ φ65mm 的深孔时可采用喷吸钻,如图2-34a 所示为喷吸钻外形。它的切削刃 1 交错分布在喷吸钻的两边,颈部有几个喷射切削液的小孔 2,前端有两个喇叭形孔 3,切屑由小孔 2 喷射出的高压切削液的压力作用下,从这两个喇叭形孔 3 冲入并被吸进空心导杆,向外排出。

喷吸钻的工作原理如图2-34b 所示。喷吸钻头部 4 用多线矩形螺纹连接在外套管 6 上,外套管 6 用弹簧夹头 7 装夹在刀柄 8 上,内套筒 5 的尾部开有几个向后倾斜30°的"月牙孔"9。当高压切削液从进口 A 进入管夹头中心后,大部分的切削液从内外套筒之间,通过喷吸钻头部小孔 2 进入切削区域,另一部分切削液应通过倾斜的月牙孔 9 向后高速喷射,使内套管的前后产生很大的压力差。这样,钻出的切屑一方面被高压切削液从前向后经两个喇叭形孔 3 冲入内套管 5 后冲出,另一方面受内套管内前后压力差的作用而被吸出。在这两方面的力量作用下,使切屑顺利地从排屑杆中排出。

此种排屑方式是利用切削液的"喷"和"吸"的作用将切屑排出,因此称为"喷吸钻"。

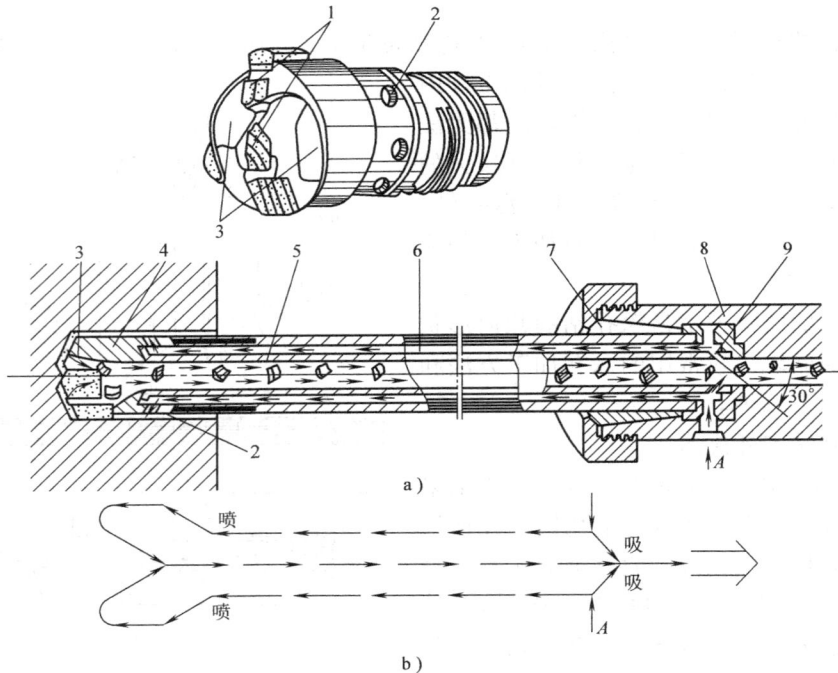

图 2-34 用喷吸钻加工深孔

a)喷吸钻的结构 b)喷吸钻的工作原理

1—切削刃 2—小孔 3—喇叭形孔 4—喷吸钻头部 5—内套管

6—外套管 7—弹簧夹头 8—刀柄 9—月牙孔

三、高压内排屑钻

在钻削 φ20～φ65mm 的深孔时，可以用高压内排屑钻。高压内排屑的工作原理如图2-35 所示。高压大流量的切削液从封油头 3 经深孔钻 2 和孔壁之间进入切削区域，切屑在高压切削液的冲刷下经两个喇叭形孔从外套管 5 的中间排出。采用这种方法，排屑杆内没有压力差，需要较高的切削液压力（一般要求 1～3MPa）将切屑从切削区域经外套管 5 的内孔排出，因此称为"高压内排屑"。

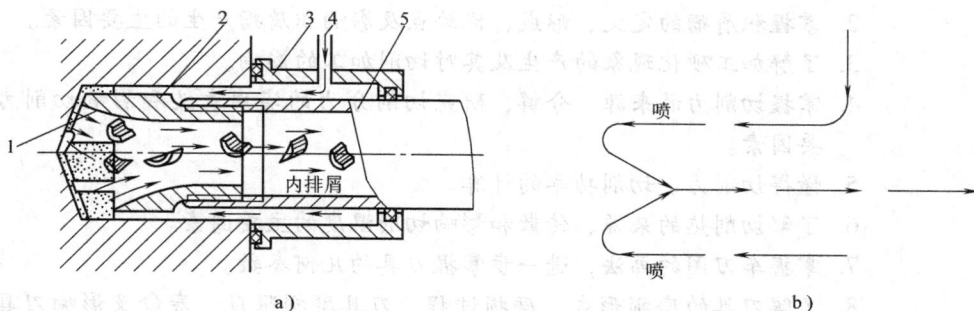

图 2-35　高压内排屑钻及工作原理
a）排屑钻结构　b）高压内排屑钻的工作原理
1—喇叭形孔　2—深孔钻　3—封油头　4—切削液入口　5—外套管

与高压内排屑钻加工深孔的方法相比，喷吸钻通过切削液的喷吸两个作用将切屑排出，排屑顺利，切削液压力低，一般为 0.8～1.2MPa。这样冷却泵的功率消耗和对装置的密封性要求都可以降低。因此，尽可能采用较先进的喷吸钻来加工深孔。

本 章 小 结

本章主要介绍了复杂工件的装夹、车削及相关的工艺知识。通过本章的学习，了解在花盘和角铁上装夹、车削工件的方法，掌握偏心工件、简单曲轴、细长轴工件、薄壁工件的车削方法，了解深孔的加工、排屑方法。

复习思考题

1. 花盘和角铁上装夹车削工件的特点是什么？
2. 在花盘上加工双孔连杆时，如何测量两孔中心距？
3. 如何检测花盘的端面圆跳动？
4. 微型角铁的特点是什么？
5. 在花盘和角铁上加工工件时，如何能达到图样要求？
6. 车偏心工件的方法有几种？特点怎样？各适应什么场合？
7. 什么叫细长轴？其工艺特点是什么？
8. 车细长轴有哪些关键技术？怎样解决？
9. 如何解决细长轴加工时热变形伸长？
10. 采用跟刀架车削细长轴时，产生竹节形的原因是什么？
11. 以外圆为定位基准，车薄壁套内孔时，为防止夹紧变形，在夹紧装置上应采取哪些措施？试举例说明。
12. 常用的深孔加工方法和排屑方式有哪几种？

第三章　金属切削原理

教学目标　1. 了解金属形成的过程和切屑的种类。
2. 掌握积屑瘤的定义、形成、优缺点及影响积屑瘤产生的主要因素。
3. 了解加工硬化现象的产生及其对切削加工的影响。
4. 掌握切削力的来源、分解，研究切削分力的实用意义和影响切削力的主要因素。
5. 懂得切削力、切削功率的计算。
6. 了解切削热的来源、传散和影响切削温度的主要因素。
7. 掌握车刀图的画法，进一步掌握刀具的几何参数。
8. 了解刀具的磨损形式、磨损过程、刀具磨损限度、寿命及影响刀具寿命的主要因素。
9. 掌握切屑的控制。
10. 懂得减小工件表面粗糙度值的方法。
11. 了解硬质合金可转位车刀的特点、结构、刀片夹紧形式及使用时的注意事项。
12. 掌握麻花钻的修磨。

教学重点　金属切削过程、车刀工作图、刀具的磨损、切屑的控制，减小工件表面粗糙度值的方法和麻花钻的修磨。

教学难点　车刀工作图的画法。

第一节　金属切削过程

金属切削过程是在刀具切削刃的切割和前面推挤作用下，使被切削的金属变成切屑，形成需要的加工表面的过程。在这一过程中，始终存在着刀具切削工件和工件材料抵抗切削的矛盾，从而产生一系列物理现象，如切削变形、切削力、切削热与切削温度以及有关的刀具磨损与刀具寿命长短等。它们都是以切屑形成过程为基础的，而生产实践中出现的积屑瘤、加工硬化、断屑等问题，又都同切削过程中的变形规律有关。因此，研究这些物理现象和问题的发生与变化规律，有助于正确刃磨和合理使用刀具，对于合理选择切削用量、充分发挥刀具的切削性能、减少刀具的磨损、降低生产成本、提高金属切削加工的加工质量等，都有着很重要的意义。

一、切屑的形成

实际上，金属切削过程是非常复杂的，为了通俗地说明问题，把切削过程模拟为图3-1所示的示意图。被切削的金属层好比一叠卡片 1′、2′、3′……，当刀具切入时，这叠卡片被推到 1、2、3……的位置，卡片之间发生滑移，产生滑移的面就是剪切面。随着滑移量不断增加，切应力也逐渐增大，当塑性变形超过金属的极限强度时，金属就断裂下尖形成切屑。

在图 3-1a 中，只考虑剪切面的滑移，把金属层各单元比喻为平行四边形的卡片，实际上由于刀具前面的强烈挤压，这些单元的底面被挤压伸长，它的形状不再是平行四边形，而像图 3-1b 所示的梯形 *abcd*。许多梯形叠起来，就造成了切屑的卷曲。

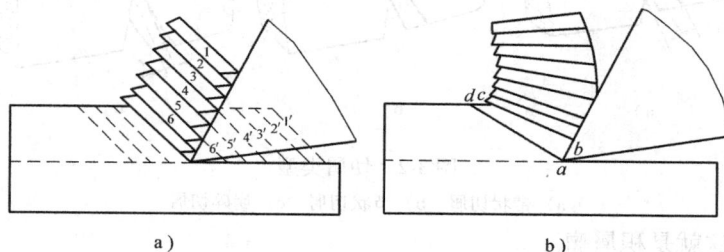

图 3-1　金属切削过程示意图
a）金属的滑移　b）切屑的卷曲

从力学角度来分析，刀具前面上的挤压力对切屑产生了一个弯矩，迫使切屑弯曲。所以切屑的卷曲是和前面的挤压有关。实验证明，刀具的前角愈小，这种挤压就愈强烈，切屑的变形也愈大。

二、切屑的类型

由于工件材料性质不同，车刀几何形状和切削用量等切削条件不同，切削过程中的滑移变形程度也就不同，会产生各种不同形状的切屑。

1. 带状切屑

工件材料塑性好、切削速度高、切屑厚度小、前角较大、切屑与前面之间的摩擦力较小时，最易形成带状切屑，如图 3-2a 所示。这类切屑为连续不断的带状，与刀具前面接触的底面比较光洁，上表面无明显裂纹，呈毛茸状。形成带状切屑的切削过程比较平稳，切削力变化小，因此表面粗糙度值小。但带状切屑连绵不断，容易缠绕在工件或刀具上，拉毛工件表面，妨碍工作，损坏切削刃，甚至发生事故，切削时需采取断屑措施，防止带状切屑形成。

2. 节状切屑（挤裂切屑）

用前角较小的刀具，以较低的切削速度、较大的进给量切削塑性较差的材料时，易形成节状切屑，如图 3-2b 所示。这种切屑外表面呈锯齿形，内表面有时有裂纹，剪切滑移量较大，在局部地方出现破裂而形成。此时，切削力变化比带状切屑大，加工表面粗糙度值也相应大些。

3. 崩碎切屑

如图 3-2c 所示，切削脆性金属（如铸铁、铸铜等）时，由于材料的塑性很小、抗拉强度较低，刀具切入后，切削层材料未经明显塑性变形就被挤裂或脆断，形成不规则的碎块状切屑。工件材料愈硬愈脆，刀具前角愈小，进给量愈大，愈容易形成崩碎切屑，此种切屑与前面的接触长度较短，切削力、切削热集中在切削刃附近，切削力波动很大，容易使刀具磨损和崩刃，对工件表面粗糙度和刀具寿命都不利。

三、积屑瘤

用中等切削速度加工钢料或其他塑性金属材料时，有时会出现一小块金属牢固地粘结在

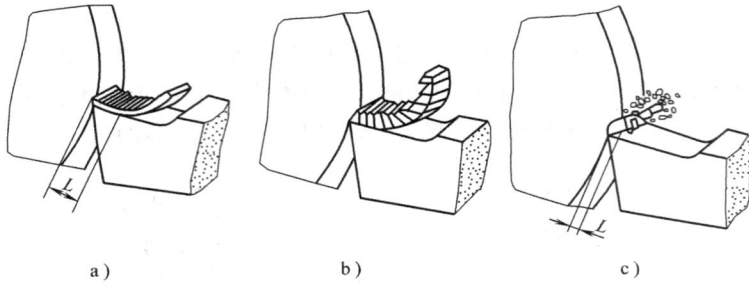

图 3-2 切屑类型

a）带状切屑 b）节状切屑 c）崩碎切屑

车刀的前面上，这就是积屑瘤。

1. 积屑瘤的形成

在切削过程中，由于金属的变形和摩擦，切屑和前面之间产生很大的压力和很高的温度，使近前面处切屑产生"滞留"现象。当温度（切削中碳钢时约300℃左右）和压力增加到一定程度，滞留层底层与前面产生粘结。当粘结力大于切屑内部的结合力时，切屑底层的一部分金属就停留在前面上近切削刃处，形成了积屑瘤，如图3-3所示。

由于切屑底层的一部分金属与前面的粘结还未达到焊接的熔化温度，因此这种现象也可称为"冷焊"现象。

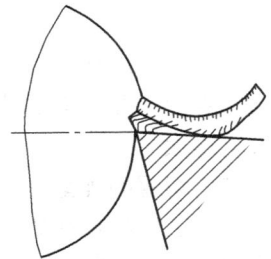

图 3-3 稍屑瘤

2. 积屑瘤对加工的影响

（1）保护刀具 积屑瘤的硬度约为工件材料硬度的2~3倍，它包围着切削刃，能代替切削刃进行切削，并且保护了切削刃和前面，减少刀具的磨损。

（2）增大实际前角 有积屑瘤的车刀，实际前角可增大至30°~50°，如图3-4所示，因而减少了切屑的变形，降低了切削力。

（3）增加背吃刀量 积屑瘤的前端伸出切削刃之外，改变了背吃刀量，因而影响工件尺寸精度的控制。

（4）影响表面粗糙度值 积屑瘤是冷焊在前面上的，在通常情况下其稳定性差，时大时小，时有时无。在切削过程中，一部分被切屑带走，一部分嵌入工件的已加工表面，使工件表面产生硬点和毛刺，影响工件表面粗糙度。

一般来说，积屑瘤在粗加工时允许存在；精加工

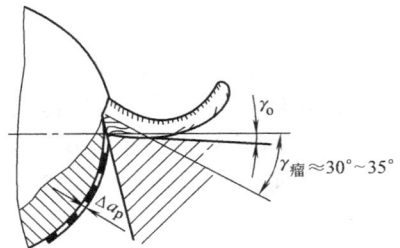

图 3-4 积屑瘤对加工的影响

时要求工件的衷面粗糙度值较小，要求尺寸精度较高，必须避免产生积屑瘤。

3. 影响积屑瘤产生的因素

（1）工件材料的影响 塑性高的材料，切削时塑性变形较大，容易形成积屑瘤；切削脆性材料时，未经塑性变形就形成崩碎切屑，并且切屑不在刀具前面流过，因此无积屑瘤产生。

（2）切削速度的影响 切削速度主要通过切削温度影响积屑瘤。低速切削时（$v_c <$

5m/min），切削温度较低，切屑流动速度较慢，摩擦力未超过切屑分子间的结合力，不会产生积屑瘤。高速切削时（$v_c \geqslant 70m/min$），温度很高，切屑底层金属变软，摩擦因数明显下降，积屑瘤也不会产生。当中等速度（$v_c = 15 \sim 30m/min$）时，切削温度约为 300℃ 左右，切屑底层金属塑性增加，切屑与前面接触面增大，因而摩擦因数最大，最易产生积屑瘤，如图 3-5 所示。

（3）刀具前角的影响　采用较大的前角，切屑对刀具前面的正压力减小，切削力和切屑变形也随之减少，切屑流出顺利，摩擦力和切削温度下降，不容易产生积屑瘤。

（4）刀具表面粗糙度的影响　减小刀具前面粗糙度值，可减少积屑瘤的产生。

（5）切削液的影响　切削液中含有活性物质，能迅速渗入加工表面和刀具之间，减少切屑与刀具前面的摩擦，并能降低切削温度，所以不易产生积屑瘤。

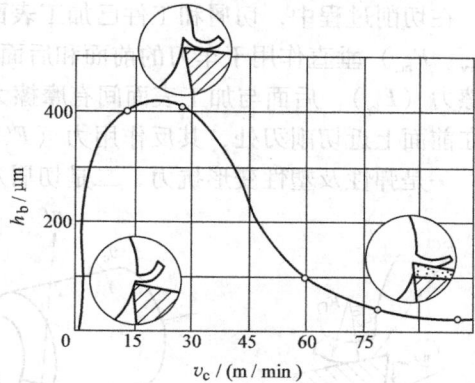

图 3-5　切削速度对积屑瘤的影响

四、加工硬化

1. 加工硬化的形成

如图 3-6 所示，由于理想锐利的切削刃是不存在的，无论刃磨质量多么好，严格来说刀具的刃口总是呈圆弧状。所以切削时，切削层内有一层很薄的金属不易切下，而被刃口圆弧挤向已加工表面，使表层金属发生剧烈的弹性变形和塑性变形。一方面，已加工表面产生弹性复原（图 3-6 中的 Δh 为复原高度）；另一方面，这部分金属与后面发生强烈的摩擦和挤压变形，造成已加工表面硬度提高，这种现象称为加工硬化（亦称冷硬现象）。硬化层的硬度可达工件硬度的 1.2~2 倍，深度可达 0.07~0.5mm。

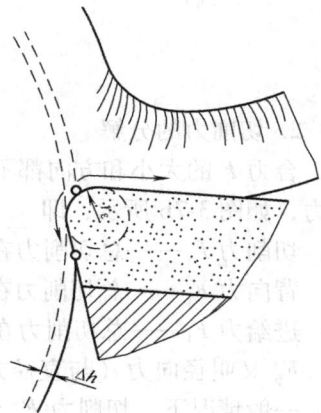

图 3-6　刀尖圆弧与加工硬化

2. 加工硬化对加工的影响

加工硬化现象对金属切削加工有着直接的影响，由于工件材料表层的硬度大大增加，在下一道工序加工时，会增加刀具的磨损，甚至难以切削加工，影响工件的表面质量。所以在加工时，应尽量减小刃口圆弧半径，使切削刃锋利，设法减少加工硬化的影响，尤其在精加工的时候，更不可忽视这一问题。硬质合金车刀的刃口一般很难磨得与高速钢车刀同样锋利，因此使用时不宜选用太小的进给量和背吃刀量。

若在能控制残余应力和避免已加工表面出现微裂缝的条件下，也可利用加工硬化现象来改善工件的使用性能，如采用滚压加工及冷挤压等工艺来提高工件已加工表面的硬度、强度和耐磨性。

五、切削力

切削加工时，工件材料抵抗刀具切削所产生的阻力称为切削力。切削力是设计机床、夹具和刀具等方面的重要依据之一。

1. 切削力的来源

在切削过程中，切屑和工件已加工表面都要产生弹性变形和塑性变形。因此有变形抗力（$F_{n\gamma}$、$F_{n\alpha}$）垂直作用于车刀的前面和后面上，如图 3-7a 所示。又因为切屑沿前面流出时有摩擦力（$F_{f\gamma}$），后面与加工表面间有摩擦力（$F_{n\alpha}$），这些力的合力（F）即总切削力。它作用在前面上近切削刃处，其反作用力（F'）作用在工件上。所以，切削力的来源为两个方面：一是弹性及塑性变形抗力，二是切屑及工件表面与刀具之间的摩擦阻力。

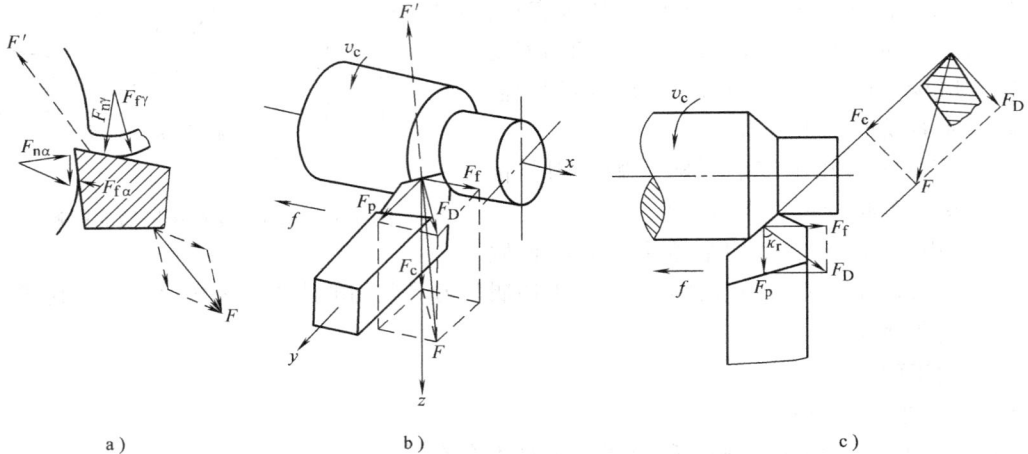

图 3-7 切削力及其分力

a）切削力的来源 b）、c）切削力的分解

2. 切削力的分解

合力 F 的大小和方向都不容易测量。为了便于测量和应用，通常将合力 F 分解成三个分力，如图 3-7b 所示，即

切削力 F_c——总切削力在主运动方向的正投影。

背向力 F_p——总切削力在垂直于工作平面上的分力。

进给力 F_f——总切削力在进给运动方向上的投影。

F_p 又叫径向力（与直径方向垂直），F_f 又叫轴向力（与轴线方向平行）。

一般情况下，切削力 F_c 最大，F_p 和 F_f 小一些。随着刀具角度、刃磨质量、磨损情况和切削用量的不同，F_p、F_f 对 F_c 的比值在很大范围内变化。

由图 3-7b 可知，合力与各分力间的关系为

$$F = \sqrt{F_c^2 + F_D^2} = \sqrt{F_c^2 + F_f^2 + F_p^2} \tag{3-1}$$

$$F_p = F_D \cos \kappa_r \tag{3-2}$$

$$F_f = F_D \sin \kappa_r \tag{3-3}$$

式中　F_D——总切削力 F 在切削层尺寸平面上的投影（N）；

　　　κ_r——主偏角（°）。

3. 车削时三个切削分力的实用意义

（1）切削力（F_c）　与切削速度方向一致，是最大的一个分力，消耗的功率最多，它是计算机床功率、刀柄、刀片强度以及夹具设计、选择切削用量的主要依据。如图 3-8 所

示，F_c 力使刀柄产生弯曲。因此，装刀时刀柄应尽量伸出短些。

（2）背向力（F_p）　如图 3-9 所示，在车外圆时，F_f 力使工件在水平面内弯曲。影响工件的形状精度，而且是产生振动的主要因素。

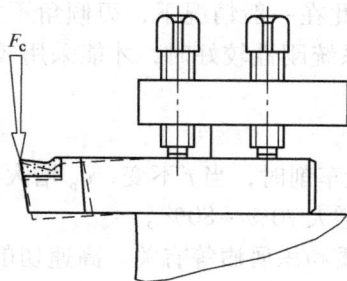

图 3-8　F_c 力使刀柄产生弯曲　　　图 3-9　F_f 力使工件弯曲

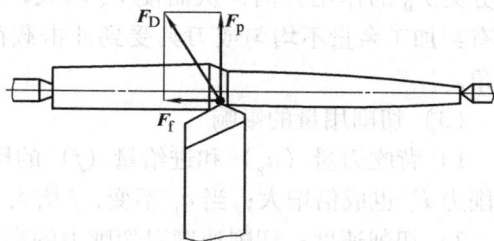

（3）进给力（F_f）　F_f 力作用在进给方向，是验算机床进给系统主要零部件强度的依据。

4. 影响切削力的因素

凡是影响变形和摩擦的因素都影响切削力的大小，其中以工件材料为主，其次是刀具几何参数、切削用量等。

（1）工件材料的影响　工件材料的强度、硬度愈高，塑性愈好，切削时所消耗的功率愈多，切削力愈大。

（2）刀具几何参数的影响

1）前角（γ_o）：前角增大，刃口锋利，切削变形减小，排屑顺利，切削力显著下降，反之切削力增大。

2）主偏角（κ_r）：如图 3-10 所示，主偏角 κ_r 变化时水平分力 F_D 的方向发生变化，分解到背向力（F_p）和进给力（F_f）两个分力的大小也随着发生变化。从式（3-2）、式（3-3）得知，当主偏角（κ_r）增大时，F_p 减小，F_f 增大。

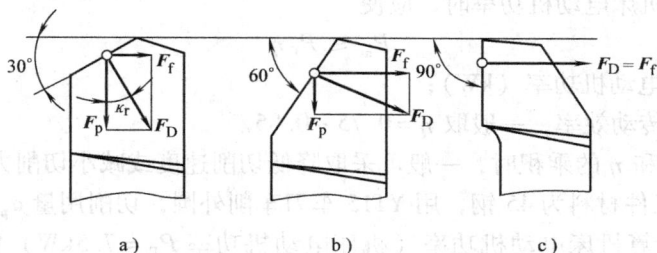

图 3-10　主偏角对 F_f 和 F_p 的影响
a）$\kappa_r = 30°$　b）$\kappa_r = 60°$　c）$\kappa_r = 90°$

所以，在加工细长轴和薄壁零件时，为防止工件变形，一般宜取 $\kappa_r \geqslant 90°$，以减少背向力 F_p。

3）刀尖圆弧半径（r_ε）：刀尖圆弧半径增大时，由于圆弧切削刃上主偏角的变化（平均主偏角减小）使背向力 F_p 增大。因此，当工艺刚性较差时，应选较小的圆弧半径，以避免振动。

4）刃倾角（λ_s）：刃倾角 λ_s 在 $-5° \sim 5°$ 的范围内变化时，对切削力的影响不大，沿正值继续增大时，F_c 基本不变，但会使 F_p 减小，F_f 增大，其中对 F_p 的影响较显著，这主要是因为变形抗力是垂直作用于刀具前面的。当刃倾角 λ_s 由正到负变化时，改变了合力 F 及其分力 F_D 的作用方向，从而使 F_p 增大，F_f 减小。因此在一般情况下，刃倾角不宜太小，只有当加工余量不均匀或刀具受到冲击载荷，而工艺系统刚性较好时，才能采用较小的刃倾角。

（3）切削用量的影响

1）背吃刀量（a_p）和进给量（f）的影响：在一般车削时，当 f 不变，a_p 增大 1 倍时，切削力 F_c 也成倍增大；当 a_p 不变，f 增大 1 倍时，F_c 增大 $70\% \sim 80\%$。

2）切削速度：切削速度对切削力的影响与材料性质和积屑瘤等有关。高速切削塑性金属时，切削力一般是随着 v_c 的提高而减小。这是因为切削速度提高，使切削温度增高，摩擦因数减小，变形减小。在容易生成积屑瘤的中速范围内（$15 \sim 30\text{m/min}$），因产生积屑瘤使刀具实际前角增大，切削力减小。

切削脆性金属时，因为变形和摩擦均较小，所以切削速度改变时切削力变化不大。

5. 切削力和切削功率的计算

（1）切削力的近似计算

加工铸铁时 $\qquad\qquad\qquad\qquad F_c \approx 1000 a_p f \text{（N）}$ （3-4）

加工钢时 $\qquad\qquad\qquad\qquad F_c \approx 2000 a_p f \text{（N）}$ （3-5）

（2）切削功率的计算 切削功率 P_m 是指车削时在切削区域内消耗的功率，通常计算的是主运动消耗的功率。

$$P_m = \frac{F_c v_c}{60 \times 1000}$$ （3-6）

式中 P_m——切削功率（kW）；

$\quad\quad F_c$——主切削力（N）；

$\quad\quad v_c$—— （m/min）。

在校验与选用机床电动机功率时，应使

$$P_m \le P_E \eta$$ （3-7）

式中 P_E——机床电动机功率（kW）；

$\quad\quad \eta$——机床传动效率，一般取 $\eta = 0.75 \sim 0.85$。

若 P_m 超过 P_E 和 η 的乘积时，一般可采取降低切削速度或减小切削力等措施。

例 3-1 已知工件材料为 45 钢，用 YT15 车刀车削外圆，切削用量 $a_p = 4$，$f = 0.5\text{mm/r}$，$v_c = 80\text{m/min}$，试计算机床电动机功率（机床电动机功率 $P_E = 7.5\text{kW}$）能否满足上述加工条件。

解 根据式（3-5）、式（3-6）、式（3-7）进行计算

$$F_c \approx 2000 a_p f = 2000 \times 4 \times 0.5\text{N} = 4000\text{N}$$

$$P_m = \frac{F_c v_c}{60 \times 1000} = \frac{4000 \times 80}{60 \times 1000}\text{kW} \approx 5.3\text{kW}$$

$$P_E \eta = 7.5\text{kW} \times 0.75 = 5.6\text{kW}$$

$$P_m < P_E \eta$$

所以，机床电动机功率能满足上述加工条件。

六、切削热和切削温度

切削热和切削温度是切削过程中产生的一种重要物理现象。在切削时，所产生的热量除少量扩散在周围介质中，其余大部分传入刀具、切屑和工件中，直接影响刀具的磨损和使用寿命，限制切削速度的提高，影响工件的加工精度和表面质量，高速切削时情况更加严重。

1. 切削热的来源和传散

切削热是指发生弹性变形和塑性变形产生的热量以及切屑与前面、工件与后面摩擦产生的热量。切削过程变形和摩擦所有消耗的功绝大部分转变为热能。

切削热通过切屑、工件、刀具和周围介质传散，分别用 $Q_{屑}$、$Q_{工}$、$Q_{刀}$ 和 $Q_{介}$ 表示。

如不使用切削液，以中等切削速度车削和钻削时切削热由各部分传散的比例，见表 3-1。

表 3-1   车削和钻削时切削热由各部分传散的比例

加工方式	$Q_{屑}$	$Q_{工}$	$Q_{刀}$	$Q_{介}$
车削	50% ~86%	40% ~10%	9% ~3%	1%
钻削	28%	14.5%	52.5%	5%

切削温度可以从切屑、刀具、工件三方面测量，但一般是指刀具表面的平均温度。切削温度的高低，取决于切削时产生热量的多少和散热条件的好坏。例如，车削不锈钢和高温合金时，变形产生的热量较多，工件材料的热导率低，热量不易传散，所以切削温度较高。

2. 影响切削温度的主要因素

切削温度在刀具、切屑、工件上的分布是不均匀的。实验证明刀尖附近的切削温度最高，因为这里切屑变形最大，切屑与刀具的摩擦也最大，热量不易传散。影响切削温度的主要因素如下：

（1）刀具几何角度的影响   前角（γ_0）影响切削过成中的变形和摩擦，对切削温度的影响较明显。前角增大，切削变形减小，切削力降低，消耗的功能减小，所以切削温度降低，但前角又不宜过大，否则会因楔角（β_0）减小而使刀具散热条件变差，切削温度反而增加。

主偏角（κ_r）的影响：主偏角减小，在相同的背吃刀量下，切削刃参加工作的长度增加，切屑厚度减薄。并由于刀尖角 ε_r 增加，使散热条件改善，所以切削温度下降。

（2）切削用量的影响

1）切削速度：对切削温度的影响最大，因为随着切削速度的增加，由摩擦而产生的热量也随之大大增加。但切屑变形却小了，切屑流出的速度和带走的热量也增加，所以切削热和切削温度不与切削速度成正比地增加。从实验得知，切削速度提高 1 倍，切削温度约升高 30% ~40% 。

2）进给量：进给量增加，单位时间内切除的金属增多，虽然产生的切削热也增多，但由切屑带走的热量也增加，进给量增加 1 倍，切削温度只升高 15% ~20% 。

3）背吃刀量：背吃刀量对切削温度的影响很小。因为背吃刀量增大后，切削热虽然成正比例增多，但因主切削刃参加切削的长度也成正比例增长，改善了散热条件。所以背吃刀量增加 1 倍，切削温度仅升高 5% ~8% 。

（3）被加工材料的影响   材料的强度好、硬度高，切削时消耗的切削功越多，产生的切削温度也高；材料的热导率越低，切削区传出的热量越少，切削温度就越高。如切削合金钢时的切削温度一般均高于切削 45 钢的切削温度，就是因为合金钢的热导率低的原因。不锈钢（1Cr18Ni9Ti）的强度、硬度虽然较低，但它的热导率是 45 钢的1/3。因此，切削温度很高，比 45 钢约高 40%。切削脆性金属材料时，由于切屑呈崩碎状，与前面摩擦比较小，产生的切削热相对低一些。但由于崩碎状切屑不易带走大量的切削热，从而使得集中在刀具上的切削热相对又高一些。

第二节　车刀工作图

为了不断改进车刀以及学习和交流先进刀具，必须掌握车刀图的画法。车刀工作图（见图3-11）通常采用简单画法，即视图间应大致符合投影关系，但不必画出投影线。一般取车刀在基面上的投影为主视图，切削平面上的投影为向视图，同时画出主、副切削刃的正交平面。画出视图和正交平面是为了标注车刀的独立角度和刀柄尺寸。不需标注派生角度和无关尺寸。角度和尺寸须按比例绘制，绘制步骤如下：

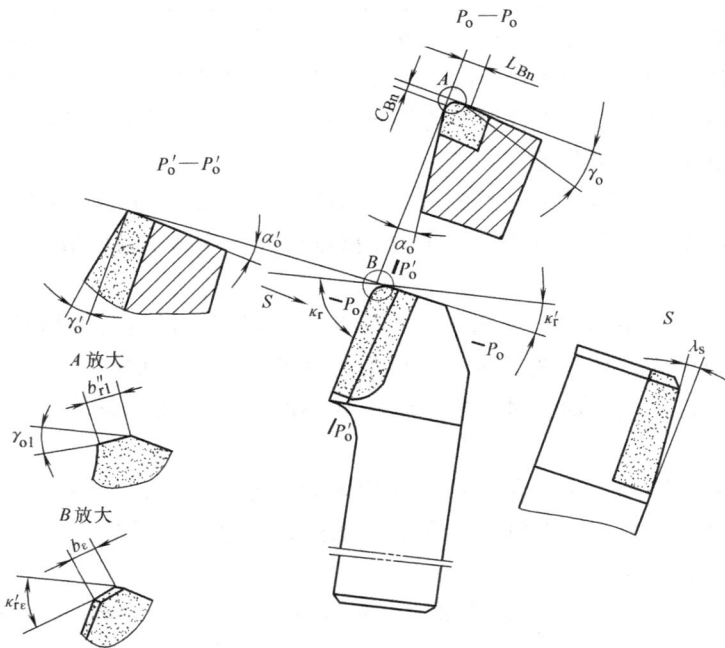

图 3-11　车刀工作图

1）首先应判断车刀使用时的进给运动方向，确定主切削刃和副切削刃。

2）画出车刀在基面上的投影图。可标注主偏角 κ_r 和副偏角 κ_r'。

3）作主切削刃的延长线，然后画正交平面 p_o—p_o 图。可标注前角 γ_o，至后角 α_o、倒棱及断屑槽尺寸。

4）作副切削刃的延长线，然后画剖面 p_o'—p_o' 图。可标注副后角 α_o' 及副前角 γ_o'（γ_o' 一般不注，副前角是在副切削刃的正交平面内，前面与基面之间的夹角。它的大小由前角 γ_o、主偏角 κ_r、副偏角 κ_r' 及刃倾角 λ_s 的数值决定）。

5）画切削平面向视图（图中 S 向）。可标注刃倾角 λ_s。

6）如刀尖处形状较为复杂，或标注尺寸的部位过小时，可作刀尖局部放大图。标注刀尖圆弧半径及修光刃长度等。

7）画出刀柄重合剖面，标注刀柄尺寸。

8）标注其他参数，如刀片的型号和牌号、刀柄的材料、切削用量、刀具的特点及使用注意事项等。

第三节　刀具的磨损

新刃磨好的刀具经过相当时间切削后，会出现工件尺寸变化，切屑的颜色形状和初切削时不同，切削力增大，切削温度升高，工件表面粗糙度值显著增大，甚至产生振动或不正常的声音、工件表面上出现亮点等现象。这些现象说明刀具已严重磨损，必须重磨或更换新刀。

当刀具磨损到一定程度时，若不及时重磨，不仅影响工件的加工精度和表面质量，而且还会使刀具磨损得更快，更严重会造成崩刃，使重磨困难并导致刀具材料浪费。所以刀具磨损对产品质量（如尺寸精度、形位精度、表面粗糙度）、生产效率以及加工成本都有直接影响。

一、刀具的磨损形式

刀具的磨损有正常磨损和非正常磨损两种形式。

1. 正常磨损

由于工件材料、刀具材料、切削用量等因素的不同，刀具的正常的磨损又可分三方面：

（1）后面磨损　磨损部位主要发生在靠近切削刃的后面上，如图 3-12a 所示。磨损后形成后角 $\alpha_o \leq 0$ 的磨损带，磨损高度 VB 表示磨损量，这种磨损一般是在切削脆性金属或以较低的切削速度和较小的进给量切削塑性金属时发生。这时前面上的机械摩擦较小，温度较低，所以后面的磨损较大。

（2）前面磨损　前面磨损主要发生在前面上。一般用较高的切削速度和较大的进给量切削塑性金属时，切屑从前面上流过，由于摩擦、高温和高压作用，使前面上近切削刃处磨出月牙洼，如图 3-12b 所示。前面的磨损量用月牙洼深度 KT 表示。在磨损过程中，月牙洼逐渐加深变宽，并向刀尖方向扩展，甚至导致崩刃。

（3）前、后面同时磨损　这是介于前面磨损和后面磨损两种形式之间的一种磨损形式，切削时前面和后面同时出现磨损，如图 3-12c 所示。它是采用中等切削速度和中等进给量切削塑性金属时较常出现的磨损形式。

2. 非正常磨损

非正常磨损主要有以下两种：

（1）卷刃　切削加工时，切削刃或刀面产生塌陷或隆起的塑性变形的现象称为卷刃，这是由于切削时的高温造成的。

（2）破损　在切削刃或刀面上产生裂纹、崩刃或碎裂的现象称为破损。硬质合金刀具材料本身有较高的脆性，在焊接或刃磨、切削用量以及切削液等选用不当时，均能造成细微裂纹而破损。

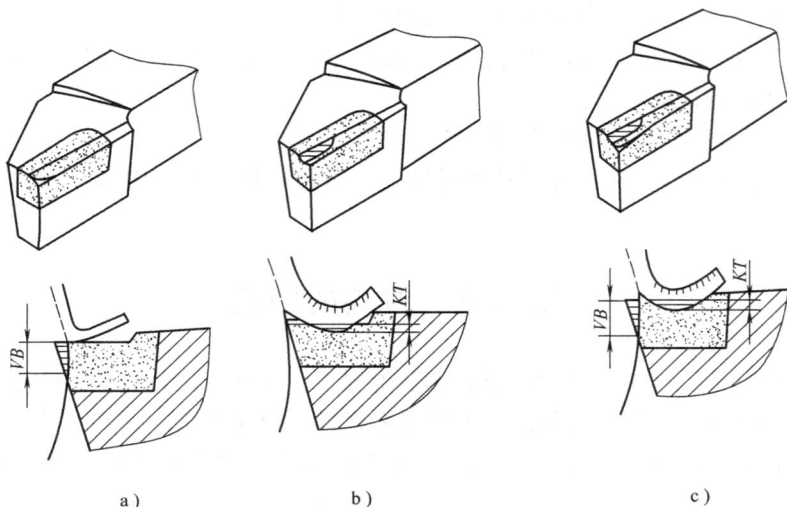

图 3-12 刀具的磨损形式
a）后面磨损　b）前面磨损　c）前、后面同时磨损

二、刀具的磨损过程

在生产中，较常见的是后面磨损。正常磨损情况下，后面的磨损量随切削时间增加而逐渐加大。刀具的磨损过程一般可分为三个阶段，如图 3-13 所示。

1. 初期磨损阶段（*OA* 段）

刀具刃磨后在开始切削的短时间内，由于刀具表面粗糙度值较大或刀具表层组织不耐磨，所以磨损较快，通常磨损量为 0.05 ~ 0.1mm。

2. 正常磨损阶段（*AB* 段）

随着切削时间增长，磨损量以较均匀的速度加大，这是由于刀具表面磨平后，接触面增大，压强减小所致。在该阶段磨损量缓慢增加，切削力和切削温度随磨损量增加而逐渐增大，这一阶段是刀具工作的有效时间，使用刀具时不应超过这一阶段。

3. 急剧磨损阶段（*BC* 段）

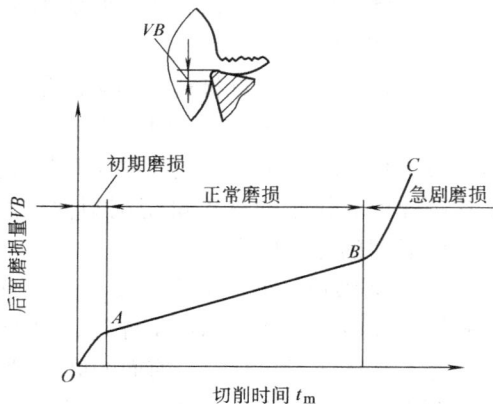

图 3-13　刀具磨损过程曲线

在正常磨损阶段之后，当刀具磨损量达到某一数值时，如不及时刃磨，摩擦力和切削温度急剧上升，切削性能急剧下降，导致刀具大幅度磨损或烧损，从而失去切削能力，所以切削时应避免使用到这个阶段。

刀具磨损过程曲线是衡量刀具切削性能好坏的重要标志。

三、刀具磨损限度和刀具寿命

1. 刀具磨损限度

刀具磨损限度即刀具从开始切削到不能继续使用为止的那段磨损量。

由于后面磨损较常见，且易测量和控制。因此，规定后面上的磨损量 *VB* 为刀具的磨损限度。一般用硬质合金车刀粗车碳素钢时，$VB = 0.6 \sim 0.8$mm；粗车铸铁时，$VB = 0.8 \sim 1.2$mm。精车时，刀具磨损后对工件的尺寸精度和表面粗糙度影响较大，因此磨损限度应控制在 $0.1 \sim 0.3$mm 之内。

在生产中，操作者可根据经验来判断刀具是否达到磨损限度。如已加工表面粗糙度值增加，切屑发毛变色，切削温度急剧上升，发生振动或噪声增大等，都说明刀具已磨钝，需要重新刃磨了。

2. 刀具寿命

实际生产中，不可能经常测量磨损限度，根据后面磨损量和切削时间的关系（见图3-13），用切削时间来表示磨损限度。

刀具刃磨后，从开始切削到达磨损限度所经过的切削时间称为刀具寿命。也就是刀具两次重磨之间的纯切削时间总和。

3. 刀具总寿命

刀具总寿命是指一把新刀具用到全废为止的实际切削时间总和。刀具总寿命和刀具寿命不同。

如磨损限度相同，刀具寿命越长，表示刀具的磨损越慢。

四、影响刀具寿命的主要因素

影响刀具寿命的因素基本上与影响切削温度的因素相同。

（1）刀具角度　前角增大，磨损减小。但若前角过大，散热条件变差，反而容易磨损。后角增大，磨损减少，但后角过大，散热体积减小，刀具磨损加快。主偏角增大，切削温度升高，刀具容易磨损。

（2）切削用量　切削速度对刀具寿命影响最大，其次是进给量，最小是背吃刀量。

（3）工件材料　工件材料的强度、硬度越高，热导率越小，产生的切削温度就越高，刀具磨损就越快，刀具寿命就越短。反之，刀具寿命就越长。

（4）刀具材料的影响　刀具材料是影响刀具寿命的主要因素。一般情况下，刀具材料的高温硬度越高，越耐磨，其寿命就越高。强度和韧性好的刀具材料往往耐热性不够理想。

第四节　切屑的控制

车削塑性金属材料时，根据加工要求，控制切屑的流向、卷曲和折断，是一个经常碰到和需要妥善解决的重要问题。处理不当就会影响生产的顺利进行。连绵不断的切屑，会缠绕在工件上一起旋转，拉毛已加工表面、损坏刀具、影响操作者的人身安全及尺寸精度的控制，经常停车清除切屑会增加辅助时间。对于自动机床或数控机床，加工中若不断屑，甚至会影响机床的正常生产。

一、断屑的原因

车削塑性金属时，被切削层金属经受了较大的塑性变形成为切屑，沿车刀前面流出，因其底层长度大于外层长度，而使切屑略发生卷曲。当进给量较小、切屑很薄、流出顺利时，切屑在刀尖附近便脱离前面，如图3-14a所示。当进给量增大、切屑厚度增加时，切屑则在前面上滑行的距离要长些，然后在 C 点与前面脱离接触，如图3-14所示。

当切屑继续向前运动，并与断屑槽台阶相碰时，在反作用力 N 的作用下，使切屑产生弯曲变形。若弯曲变形的程度剧烈到足以使切屑断裂时，切屑便会在断屑槽内折断而形成长度很短的切屑，如图 3-15a 所示。当断屑槽使切屑产生的附加变形未达到断裂程度时，切屑继续沿螺旋方向回转运动。在运动过程中，若碰到障碍物（工件或后面），则会因进一步受到一个较大的弯矩而折断。图 3-15b 所示为切屑与工件相碰时形成的"C"字形切屑。图 3-15c 所示是切屑和工件相碰时形成

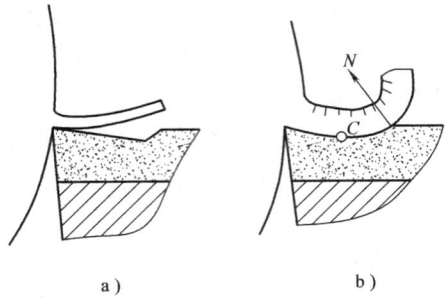

图 3-14　切屑的卷曲
a) 进给量较小　b) 进给量较大

的"宝塔"形切屑。图 3-15d 所示是切屑与车刀后面相碰而折断成"C"字形或"6"字形切屑。图 3-15e 所示是切屑在运动中没有碰到障碍物因自重而折断的螺旋状切屑。图 3-15f 所示是没有折断的带状切屑。

综上所述，切屑的折断过程是：卷——碰——断。对螺旋形切屑而言，是靠自重而折断的。

在一般车床上加工塑性金属时，较理想的切屑是长度为 100mm 以下的螺旋状切屑和与工件相碰而折断的"宝塔"形切屑。这两种断屑稳定可靠，变形程度不够剧烈，不会产生切屑飞溅现象，且清理方便。

断屑槽中折断的碎屑，在流动中所受的阻力大，变形剧烈，产生的切削力大、切削热较多，易损坏刀头，并且切屑飞溅，很不安全。

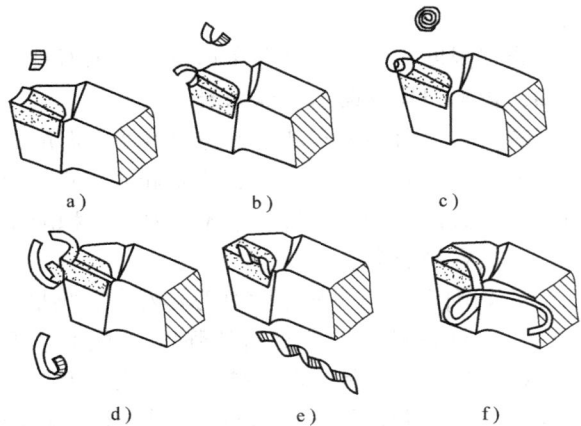

图 3-15　断下切屑的形状
a) 碎屑　b) "C"字形　c) "宝塔"形
d) "6"字形　e) 螺旋状　f) 带状

二、影响断屑的因素

1. 断屑槽的形状

在正交平面内，常用直线圆弧形、折线形和全圆弧形三种形状的断屑槽。

直线圆弧形和折线形断屑槽适用于切削碳素钢、合金结构钢、工具钢等，一般前角在 $\gamma_o = 5° \sim 15°$ 范围内。当切削纯铜、不锈钢等高塑性材料时，前角需增大至 $\gamma_o = 25° \sim 30°$，此时为了提高切削刃强度和避免因槽形太深而造成堵屑现象，宜采用全圆弧形断屑槽。

2. 断屑槽的宽度

断屑槽的宽度 L_{Bn} 对断屑的影响很大。一般来讲，宽度 L_{Bn} 减小，能使切屑卷曲半径 r_{ch} 减小，增大卷曲变形和弯曲应力，容易断屑。

断屑槽的宽度 L_{Bn} 必须与进给量 f 和背吃刀量 a_p 联系起来考虑。例如进给量小，槽应窄些；背吃刀量小，槽也应适当减小。否则切屑不易在槽中卷曲，往往不流经槽底而形成不断的带状切屑。

断屑槽的尺寸可参考表 3-2 选取。

表 3-2　硬质合金车刀断屑槽尺寸　　　　　　　　　（单位：mm）

折线形
$b_{\gamma 1} = (0.5 \sim 0.8) f$
$\gamma_{o1} = -5° \sim -10°$

背吃刀量 a_p	进给量 f			
	0.15 ~ 0.3	0.3 ~ 0.45	0.45 ~ 0.7	0.7 ~ 0.9
	$L_{Bn} \times C_{Bn}$			
<1	1.5 × 0.3	2 × 0.4	3 × 0.5	3.25 × 0.5
1 ~ 4	2.5 × 0.5	3 × 0.5	4 × 0.6	4.5 × 0.6
4 ~ 9	3 × 0.5	4 × 0.6	4.5 × 0.6	5 × 0.6

全圆弧形
C_{Bn} 为 0.5 ~ 1.3mm
（由所取的前角值决定）；
r_{Bn} 在 L_{Bn} 的宽度和 C_{Bn} 的
深度下成一自然圆弧

背吃刀量 a_p	进给量 f				
	0.3	0.4	0.5 ~ 0.6	0.7 ~ 0.8	0.9 ~ 1.2
	r_{Bn}				
2 ~ 4	3	3	4	5	6
5 ~ 7	4	5	6	8	9
7 ~ 12	5	8	10	12	14

3. 切削用量

生产实践证明，切削用量中影响断屑最大的因素是进给量 f，其次是背吃刀量 a_p，切削速度 v_c 的影响较小。

（1）进给量　进给量 f 增大，切屑厚度 h_{ch} 按比例增大，使切屑卷曲半径 r_{ch} 减小，弯曲应力增大，切削易折断。

（2）背吃刀量　在多数情况下，车刀除主切削刃外，过渡刃和副切削刃也参加切削，因此促使切屑近似地向各切削刃流屑的合成方向流出。此时，切屑的流出方向与主正交面形成一个出屑角 η，如图 3-16 所示。

背吃刀量 a_p 减小，过渡刃和副切削刃参加切削的比例增大，使出屑角 η 增大。出屑角 η 的大小对切屑的卷曲和折断后的屑形有很大影响。η 很小时，易产生盘状螺旋屑；η 较大时，易产生管状螺旋屑或连续带状屑；η 适中时，切屑碰到后面或工件产生"C"或"6"字形切屑而折断。

（3）切削速度 v_c　一般情况下，切削速度对断屑的影响较小，只有在进给量和切削深度较小的情况下，才能显示它对断屑的影响。切削速度增高，切削温度升高，切屑的塑性增大，变形减小，不易折断。

4. 刀具几何角度

（1）前角 γ_o　前角 γ_o 增大时，切屑流出顺利，变形减小，不易折断。

（2）主偏角 κ_r　在背吃刀量和进给量一定的条件下，主偏角增大，参加切削的切削刃变短，使切屑厚度增大，故切屑卷曲时的弯曲应力增大，越易断屑。生产中 $\kappa_r = 75° \sim 90°$ 时，车刀断屑性能最好。

（3）刃倾角（λ_s）　刃倾角控制切屑的流向，影响切屑的形状。当刃倾角为正值时，切屑流向待加工表面或与后面相碰形成"C"或"6"字形屑，亦可能形成螺旋形切屑后折断；当刃倾角为负值时，切屑流向已加工表面或过渡表面，易形成"C"形或"宝塔"形切屑后被碰断。

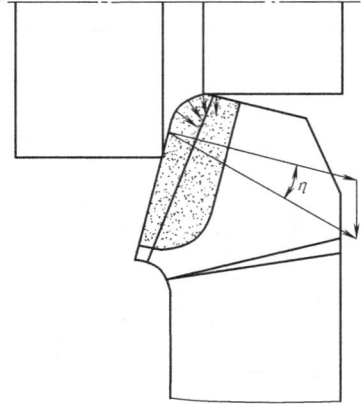

图 3-16　出屑角

5. 工件材料

工件材料塑性越好，韧性越好，越不容易断屑。例如在相同的条件下，车削 40Cr 钢就比车削 45 钢难断屑。

同样的工件材料，热处理调质提高了材料的综合力学性能，断屑相对困难一些。

6. 断屑槽斜角

断屑槽的侧边与主切削刃之间的夹角，称为断屑槽斜角，用 τ 表示。常用的有三种形式，如图 3-17 所示，分别为外斜式、平行式和内斜式。

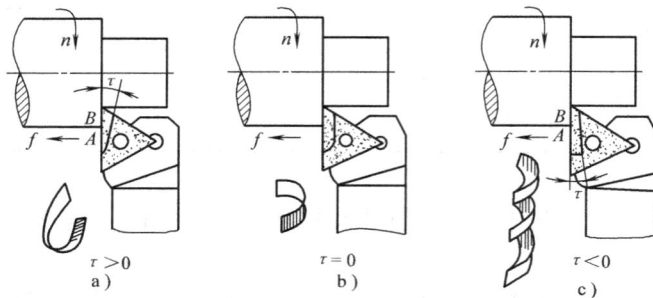

图 3-17　断屑槽斜角
a）外斜式　b）平行式　c）内斜式

（1）外斜式　又称正喇叭式，如图 3-17a 所示。主要特点是断屑槽前宽后窄，前深后浅。外斜式断屑槽切屑变形大，在靠近工件外圆 A 处的切削速度最高，而槽最窄最浅，切屑最先卷曲、卷曲半径小，切屑变形较大。靠近 B 处的切削速度最慢，槽最深、最宽，切屑流速最慢，卷曲半径大、切屑变形相对小一些，A、B 处切屑变形不一致，使切屑容易翻转与工件过渡表面和已加工表面相碰而折断，形成"C"或"6"字形切屑。切削中碳钢时，一般取 $\tau = 8° \sim 10°$；切削合金钢时，为增大切屑变形，可取 $\tau = 10° \sim 15°$。

（2）平行式　平行式断屑槽如图 3-17b 所示。主要特点是断屑槽前后等宽、等深。

在中等背吃刀量时，用外斜式断屑槽断屑效果比较好。但在大背吃刀量时，由于靠近工件外圆 A 处断屑槽宽度较小，切屑容易堵塞，甚至切屑会挤碎切削刃，所以一般多采用平行式断屑槽。

平行式断屑槽的切屑变形不如外斜式大，切屑大多是碰在工件加工表面上折断。切削中碳钢时，平行式断屑槽与外斜式基本相同。切削合金钢时，为了增大切屑变形，一般不建议采用平行式，而采用外斜式断屑槽。

（3）内斜式　又称倒喇叭式断屑槽，如图3-17c所示。内斜式断屑槽在靠近工件外圆 A 处最宽，B 处最窄。因此切屑常常在 B 处先卷曲成小卷，而在 A 处卷成大卷。当刃倾角 $\lambda_s=3°\sim5°$ 时，切屑容易形成连续的长紧卷屑。但内斜式断屑槽形成长紧卷屑的切削用量范围相当窄，且内斜式断屑槽不易刃磨。因此，在生产中很少应用。

第五节　减小工件表面粗糙度值的方法

表面粗糙度是工件技术要求的重要因素之一，对工件的耐磨性、耐腐蚀性、疲劳强度和配合性质都有很大影响。表面粗糙度值小的工件耐磨性好，不容易磨损；耐腐蚀性强；不容易造成应力集中而降低疲劳强度。表面粗糙度值小的工件装配后，能保证配合性质，提高机器的工作精度。因此，如何减小工件表面粗糙度值也是切削原理的重要内容之一。

一、影响工件表面粗糙度的因素

1. 残留面积

工件上的已加工表面是由刀具主、副切削刃切削后形成的。两条切削刃在已加工表面上留下痕迹如图3-18所示。这些残留在已加工表面上未被切去部分的面积，称为残留面积。残留面积越大，高度越高，则表面粗糙度值越大。

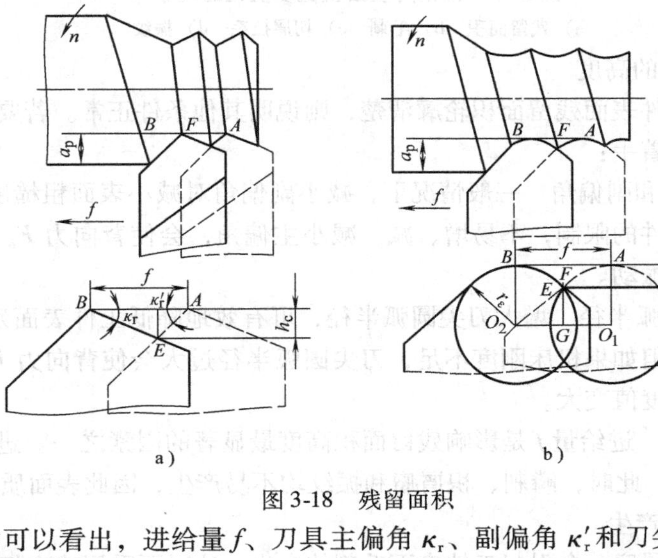

图 3-18　残留面积

从图3-18中可以看出，进给量 f、刀具主偏角 κ_r、副偏角 κ_r' 和刀尖圆弧半径 r_ε 都影响残留面积的高度 R_{max}。

此外，切削刃的表面粗糙度也会反映在工件已加工表面上。而且切削时，切削刃还会将残留面积挤歪。因此，实际残留面积的高度比理论值大些。

2. 积屑瘤

用中等速度切削塑性金属产生积屑瘤后，因积屑瘤既不规则又不稳定。一方面其不规则部分代替切削刃切削，留下深浅不一的痕迹，另一方面一部分脱落的积屑瘤嵌入工件已加工表面，使之形成硬点和毛刺，表面粗糙度值增大。

3. 振动

刀具、工件或机床部件产生周期性的振动，工件已加工表面出现周期性的波纹，使表面粗糙度值明显增大。

4. 鳞刺

当以很低的切削速度、很小的前角切削塑性金属时，在工件表面上会产生近似与切削速度方向垂直的横向裂纹和呈鳞片状的毛刺，简称鳞刺。鳞刺是很严重的表面缺陷，当鳞刺出现时，可使表面粗糙度值增大 2 ~ 4 倍。

二、减小表面粗糙度值的方法

生产中若发现工件表面粗糙度达不到图样技术要求，应首先观察和分析表面粗糙度值增大的现象和原因，找出影响表面粗糙度的主要因素，才能提出具体的解决方法。下面介绍几种常见的表面粗糙度达不到要求的现象，如图 3-19 所示，并采取相应措施。

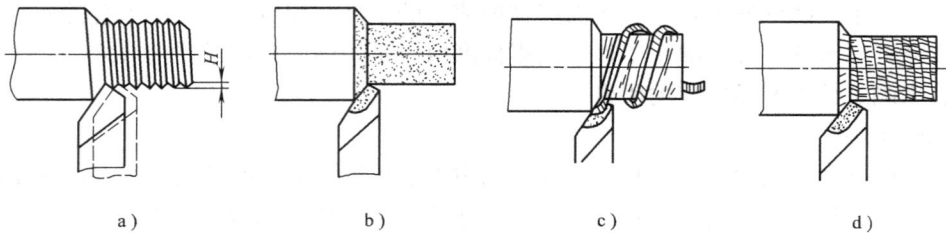

图 3-19 常见的表面粗糙度值大的现象
a）残留面积 b）毛刺 c）切屑拉毛 d）振纹

1. 减小残留面积的高度

车削时，如果工件表面残留面积轮廓清楚，则说明其他条件正常。若要减小表面粗糙度值，可从以下几方面着手：

（1）减小主偏角和副偏角 一般情况下，减小副偏角对减小表面粗糙度的效果较明显。主偏角有时受切削条件的限制，不易增、减。减小主偏角，会使背向力 F_p 增大，若工艺系统刚性差，则会引起振动。

（2）增大刀尖圆弧半径 增大刀尖圆弧半径，可有效地降低工件表面残留面积的高度，减小表面粗糙度值。但如果机床刚度不足，刀尖圆弧半径过大会使背向力 F_p 增大而产生振动，反而使表面粗糙度值变大。

（3）减小进给量 进给量 f 是影响残留面积高度最显著的因素之一。进给量 f 越小，残留面积高度 R_{max} 越小，此时，鳞刺、积屑瘤和振纹均不易产生，因此表面质量越高。

2. 避免积屑瘤的产生

车削时若产生积屑瘤，会引起工件表面毛刺的产生。这时可采用改变切削速度的方法来控制积屑瘤的产生。用高速钢车刀时应降低切削速度，一般情况下 v_c 小于 5m/min，并加注切削液；用硬质合金车刀时应提高切削速度，避开最易产生积屑瘤的中速切削区域（v_c = 15 ~ 30m/min），切削速度 v_c 不小于 70m/min。

另外，刀具严重磨损和切削刃表面粗糙度值大都会使工件表面产生毛刺，应尽量减小前、后面的表面粗糙度值，保持切削刃锋利。

3. 避免磨损亮斑

在车削工件时，已加工表面出现亮斑或亮点，切削时有噪声，说明刀具已严重磨损。磨钝的切削刃将工件表面挤压出亮痕，使表面粗糙度值变大，这时应及时更换或重磨刀具。

4. 防止切屑拉毛已加工表面

被切屑拉毛的表面，一般是无规则的很浅的划痕。这时应选用正值的刃倾角车刀，使切屑流向工件待加工表面，采用卷屑或断屑措施，注意合理选择切削用量。

5. 防止振纹产生

如图 3-19d 所示，切削时产生的振动，会使工件表面出现周期性的横向或纵向振纹。防止和消除振纹可从以下几方面着手：

（1）机床方面　调整主轴间隙，提高轴承精度，调整床鞍和中、小滑板镶条，使间隙小于 0.04mm，并且移动平稳轻便。

（2）刀具方面　合理选择刀具几何参数，保持切削刃锋利，刀面光洁。增大前角、主偏角，减少刀尖圆弧半径，并采用正值刃倾角，以减小背向力。注意尽可能增加刀具的装夹刚度。

（3）工件方面　增加工件的装夹刚性。例如装夹时，工件、后顶尖尾座套筒都不宜伸出太长，细长轴车削时应合理选用中心架、跟刀架支撑。

（4）切削用量方面　选用合理的背吃刀量和进给量，改变切削速度。

6. 合理选择切削液保证充分冷却润滑

选择合适的切削液是消除积屑瘤、鳞刺等减小表面粗糙度值的有效方法之一。车削时合理选用切削液并保证充足的冷却润滑，可以改善切削条件，有效地降低切削热，尤其是润滑性能增强，使切削区域金属材料的塑性变形程度下降，减小摩擦因数，从而有效减小已加工表面的表面粗糙度值。

第六节　硬质合金可转位车刀

一、硬质合金可转位车刀的特点

硬质合金可转位车刀是随着切削加工的发展而出现的一种新型高效刀具。它的全称是硬质合金可转位、机械夹固式、不重磨车刀。与普通焊接式硬质合金车刀相比，它具有以下特点：

1）刀片是一定形状的多边形，并用机械夹固的方式紧固在刀柄或刀体上。当切削刃磨损后，不必重磨刀片，只需松开夹紧元件，将刀片转过一个角度更换新切削刃后就可继续使用。因而采用可转位车刀缩短了换刀、磨刀、对刀等辅助时间，生产效率高，工人的劳动强度低，并可适应数控机床及切削加工自动生产线的发展需要。

2）断屑槽在刀片制造时压制成型，槽形尺寸、形状稳定，有利于切削用量的选择。排屑、断屑效果可靠。

3）刀片在使用过程不再刃磨，有利于涂层刀片的推广应用，进一步提高了刀具的切削效率并延长了刀具的寿命。

4）刀片采用机械夹固的形式固定在刀柄上，从而避免了因焊接所造成的刀片内应力集中和裂纹等不良后果，可充分发挥刀片应有的切削性能。

5）刀柄能长期多次使用，可节约刀柄材料，减少刀具制造的人工和设备，降低成本。便于刀具标准化，简化刀具的管理工作。

6）刀片因不需要刃磨，随意性相对差一些。

二、硬质合金可转位车刀的结构

硬质合金可转位车刀的结构如图 3-20 所示，它由刀片、刀垫、夹紧机构和刀柄等组成。

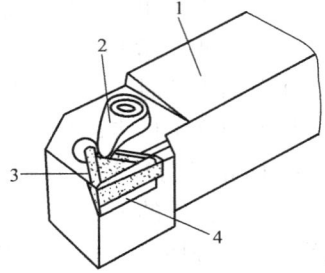

1. 刀片

硬质合金可转质刀片的形状、精度、结构等在国标 GB/T2076—2007 至 GB/T2081—1987 中有详细规定，其型号由代表一定意义的字母和数字代号按一定顺序位置排列而成，共有 10 个号位，见表 3-3。

图 3-20　硬质合金可转位车刀
1—刀柄　2—夹紧机构
3—刀片　4—刀垫

表 3-3　硬质合金可转位车刀刀片的形状、尺寸、精度和结构

例如：　T　N　U　M　16　03　08　E　R—A4

断屑槽形式为 A 型、槽宽为 4mm
切削方向为右切
切削刃截面形状为倒圆形
刀尖圆角半径为 0.8mm
刀片厚度为 3.18mm
刀片切削刃长为 16.5mm
刀片单面有断屑槽，有圆形固定孔
刀片允许偏差等级为 U 级
刀片法后角为 0°
刀片形状为正三角形

2. 刀垫

刀垫的作用是在正常切削时防止切屑擦伤刀柄，并能防止刀片崩坏时损伤刀柄，从而保护刀柄装夹刀片时的定位平面，延长刀柄的使用寿命。刀垫的主要尺寸按相应的刀片尺寸设计，材料选用 GCr15、YG8 或 W18Cr4V 等。

3. 刀柄

刀柄用以装夹刀片并便于在刀架上夹持。刀柄上的刀片槽用来放置刀片并保证其的定位。

硬质合金可转位车刀的各个主要角度，是由刀片角度和刀片装夹在具有一定角度刀槽的刀柄上综合形成的。刀柄上刀槽的角度根据所选刀片参数来设计和制造。刀柄材料选用 45 钢，硬度一般为 35～45HRC。

三、刀片夹紧形式

1. 硬质合金可转位车刀的定位夹紧结构要求

1）定位精度高。刀片转位或调换后，刀尖及切削刃的位置变化应尽量小。定位精度高可使刀片夹紧更稳定。夹紧力的方向应使刀片靠紧定位面，保持定位精度不易被破坏。

2）刀片转位、调换方便。

3）夹紧牢固、可靠。保证刀片、刀垫、刀柄接触紧密，在受到冲击振动、热变形时各元件不致松动。

4）刀片前面上最好无障碍，保证排屑顺利、观察方便。

5）结构紧凑，制造简便，工艺性好。

2. 夹紧形式

硬质合金可转位车刀刀片的定位、夹紧结构种类很多，常用的有杠杆式、楔块式、偏心式、上压式等。

（1）杠杆式　如图 3-21 所示，这种结构是利用压紧螺钉 1 压着杠杆 5，杠杆又压着刀片 2 的固定孔，使之靠近刀片槽。弹簧片 4 防止刀片松开后刀垫移动。这种结构定位精度高，调节余量大，夹紧可靠，拆卸方便。

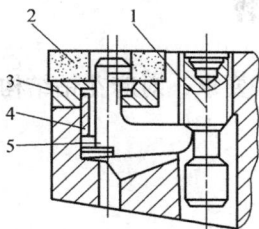

图 3-21　杠杆式
1—螺钉　2—刀片　3—刀垫
4—弹簧片　5—杠杆

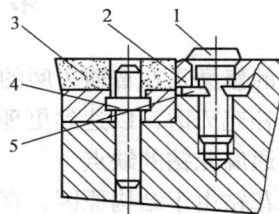

图 3-22　楔块式
1—螺钉　2—楔块　3—刀片
4—销　5—弹簧垫圈

（2）楔块式　如图 3-22 所示，用螺钉 1 压楔块 2，使刀片 3 的固定孔压紧在销 4 上，弹簧垫圈 5 可防止螺钉松动，并当螺钉松开时抬起楔块。这种结构在刀片尺寸变化较大时也可夹紧，但定位精度不高。

（3）偏心式　如图 3-23 所示，是用螺纹偏心销 2 的偏心距 e 将刀片 1 夹紧。这种夹紧结构元件少，结构紧凑，调节余量小，要求制造精度高。另外，在断续切削时，容易使偏心销因受冲击与振动而失去自锁能力，导致刀片松动。

（4）上压式　如图3-24所示，它是利用螺钉、压板机构向下的压力而压紧刀片的，主要用来夹紧无固定孔的刀片。这种夹紧形式夹紧力大。通过两定位侧面能获得稳定可靠的定位，而且装卸方便、元件少。但刀片上的压板使排屑受到一定影响。

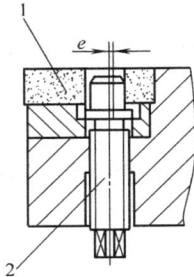

图3-23　偏心式
1—刀片　2—偏心销

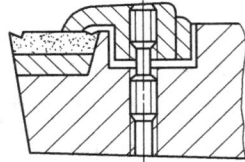

图3-24　上压式

四、使用时的注意事项

1）装夹刀片时，要注意使刀片的定位面和刀柄刀槽的定位支承面接触良好。否则，在切削力作用下，刀片有可能由于受力不均而破裂。

2）利用机械夹紧时，夹紧力不易过大。因为硬质合金可转位车刀的特点是：夹紧产生的夹紧力基本上和切削力方向一致，而且指向刀柄定位支承面，切削力有助于刀片的夹紧。所以，在利用机械夹紧时，用力不需很大，否则刀片会因为切削力的作用而碎裂。

3）合理选择切削用量。硬质合金可转位车刀的特点之一是刀片上具有较合理的断屑槽，因此卷屑和断屑性能较好，但切削用量的选择范围受到限制。所以，使用时必须根据加工条件、刀片型号、工件材料，进行试切削或查阅有关手册，选用断屑效果较好的切削用量。

第七节　麻花钻的修磨

麻花钻的修磨是在普通刃磨的基础上，根据具体的加工要求，对麻花钻结构上不够合理的部分进行补充刃磨，以达到更理想的切削效果。

一、普通麻花钻的缺点

普通麻花钻由于结构原因，存在以下缺点：

1）主切削刃上各点前角变化很大。靠外缘处前角较大（ +30°）左右，切削条件较好，但切削刃强度较差，寿命受切削速度的影响，靠外缘处较差；接近横刃处是很大的负前角（−54°左右），挤压严重，切削条件差。

2）横刃太长。在切削过程中，横刃处于挤压、刮削状态，加之该处有很大的负前角，消耗大量的能量，产生大量的热量。进给力大，定心差。

3）主切削刃太长。钻孔时，两条主切削刃全部参加切削，切屑宽，主切削刃上各点的流屑速度相差很大。钻塑性金属时，切屑易卷成小螺旋圆锥卷形，占很大的空间，影响排屑，同时切削液难以注入切削区。

4）刃带处副后角为零。该处切削速度最高，与孔壁摩擦剧烈，产生较多的热量，刀尖角较小。刀尖处的前角（+30°）较大，楔角较小，使得刀尖处散热条件差一些，所以刀尖处最容易磨损。

针对上述缺陷，麻花钻在使用时应根据工件材料、加工要求，采用相应的修磨方法。

二、修磨横刃

修磨横刃的目的是缩短横刃的长度，相应增大横刃处的前角，改善切削条件，降低钻削力。

修磨横刃的原则是：保证钻尖的寿命。工件材料较软时，横刃可修磨得短一些；工件材料较硬时，横刃应少修磨些，如图 3-25a 所示。

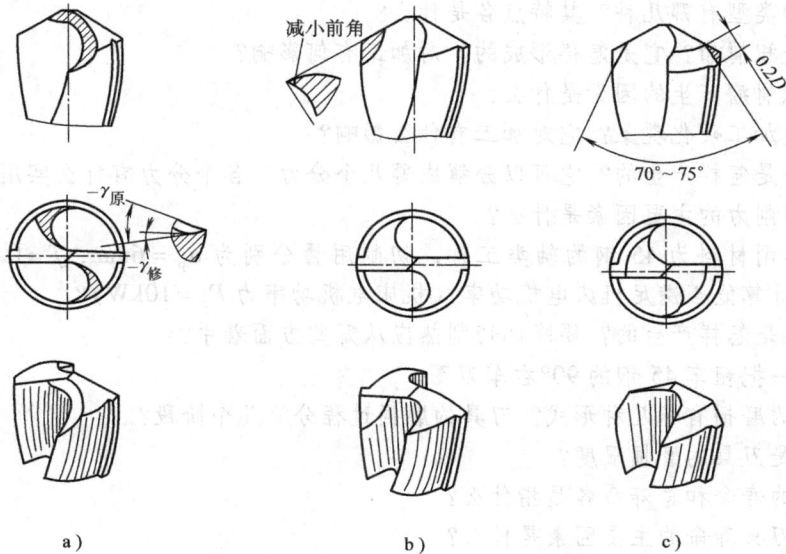

图 3-25 麻花钻头的修磨

a）修磨横刃 b）修磨前面 c）双重刃磨

三、修磨前面

修磨前面的目的是改变主切削刃上各点前角的分布。增大横刃处的前角，减小外缘处的前角，以满足不同的加工要求，如图 3-25b 所示。

修磨原则是：工件材料较软时，以减小切削力为主要目的，应修磨横刃处的前面，以增大该处的前角，减小切削力，使切削顺利；工件材料较硬，以增加钻头的寿命为出发点，此时应修磨钻头外缘处的前面，以减小前角，增大楔角，从而增加切削刃强度，提高切削刃的寿命。

用麻花钻扩孔时，由于外缘处为正值的前角，在切削时易产生"扎刀"现象，应适当减小该处的前角。

四、双重刃磨

钻头外缘处切削速度最高，刀尖处磨损最严重。因此，可磨出双重顶角，如图 3-25c 所示，以增大刀尖角，改善刀尖处的散热条件，延长钻头的使用寿命，同时可减小孔的表面粗糙度值，这种方法最适用于加工铸铁件。

本 章 小 结

　　本章主要阐述了金属切削原理及相关的工艺知识。通过本章的学习，了解金属切削过程的一系列物理现象，了解硬质合金可转位车刀的结构特点、刀片的夹紧形式和使用时的注意事项，掌握麻花钻的修磨方法、减小表面粗糙度的方法和切屑的控制方法，懂得刀具的磨损形式，熟练掌握车刀工作图的绘制方法。

复习思考题

1. 切屑是怎样形成的？

2. 切屑的类型有哪几种？其特点各是什么？

3. 什么是积屑瘤？它是怎样形成的？对加工有何影响？

4. 影响积屑瘤产生的因素是什么？

5. 什么是加工硬化现象？它对加工有什么影响？

6. 切削力是怎样产生的？它可以分解成哪几个分力？各个分力有什么实用意义？

7. 影响切削力的主要因素是什么？

8. 已知车削材料为 45 钢的轴类工件，切削用量分别为 $a_p = 6mm$，$f = 0.5mm/r$，$v_c = 50m/min$，试计算能否满足机床电机功率（机床电机功率为 $P_z = 10kW$）？

9. 切削热是怎样产生的？要降低切削热应从哪些方面着手？

10. 绘制一把粗车 45 钢的 90°右车刀图。

11. 刀具的磨损有哪几种形式？刀具的磨损过程分哪几个阶段？

12. 什么是刀具的磨损限度？

13. 刀具的寿命和总寿命各是指什么？

14. 影响刀具寿命的主要因素是什么？

15. 影响断屑的主要因素有哪些？

16. 影响表面粗糙度的因素有哪些？

17. 硬质合金可转位车刀的特点是什么？

18. 硬质合金可转位车刀结构和刀片的夹紧形式是怎样的？

19. 硬质合金可转位车刀使用时的注意事项是什么？

20. 为什么要对普通麻花钻进行修磨？常用哪几种修磨方法？

第四章 车床夹具

教学目标 1. 了解夹具的概念、分类、组成和作用。

2. 掌握六点定位原理及工件的定位方法。

3. 掌握常见的工件夹紧装置。

4. 了解组合夹具元件和组装过程。

教学重点 工件的定位方法。

教学难点 工件六点定位原理。

第一节 夹具的基本概念

一、夹具的定义和分类

在车床上用以装夹工件的装置，称为车床夹具。

车削时，被加工工件必须在车床夹具中定位并夹紧，使它在整个车削过程中始终保持正确的位置。工件装夹得是否正确可靠，将直接影响加工质量和生产效率，应十分重视。

车床夹具又可分为通用夹具、专用夹具、组合夹具三类。其具体定义和应用见表4-1，本章重点介绍专用夹具。

表4-1 车床夹具的种类、定义和应用

种 类	定 义	应 用
通用夹具	已标准化、可装夹多种工件的夹具	它一般由专业工厂生产，作为车床附件供应，如车床上常用的三爪自定心卡盘、四爪单动卡盘、顶尖、中心架和跟刀架等
专用夹具	专为某一工件的某道工序的加工而专门设计和制造的夹具	在产品相对稳定、批量较大的生产中，使用各种专用夹具可获得较高的加工精度和生产率
组合夹具	按某一工件的某道工序的加工要求，由一套事先制造好的标准元件和部件组装而成的夹具	适用于小批量生产或新产品试制

二、夹具的作用

车床专用夹具的作用，可用以下车削支架工件的实例来说明。

支架毛坯为精密压铸件，$4 \times \phi 6.5mm$ 的孔已铸出，如图4-1所示，底平面已精加工，并达到图样技术要求。现在要求车削加工两端 $\phi 26K7$ 轴承孔、$\phi 22mm$ 通孔及两个端面。两 $\phi 26K7$ 孔之间的同轴度公差为 $\phi 0.04\ mm$。

这个工件如果用三爪自定心卡盘或四爪单动卡盘装夹是无法达到图样技术要求的，若用普通角铁装夹，则必须先对工件进行划线，然后根据划线找正。这样不仅要求操作者有较高的技术水平，而且要花费很多的时间进行工件找正，并且工件需调头车削，很难保证两轴承

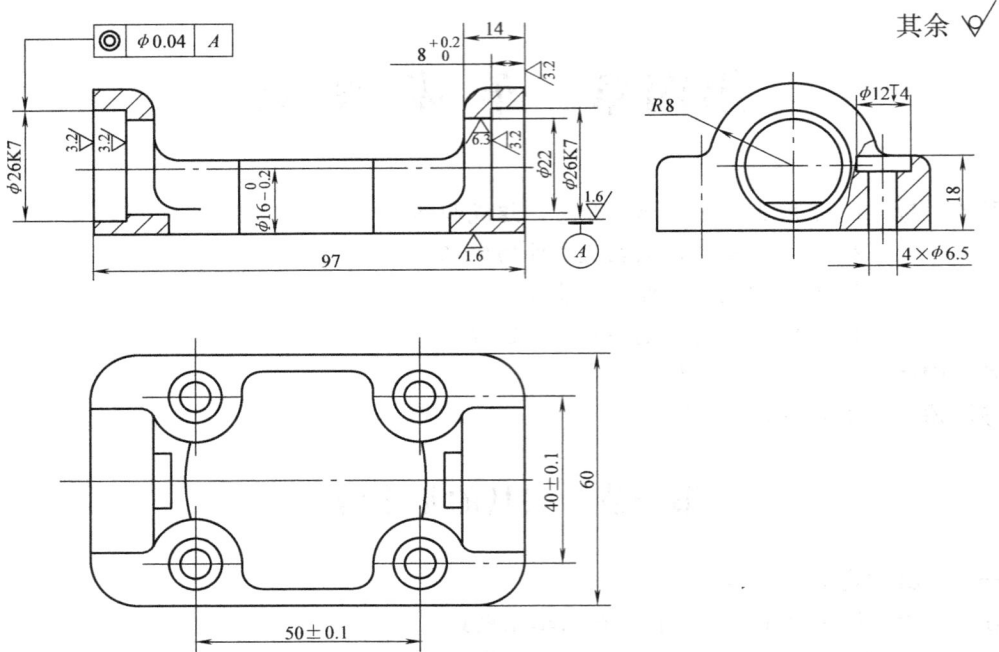

图 4-1 支架

孔 $\phi26K7$ 轴线的同轴度要求。如果采用图 4-2 所示的专用夹具，很容易就可达到技术要求。

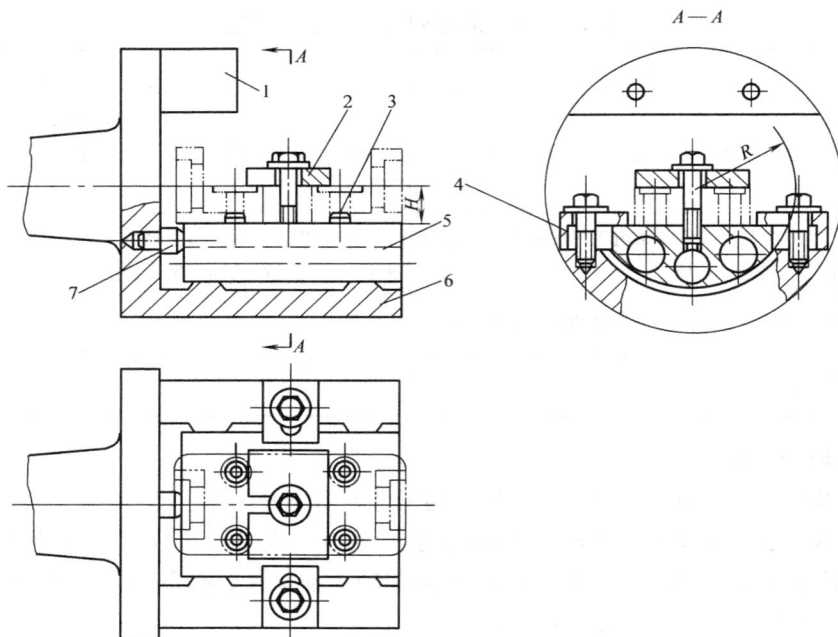

图 4-2 加工支架的车床夹具

1—平衡块 2、4—压板 3—定位销 5—圆弧定位体 6—夹具体 7—止推钉

如图 4-2 所示，为加工该支架的锥柄连接式车床专用夹具。装夹工件时，用已加工过的底面紧贴在圆弧定位体 5 的上平面上，并使两个定位销 3 插入工件的两个 φ6.5mm 的孔中，以确定工件在圆弧定位体上的位置，然后用压板 2 将工件夹紧。圆弧定位体与夹具体 6 之间的圆弧面紧密接触，并且圆弧定位体可在夹具体上摆动。将圆弧定位体的端面紧靠在止推钉 7 上，再用两块压板 4 将圆弧定位体压紧在夹具体上。

夹具体用锥柄与车床主轴连接。制造夹具时，使配合圆弧面的轴线与主轴的回转轴线之间达到较高的同轴度要求（随机床加工而成），同时保证半径为 R 圆弧的中心线与定位面之间的距离 H，即可控制工件上孔的轴线与底面之间的高度尺寸。

当一端车削完毕后，松开两块压板 4，把圆弧定位体调转 180°，压紧后就可车削另一端。由于中心高度和几何中心都未改变，所以两端孔的同轴度也得到控制。

从上面的实例可以看出，专用夹具的作用主要有以下几点：

（1）保证产品加工精度，稳定产品质量　使用夹具后，工件上各有关表面的相互位置精度由夹具来保证，这比划线找正所达到的精度高，能较容易地达到图样技术要求，而且产品质量比较稳定。

（2）缩短辅助时间，提高劳动生产率　使用夹具后，可省去划线工序，减少找正时间，降低工人的劳动强度和技术等级，因而提高了劳动生产率。同时由于工件装夹稳固，可加大切削用量，减少切削时间。有的夹具可同时装夹几个工件进行切削加工，劳动生产率显著提高。若再采用气动或液压传动来驱动夹紧装置，则效果更为明显。

（3）解决车床加工装夹中的特殊困难　如图 4-1 所示的支架，若不采用专用夹具进行装夹，在车床上车削加工很难达到图样要求的位置精度。所以有些工件不论数量多少，若不使用夹具，在车床上是无法进行车削加工的。

（4）扩大车床的工艺范围　在工厂机床不齐全的情况下，可以通过采用不同的夹具使车床"一机多用"。如在车床上附加镗孔夹具或磨头，就能在车床上进行镗削和磨削等工序，扩大车床的工艺范围。

三、夹具的组成

生产中使用的夹具种类很多，把作用相同的元件归纳在一起，其一般由下列几个部分组成：

（1）定位装置　其作用是保证工件在夹具中占有正确的位置。如图 4-2 中的圆弧定位体 5、定位销 3、止推钉 7 等。

（2）夹紧装置　其作用是工件定位后将其固定，使工件在切削过程中保持定位位置不变。如图 4-2 中的螺栓、螺母、压板。

（3）夹具体　其作用是把定位、夹紧等装置连接成为一个整体，并用于与机床有关部位进行连接，以确定夹具相对于机床的位置，是夹具的基座。如图 4-2 中的夹具体 6。

（4）辅助装置　如图 4-2 中平衡块 1，属辅助装置，是根据夹具的实际情况来确定的。

第二节　工件的定位

一、定位和基准的基本概念

1. 工件的定位

确定工件在机床上或夹具中占有正确位置的过程，叫做工件的定位。

工件的定位是靠工件上某些表面和夹具中的定位元件（或装置）相互接触来实现的。定位后的工件，必须保证一批工件逐次放入夹具中都能占有同一位置。能否保证工件位置的一致性，将直接影响工件的加工精度。因此，工件的定位十分重要。

2. 基准的概念

基准是确定生产对象上几何要素间的几何关系所依据的那些点、线、面。简单说，基准就是"依据"的意思。

基准可分为设计基准和工艺基准两大类。工艺基准又分为定位基准、测量基准和装配基准等几种，如图4-3所示。这里主要介绍与夹具设计有关的设计基准和定位基准。

设计基准：零件图上确定其他点、线、面的位置所依据的基准。

定位基准：是指在加工中用于确定工件在机床或夹具上的正确位置的基准。

当工件的定位基准确定后。工件上其他部分的位置也随之确定。如图4-4所示，轴承座是用底面 A 和侧面 B 来确定位置的。因为工件是一个整体，当表面 A 和 B 的位置一确定，ϕ20H7 内孔轴线的位置也确定了，则表面 A 和 B 就是轴承座的定位基准。

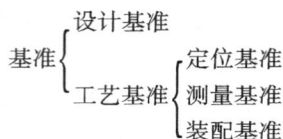

图4-3　基准种类

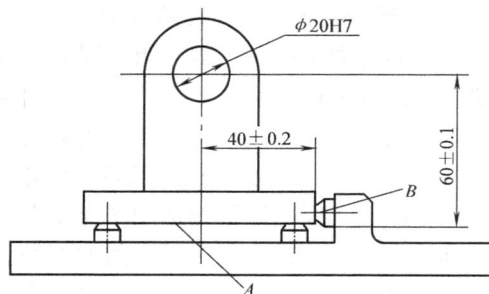

图4-4　工件的定位基准

工件定位时，作为基准的点和线往往由某些具体表面体现出来，这种表面称为定位基面。例如，用两顶尖装夹车轴类工件时，轴的两中心孔就是定位基面，它体现的定位基准是轴的轴线。

二、工件的六点定位原理

1. 六点定位原理

位于任意空间的刚体是一个自由体，它对于空间直角坐标系三个相互垂直的坐标轴共有六个自由度，既可以沿 x、y、z 三个坐标轴移动，也可绕着这三个坐标轴转动。一般把沿 x、y、z 坐标轴移动的自由度分别用 $\vec{x}$、$\vec{y}$、$\vec{z}$ 表示，把沿着这三个坐轴转转动的自由度分别用 $\hat{x}$、$\hat{y}$、$\hat{z}$ 表示，如图4-5所示。

六个自由度是工件在空间位置不确定的最高程度。定位的任务，就是要限制工件的自由度。

为使工件在夹具中有一个完全确定的位置，需用分布适当的与工件接触的六个支承点，来分别限制工件六个自由度，称为六点定位原理。

如图4-6所示的长方体工件，被夹具中的六个按一定要求分布的支承点限制了六个自由度。其中底面 A 放置在三个支承点上，限制了工件 $\hat{x}$、$\hat{y}$、$\vec{z}$ 三个自由度；左侧面靠在两个支承点上，限制了工件 $\vec{x}$ 和 $\hat{z}$ 两个自由度；端面与一个支承点 C 接触，限制了工件 $\vec{y}$ 一

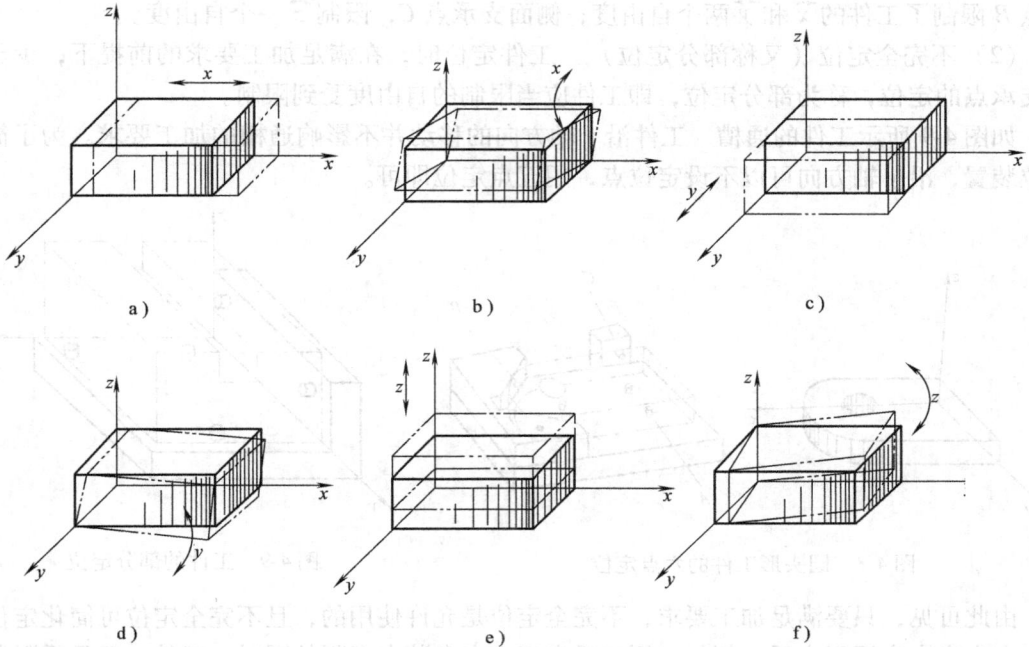

图 4-5　工件的六个自由度

个自由度。这样工件的六个自由度全部被限制，工件在夹具中只有惟一的位置。

2. 工件定位的类型

在加工过程中，并非所有的工件都必须限制六个自由度。工件所需限制自由度的个数，主要取决于工件在该工序中的加工要求。工件在夹具中的定位方式主要有完全定位、不完全定位、重复定位和欠定位等。

（1）完全定位　工件的六个自由度全部被限制，在夹具中只有惟一的位置的定位称为完全定位。图 4-6 所示的长方体工件的定位为完全定位。

如图 4-7 所示，为圆柱形工件在 V 形块中的定位情况。V 形块相当于四个支承点，限制了 $\overrightarrow{x}$、$\widehat{x}$、$\overrightarrow{z}$ 和 $\widehat{z}$ 四个自由度。端面上的一点，限制了 $\overrightarrow{y}$ 一个自由度。键槽上的一点，限制了 $\widehat{y}$ 一个自由度。

如图 4-8 所示，为圆头形工件的定位情况。为了使孔位于工件圆形头的中心，利用 V 形块和平面来定位。平面上三个支承点 A 限制了工件的 $\overrightarrow{z}$、$\widehat{x}$ 和 $\widehat{y}$ 三个自由度；V 形块上的两个支

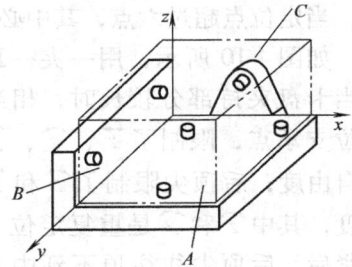

图 4-6　长方体工件的定位

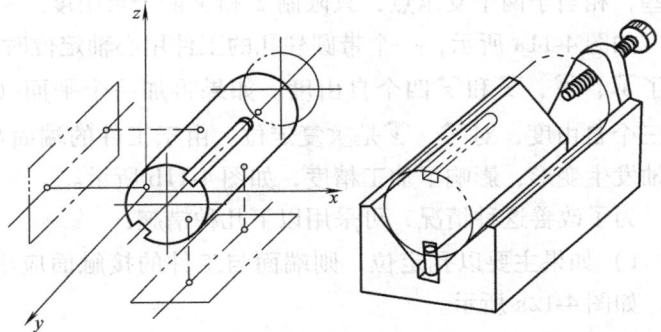

图 4-7　圆柱体在 V 形块中定位

承点 B 限制了工件的 $\vec{x}$ 和 $\vec{y}$ 两个自由度；侧面支承点 C，限制 $\hat{z}$ 一个自由度。

（2）不完全定位（又称部分定位）　工件定位时，在满足加工要求的前提下，少于六个支承点的定位，称为部分定位，即工件应当限制的自由度受到限制。

如图 4-9 所示工件的通槽，工件沿 y 轴方向的移动并不影响通槽的加工要求。为了简化定位装置，沿 y 轴方向可以不设定位点，用五点定位即可。

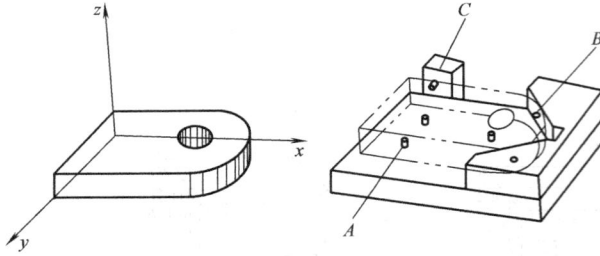

图 4-8　圆头形工件的六点定位　　　　　图 4-9　工件的部分定位

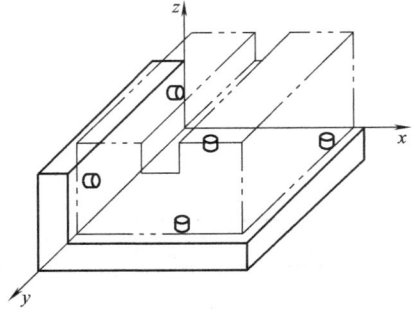

由此可见，只要满足加工要求，不完全定位是允许使用的，且不完全定位可简化定位装置，在生产中应用很广泛。例如，用三爪自定心卡盘装夹车削外圆时，工件一般只需限制四个自由度。

（3）重复定位（又称过定位）　几个定位支承点重复限制同一个自由度，称为重复定位。当定位点超过六点，其中必有几点是重复定位。

如图 4-10 所示，用一夹一顶装夹工件当卡盘夹持部分较长时，相当于四个定位支承点，限制了 $\vec{z}$、$\hat{z}$、$\vec{y}$、$\hat{y}$ 四个自由度；后顶尖限制了 $\vec{z}$ 和 $\vec{y}$ 两个自由度，其中 $\vec{z}$ 和 $\vec{y}$ 是重复定位。当卡爪夹紧后，后顶尖往往顶不到中心处，如果强行顶住，则工件容易变形。因此用一夹一顶装夹工件时，卡爪夹持部分应

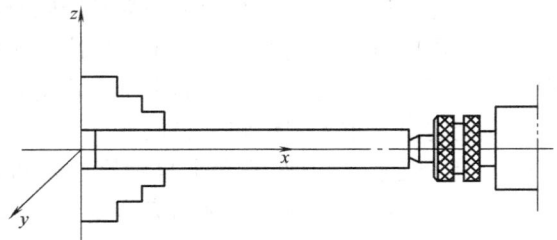

图 4-10　工件的重复定位

短些，相当于两个支承点，只限制 $\vec{z}$ 和 $\vec{y}$ 两个自由度。

如图 4-11a 所示，一个带圆柱孔的工件用心轴定位时，心轴外圆相当于四个支承点，限制了 $\vec{y}$、$\hat{y}$、$\vec{z}$ 和 $\hat{z}$ 四个自由度。如果再加一个平面（台阶），因为平面限制了 $\vec{x}$、$\hat{y}$、$\hat{z}$ 三个自由度，对 $\hat{z}$、$\hat{y}$ 是重复定位。由于工件的端面与孔的轴线有垂直度误差，夹紧时心轴发生变形，影响了加工精度，如图 4-11b 所示。

为了改善这种情况，可采用以下几种措施：

1）如果主要以孔定位，则端面与工件的接触面应小一些，使端面只限制 $\vec{x}$ 一个自由度，如图 4-12a 所示。

2）如果心轴台阶端面因装夹等因素不能减小，可在心轴上套入球面垫圈作定位支承，如图 4-12b 所示。球面垫圈能自动定心，起浮动作用，相当于一个支承点，限制工件的 $\vec{x}$ 一

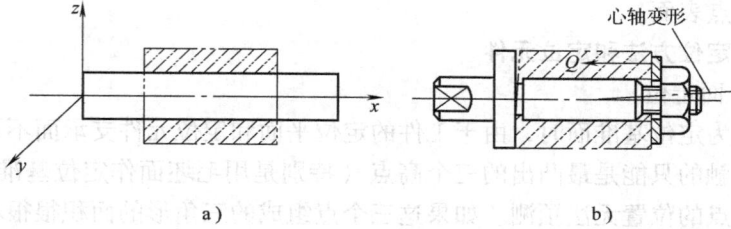

图 4-11　圆柱孔用心轴定位
a）无平面　b）带平面

个自由度。

3）如果工件主要以端面定位，则应把心轴的定位圆柱做得相对短些，使其只限制工件的 $\overrightarrow{x}$ 和 $\overrightarrow{y}$ 两个自由度，如图 4-12c 所示。

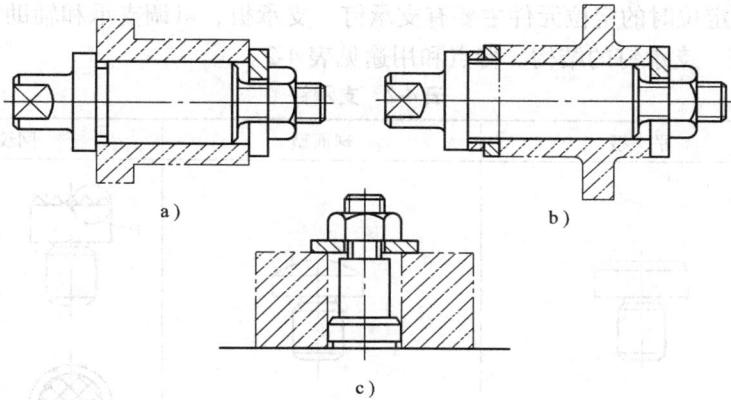

图 4-12　圆柱孔用心轴定位时防止重复定位的方法
a）减小端面　b）增加球面垫圈　c）缩短心轴

从以上分析可知，重复定位对工件的定位精度有影响，一般是不允许的。只有工件的定位基准、夹具上的定位元件精度很高时，重复定位才允许。它对提高工件的刚度和稳定性有一定的好处，如中心架和跟刀架的使用。

（4）欠定位　工件定位时，定位元件实际所限制的自由度数目少于按加工要求所需要限制的自由度数目，使工件不能正确定位，称为欠定位。

如图 4-13 所示，加工工件上的键槽时，若单纯从底面 A 定位，而不用侧面 B 作导向定位面，则这时工件在机床上相对于刀具的位置就可能会偏差成图 4-13 中双点划线所示情况。这样定位铣出的槽，显然是不符合图样要求的。

由此可见，欠定位不能保证加工要求，会产生废品，所以欠定位绝对不允许使用。

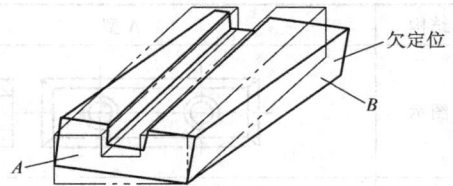

图 4-13　工件的欠定位

六点定位原理是从空间几何概念建立起来的，对分析任何工件的定位都适用。但具体应用在夹具上限制工件自由度的定位元件不会是支承点，而常采用 V 形块、平面、定位销、定位套等一些非点表面。

三、工件的定位方法和定位元件

1. 工件以平面定位

工件以平面为定位基准面时，由于工件的定位平面和定位元件支承面不可能是理想的绝对平面。相互接触的只能是最凸出的三个高点（特别是用毛坯面作定位基准时），并且一批工件中这三个高点的位置无法预测。如果这三个点组成的三角形的面积很很小，就会使工件定位不稳定。为了保证定位的稳定性，一般采用增大支承点之间距离的方法，使三点所构成的支承三角形面积尽可能大一些。

用已加工平面作定位基准时，由于平面度误差已减小，为了提高定位的刚性和稳定性，可适当增大定位面的接触面积。在用大平面定位时，可以把定位平面中间部分做成凹的，这样可使工件定位基准的中间部分不与定位元件接触，既可提高工件定位的稳定性，又可减少定位基准的加工量。

工件以平面定位时的定位元件主要有支承钉、支承板、可调支承和辅助支承等。

（1）支承钉　支承钉的结构、特点和用途见表4-2。

表4-2　支承钉

标准结构形式	平头型	球面型	网纹顶面型
图示	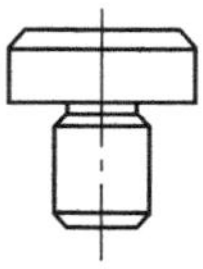	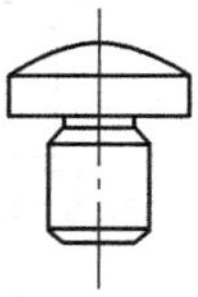	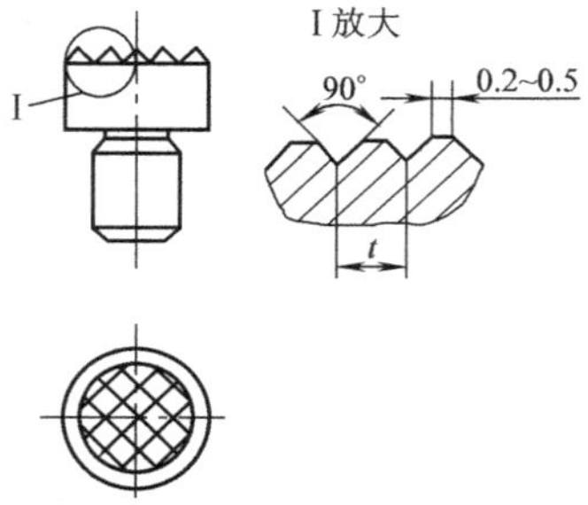
接触性质	面接触	点接触	面接触
特点	可以减少支承钉头部的磨损，避免压伤基准面	可以减少接触面积，但头部容易磨损	它可以增大摩擦力，但容易积屑
用途	主要用于已加工平面的定位	适用于未加工平面的定位	常用于未加工的侧平面的定位

（2）支承板　支承板的结构、特点和用途见表4-3。

表4-3　支承板

结构	A 型	B 型
图示	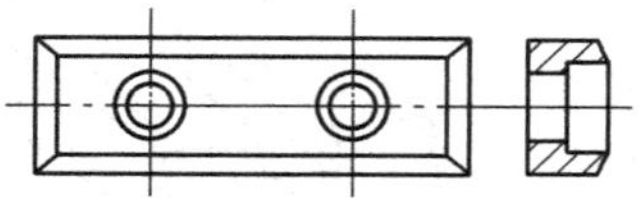	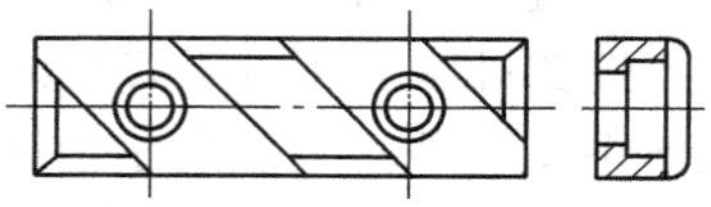
接触性质	面接触	面接触
特点	支承板的沉头螺钉凹坑处容易积屑，影响定位	支承板在螺钉孔处开有斜槽，容易清除切屑，且支承板与工件定位基面的接触面积小，定位较精确
用途	只适用于精加工过的大、中型工件的侧平面定位	适用于精加工过的大、中型工件的底平面定位

（3）可调支承　如图 4-14 所示，支承钉和支承板的高度不可调整，在实际定位时会遇到一些困难，特别是毛坯面定位时更为突出。此时可选用可调支承，可调支承顶端位置能在一定范围内调整，支顶螺钉调整后用螺母锁紧，可调支承一般多用于毛坯面的定位。

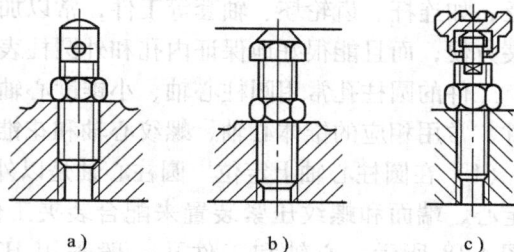

图 4-14　可调支承

a）圆头式　b）尖头式　c）摆动式

（4）辅助支承　当工件由于结构上的特点使定位不稳定或工件局部刚性较差而容易变形时，如图 4-15 所示，可在工件适当部位设置辅助支承。这种支承是在工件定位后参与支承的，仅与工件适当接触，只起支承的作用，不起任何限制自由度的作用。

2. 工件以外圆定位

工件以外圆定位，最常见的定位元件有 V 形块、半圆弧定位等装置。

（1）在 V 形块中定位　工件在 V 形块中定位的情况如图 4-16 所示。工件在 V 形块中以外圆定位时，限制了四个自由度（$\vec{x}$、$\hat{x}$、$\vec{z}$、$\hat{z}$）。

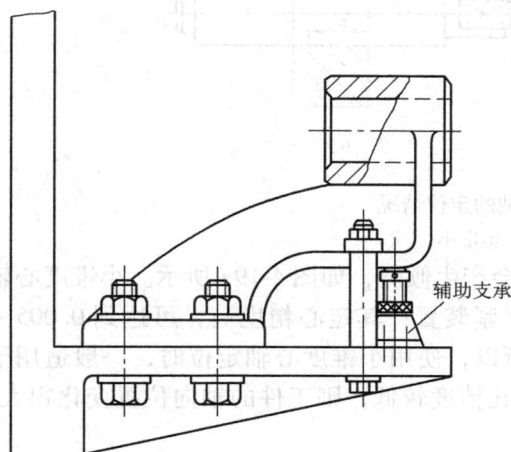

图 4-15　辅助支承

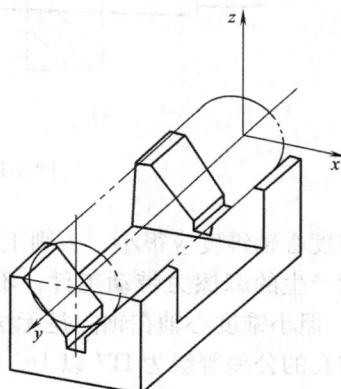

图 4-16　工件在 V 形块上定位

V 形块定位的特点是：当工件定位外圆直径变化时，可保证圆柱体轴线在 x 轴方向的定位误差为零。但在 z 轴方向有定位误差。

（2）在半圆弧上定位　如图 4-17 所示，这种装置的下半圆弧固定在夹具上，是定位元件，起定位作用。上半圆弧是活动的，起夹紧作用。由于工件在半圆弧上定位时与夹具的接触面较大，表面不易夹毛，主要用于大型轴类外圆已精加工过的、不便于轴向装夹的工件。为了保证良好的定位精度，半圆弧下部应当挖空。

3. 工件以内孔定位

工件以内孔定位保证位置精度在车削过程中应用较

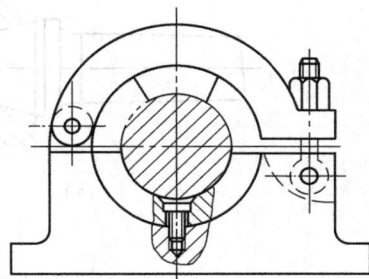

图 4-17　工件在半圆弧上定位

广泛，如连杆、齿轮坯、轴套等工件，常以加工好的内孔作为定位基准定位。此种方法不仅装夹方便，而且能很好地保证内孔和外圆柱表面的同轴度、端面与孔轴线的垂直度等位置精度。工件的圆柱孔常用圆柱心轴、小锥度心轴等定位。对于带有锥孔、内螺纹孔、花键孔的工件，常用相应的锥体心轴、螺纹心轴和花锥心轴定位。

（1）在圆柱心轴上定位　圆柱心轴是以外圆柱面定心、端面和螺纹压紧装置来配合装夹工件的，如图 4-18 所示。心轴和工件孔一般采用 H7/h6、H7/g6 的间隙配合，工件比较方便地套在心轴上，用螺钉压紧即可。但是，由于孔、轴配合间隙较大，一般只能用于保证同轴度要求大于 $\phi 0.02mm$ 的工件。

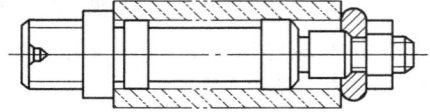

图 4-18　在圆柱心轴上定位

（2）在小锥度心轴上定位　为了消除圆柱心轴和孔定位时的间隙，提高心轴的定位精度，可将心轴做成 $C=1/5000 \sim 1/1000$ 的小锥体心轴。定位时，工件楔紧在心轴上，楔紧时孔会产生弹性变形，从而使工件不致倾斜，如图 4-19 所示。

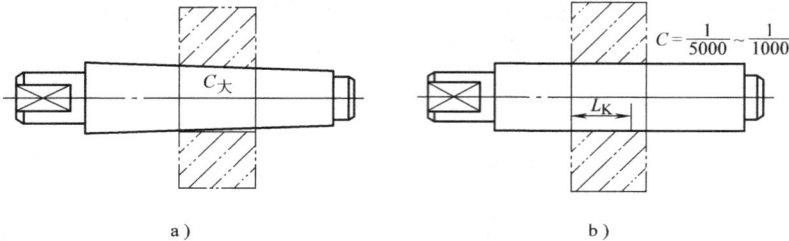

a）

b）

图 4-19　小锥度心轴的定位情况

a）锥度大　b）锥度小

小锥度心轴锥度应很小，否则工件在心轴上会产生倾斜，如图 4-19a 所示。小锥度心轴是靠楔紧产生的摩擦力带动工件，不需要其他夹紧装置；其定心精度高，可达到 0.005 ～ 0.01mm。但小锥度心轴在轴向是无法定位的。所以，使用小锥度心轴定位时，一般适用于工件定位孔的公差等级为 IT7 以上，如工件定位孔精度较低，则工件的轴向位置变化很大，不宜采用。

（3）在圆锥心轴上定位　当所加工工件孔为圆锥孔时，一般可用与工件内锥孔相同锥度的圆锥心轴定位，如图 4-20a 所示。若圆锥半角小于自锁角（$C<1/4$）时，为了卸下工件方便，可在心轴大端配上一个旋出工件的螺母，如图 4-20b 所示。

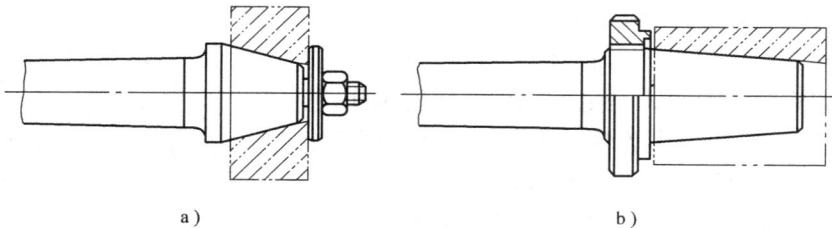

a）

b）

图 4-20　圆锥心轴

a）普通圆锥心轴　b）带螺母的圆锥心轴

（4）在螺纹心轴上定位　如图 4-21a 所示，工件旋紧在心轴上，其端面与心轴支承肩面接触来定位的。使用这种心轴时，应注意工件上应有安放扳手的表面，以便容易卸下工件。为了拆卸工件方便，也有在螺纹心轴上带螺母旋松装置的，如图4-21b 所示。

（5）在花键心轴上定位　带花键孔的工件（如花键齿轮），由于拉削花键孔时的定位基准是浮动的，无法保证花键孔与外圆的同轴度、与工件端面的垂

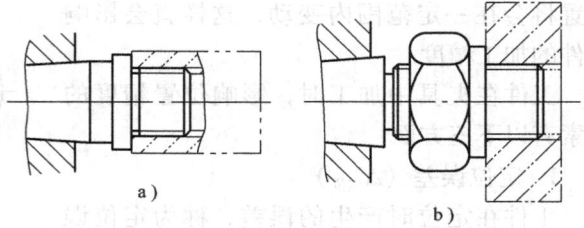

图 4-21　螺纹心轴
a）简易螺纹心轴　b）带螺母旋松装置的螺纹心轴

直度。因此一般都安排在花键心轴上精车外圆和端面。为了保证位置精度和装卸方便，心轴定位部分外圆有 $C = 1/5000 \sim 1/1000$ 锥度，如图 4-22 花键心轴。

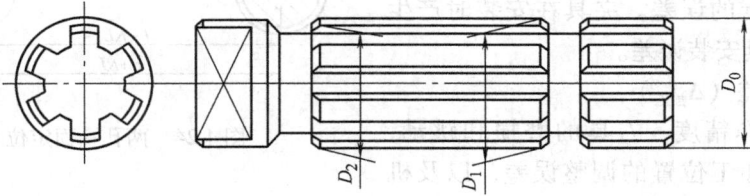

图 4-22　花键心轴

4. 工件以两孔一面定位

加工如图 4-23 所示的轴承座时，可用两孔一面定位。其特点是以轴承座两个轴线互相平行的孔和与其相互垂直的平面定位时，可选用一个圆柱销、一个削边销和一个平面作为定位基准。

采用这种定位方法时，如果用两个短圆柱销和一个平面作定位元件定位，会产生重复定位（平面限制三个自由度，每个短圆柱销各限制两个自由度）。工件定位时，第一个孔能正确装到第一个圆柱销上，但第二个孔往往因工件孔距误差和夹具销距误差的影响而装不进，如图 4-24a 所示。如果把第二个销的直径减小，并使其减小量足以补偿销中心距和孔中心距误差的影响，如图 4-24b 所示。虽然工件能装进了，但却加大了孔、销之间的配合间隙，使工件增加转角误差，影响加工精度。所以一般是把第二个销做成削边销，如图 4-24c 所

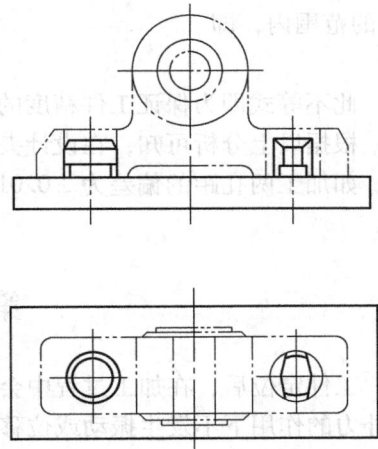

图 4-23　两孔一面定位

示。这样，在两孔连线方向上仍有减小第二个销直径的作用，而在垂直于连线方向上，由于销的直径并没有减小，因此工件的转角误差没有增加，能保证加工精度。

使用削边销时应注意，要使它的横截面长轴垂直于两销的轴心连线，否则削边销不但起不到其应有的作用，还可能使工件无法装夹或转角误差反而增加。

四、工件的定位误差

工件在夹具中定位时，由于工件和定位元件必然存在的制造误差，使得工件在夹具中的

位置将会在一定范围内变动，这样就会影响工件的加工精度。

工件在夹具中加工时，影响位置精度的因素有以下三方面：

1. 定位误差（$\Delta_{定位}$）

工件在定位时产生的误差，称为定位误差。如使用心轴、V 形块定位时，由于定位基准和定位元件的制造误差以及轴与孔之间的间隙存在，使工件产生定位误差。

2. 夹具安装误差（$\Delta_{夹安}$）

夹具安装在机床上，必须进行找正，这样也会产生一定的误差。夹具在安装时产生的误差，称夹具安装误差。

3. 加工误差（$\Delta_{加工}$）

机床的工作精度、刀具的磨损和跳动、刀具相对工件加工位置的调整误差，以及机

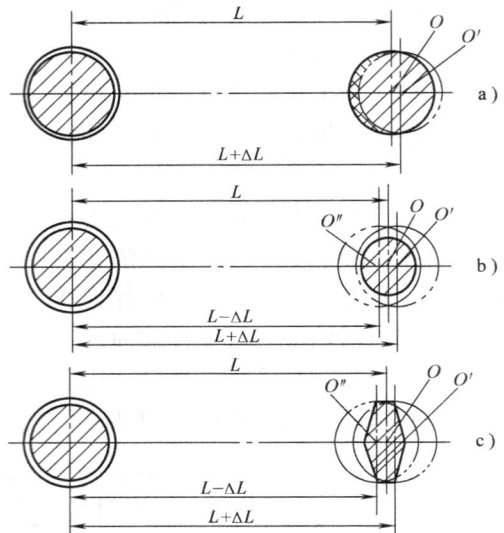

图 4-24 两孔一面定位分析

床——夹具——工件——刀具在加工过程中的弹性变形等均会影响工件的精度。此类误差称为加工误差。

为了保证加工精度，必须使上述所有的误差对工件加工的综合影响控制在工件的公差 $\delta_工$ 的范围内，即

$$\Delta_{定位} + \Delta_{夹安} + \Delta_{加工} \leqslant \delta_工$$

此不等式即为保证工件精度的条件，也称为夹具的误差计算不等式。

根据以上分析可知，在设计夹具时，定位元位的公差，可粗略地选择工件公差的 1/3 左右。如加工两孔距的偏差为 ±0.015mm，则夹具上两定位元件轴线之间公差选 0.005mm 左右。

第三节　工件的夹紧

工件定位后，在加工过程中会受到切削力、自重、离心力等外力的作用。为了保证在这些外力的作用下不发生振动或位移，在夹具中仍能保持正确的加工位置，一般情况下，夹具都设置夹紧装置，将工件可靠地夹紧。工件的定位和夹紧是工件装夹的两个基本过程，既有密切的联系，又有本质的区分。

一、对夹紧装置的基本要求

夹紧装置和定位装置一样，对保证工件的加工质量，提高生产效率等都起着非常重要的意义。夹紧装置应满足下列基本要求：

（1）牢　夹紧后，工件在加工过程中应保证正确位置始终不发生变化。

（2）正　夹紧时，不应破坏工件的正确定位。

（3）快　夹紧迅速，安全省力，操作方便。

（4）简　装置结构简单紧凑，有足够的刚度，且便于制造。

（5）调　夹紧力或夹紧行程在一定范围内可以进行调节和补偿。

二、夹紧力的确定

夹紧力的确定包括夹紧力的大小、方向和作用点三个要素。

1. 夹紧力的大小

夹紧力必须保证工件不被夹伤、夹变形的前提条件下，在加工过程中正确位置不发生变化。夹紧力既不能太大，又不能太小，一般用经验估算的方法获得。

2. 夹紧力的方向

1）夹紧力的方向应尽可能垂直于工件的主要定位基准面，使夹紧稳定可靠，保证加工质量。

2）夹紧力的方向应尽可能与切削力方向一致，这样可以减小夹紧力，使夹紧机构简单化。

3. 夹紧力的作用点

1）夹紧力的作用点应尽可能落在主要定位面上或几个支承点组成的平面内，以避免产生颠覆力矩，保证夹紧稳定可靠。

2）夹紧力的作用点应与支承件对应，并尽可能作用在工件刚性较好的部位，以免工件因夹紧力而发生变形，如图 4-25 所示。

3）夹紧力的作用点应尽可能靠近加工表面，以防止工件产生振动。若无法靠近，就需采用辅助支承，如图 4-26 所示。

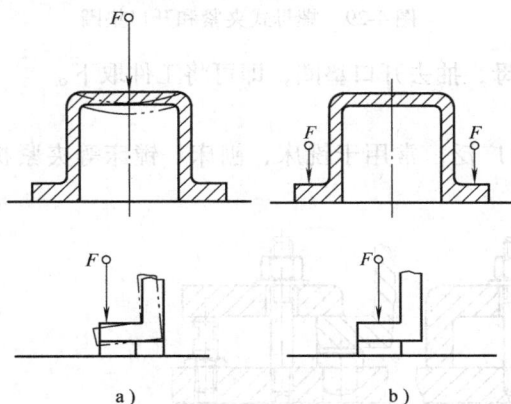

图 4-25　夹紧力的作用点
a）错误　b）正确

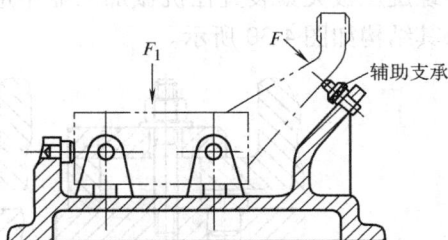

图 4-26　用辅助支承增加工件刚性

三、常用的夹紧装置

夹紧装置的种类很多，常用的夹紧装置按其结构可分为螺旋夹紧装置和螺旋压板夹紧装置。

1. 螺旋夹紧装置

螺旋夹紧装置的优点是结构简单，夹紧可靠，夹紧行程大，自锁性能好，特别便于增大夹紧力，在机械加工中应用非常广泛。其缺点是夹紧和松开工件时比较费时、费力。

（1）螺钉夹紧装置　如图 4-27 所示，其工作原理是通过旋转螺钉，使其直接压在工件上。为了防止螺钉头部因挤压后而拧不出来，通常把螺钉前端的圆柱部分直径车小并淬硬。

　　螺钉头部淬硬部分与工件表面直接接触。夹紧工件时，为了防止螺钉与工件表面相对运动而造成压痕，可采用如图 4-28 所示的摆动压块。摆动压块只随螺钉移动而不跟螺钉一起转动，能有效地防止拧紧时损伤工件表面，而且可以增大接触面积，使夹紧更可靠。

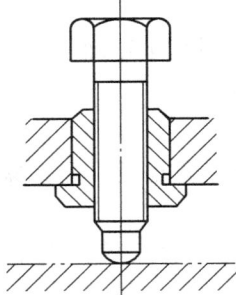

图 4-27　螺钉夹紧装置

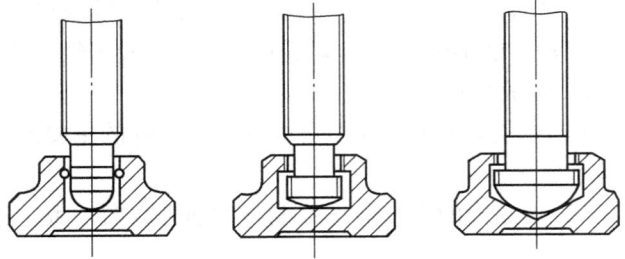

图 4-28　摆动压块

　　（2）螺母夹紧装置　当工件以孔定位时（例如在心轴装夹工件），常用螺母来夹紧，如图 4-29 所示。螺母夹紧装置虽然制造简单，夹紧力大。但具体装卸工件时很不方便，必须把螺母从螺栓上全部旋出，才能装卸工件。改进方法是采用开口垫圈可解决这一问题。开口垫圈应做得厚些，且淬硬后须把两端面磨平，并把螺母外径做得小于工件定位孔径。卸下工件时，只需旋松螺母，抽去开口垫圈，即可将工件取下。

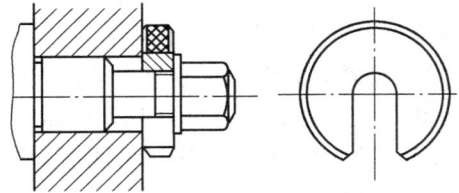

图 4-29　螺母式夹紧和开口垫圈

　　2. 螺旋压板夹紧装置

　　螺旋压板夹紧装置在机械加工业中应用最为广泛，常用于铣床、刨床、镗床等夹紧机构，其结构如图 4-30 所示。

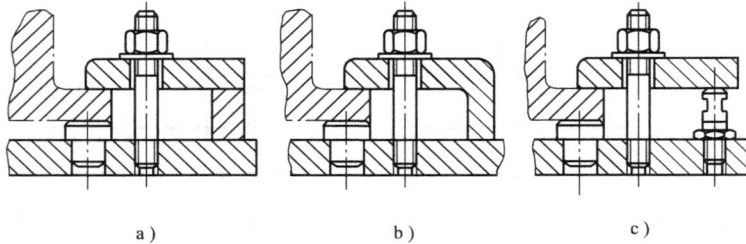

a）　　　　　　　　　b）　　　　　　　　　c）

图 4-30　螺旋压板夹紧装置
a）简单的螺旋压板　b）整体式螺旋压板　c）可调高度的螺旋压板

　　（1）简单的螺旋压板　简单的螺旋压板夹紧装置由螺旋机构、压板及垫块等组成，如图 4-30a 所示。螺杆连接在夹具体上，夹紧时，通过旋转螺母，使压板夹紧工件。此种装置在车床上使用时不够安全。

　　（2）整体式螺旋压板　整体式螺旋压板夹紧装置如图 4-30b 所示，由于其压板和垫块是整体式的，所以在车床上使用时比较安全，但高度不能调整，使用时很不方便。

　　（3）可调高度的螺旋压板　如图 4-30c 所示，可调高度的螺旋压板装置支柱可以调整，使用时安全、方便。

（4）较理想的螺旋压板夹紧机构　如图 4-31 所示，由螺栓 5 和螺母 4 通过压板 6 压紧工件 1，支柱 7 可调节高度，压板 6 的底面有纵向槽，使压板在螺母旋紧时不易转动。压板中间有一长腰形孔，装卸工件时，只要旋松螺母并将压板后移，即可装卸工件。弹簧 2 可使压板在螺母松开后自动抬起。为了避免由于压板倾斜而接触不良，采用了球面垫圈 3。此种机构操作方便、夹紧可靠。

图 4-32 所示的螺旋压板夹紧机构，采用旁边压紧的螺旋压板夹紧装置，以适应工件由于结构原因而无法使用中间压紧的情况。

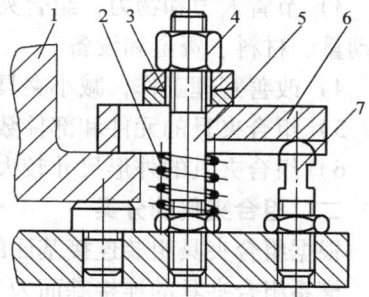

图 4-31　较理想的螺旋压板夹紧机构
1—工件　2—弹簧　3—球面垫圈
4—螺母　5—螺栓　6—压板　7—支柱

3. 斜楔夹紧装置

斜楔夹紧装置，主要是利用斜楔斜面移动时所产生的压力夹紧工件的，如图 4-33 所示。工作时，转动螺杆 1 推动楔块 2 前移，使铰链压板 4 转动，从而夹紧工件 3。因斜楔夹紧装置产生的夹紧力小，且夹紧费时，夹紧力不大，所以只有生产批量较小、夹紧力要求不大时使用。多数情况下，斜楔夹紧装置是与其他元件或机构组合起来使用的。

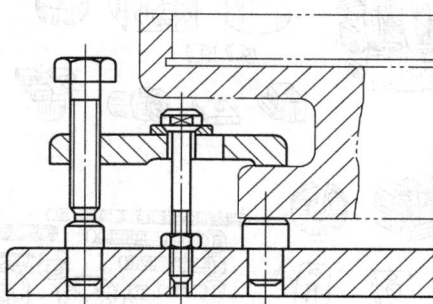

图 4-32　旁边压紧的螺旋压板

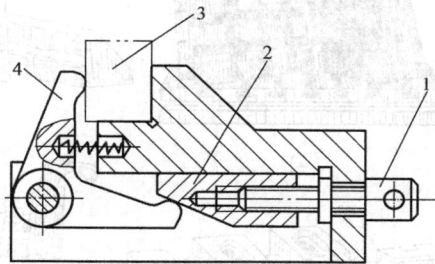

图 4-33　斜楔夹紧装置
1—螺杆　2—楔块　3—工件　4—铰链压板

第四节　组　合　夹　具

组合夹具是由预先制造、可循环使用、不同几何形状、不同尺寸和不同规格的高精度、高硬度和良好互换性的夹具元件组成的。根据被加工工件的工艺要求，利用这些夹具元件，可以很快地组装成各种满足加工要求的专用夹具。使用完毕，可以方便地拆开，将元件清洗、擦净、加油后存放起来，留待下一次组装新夹具时使用。它是一种标准化、系列化、通用化程度较高的新型工艺装备。

一、组合夹具的特点

1）良好的通用性，适用范围广。加工工件的复杂程度可不受限制，其外形尺寸范围为 20～600mm，特别适用于多品种、小批量或单件生产。

2）灵活多变，可为生产迅速提供专用夹具。大大缩短设计和制造专用夹具的周期和工作量。

3）节省人力和物力。组合夹具可以长期重复使用，大大节省了设计、制造专用夹具的劳动量、材料、资金和设备。

4）改善管理工作，减小夹具库存面积。

5）组合夹具的元件和部件数量多，精度要求高，一次性投资较大。

6）组合夹具的外形尺寸较大，结构较笨重，各元件间组装连接而成，刚度较低。

二、组合夹具的分类

根据组合夹具组装连接基面的形状，可以将其分为槽系和孔系两大类组合夹具。

槽系组合夹具的连接基面为 T 形槽，元件由键和紧固螺栓等元件联接、定位、紧固。

孔系组合夹具的连接基面为圆柱孔和螺孔组成的坐标孔系。

组合夹具按其尺寸分有小型、中型和大型三种系列，其主要区别在于元件的外形尺寸、T 形槽宽度、螺栓及其螺孔的直径。

三、组合夹具元件

组合夹具的元件，按其用途不同，可以分为基础件、支承件、定位件、导向件、压紧件、紧固件、辅助件及合件共八大类，如图 4-34 所示。

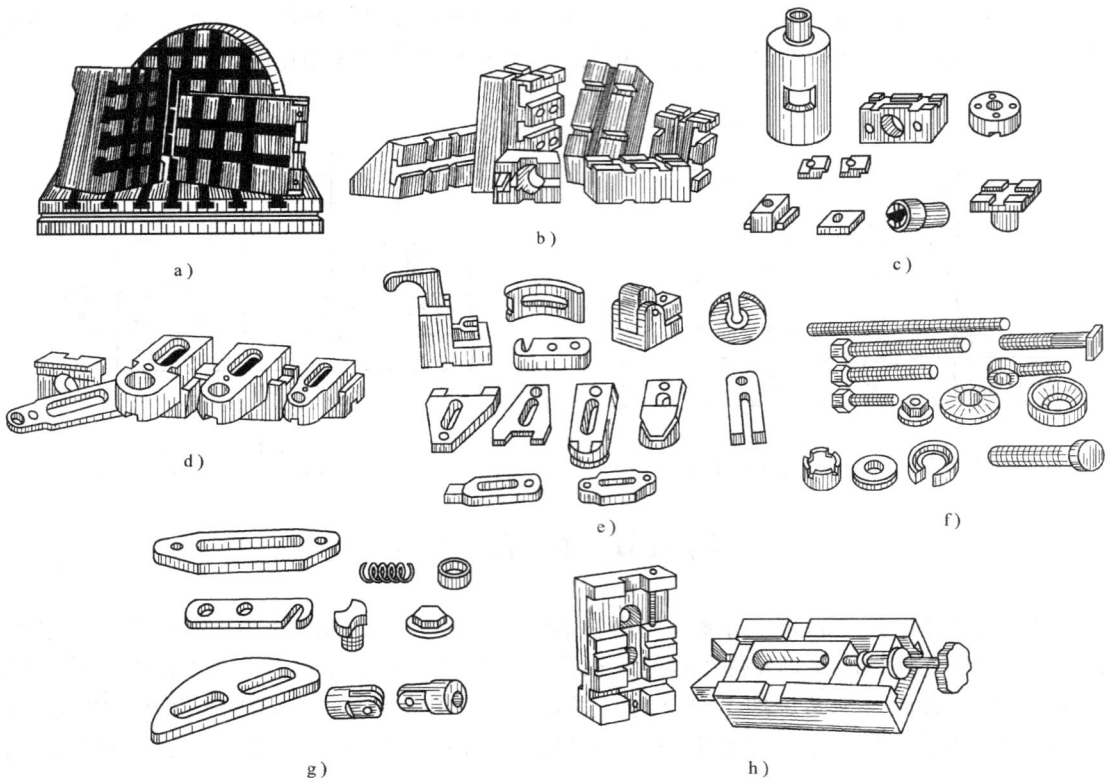

图 4-34　组合夹具元件

a）基础件　b）支承件　c）定位件　d）导向件　e）夹紧件　f）紧固件　g）辅助件　h）合件

1. 基础件

基础件主要作夹具体用，上面有 T 形槽、键槽、光孔和螺纹孔，主要用来定位和紧固其他夹具元件。基础件包括各种规格的方形、矩形、圆形基础和基础角铁四种结构，如图

4-34a所示。

2. 支承件

支承件主要包括各种规格尺寸的方形、长方形支承、伸长板、弯板、弯板支承、垫片、菱形板、V形块等，如图4-34b所示为其中一部分。支承件上一般也有T形槽、键槽、光孔和螺纹孔等，可以将支承件与基础件和其他元件连接成整体，用于不同高度的支承和各种定位支承平面，是夹具体的骨架。

3. 定位件

定位件如图4-34c所示，主要包括各种定位销、定位盘、定位键、定位轴、各种定位支座、定位支承、镗孔支承、顶尖等，定位件主要用于工件的定位和确定元件与元件之间的相对位置。

4. 导向件

导向件如图4-34d所示，主要包括各种规格尺寸的钻套、钻模板、导向支承、镗套等，主要用来确定刀具与工件间相对位置。

5. 夹紧件

夹紧件如图4-34e所示，包括各种形状的压板，用来夹紧工件。

6. 紧固件

紧固件如图4-34f所示，包括各种螺钉、螺栓、螺母、垫圈等，主要用于连接组合夹具元件和紧固工件。

7. 辅助件

辅助件是指除上述六类以外的各种用途的单一件，如连接板、回转压板、浮动块、各种支承钉、支承帽、两爪支承、三爪支承、弹簧、平衡铁等。辅助件有些有明确的用途，有些无固定的用途，但在组装中起着极其重要的辅助作用，如图4-34g所示。

8. 合件

合件是指在组装过程中不拆开使用的独立部件，按用途可以分为定位合件、导向合件、夹紧合件、分度合件等，如图4-34h所示。合件中使用较多的是导向合件和分度合件。

四、组合夹具的组装

按照一定的步骤和要求，把组合夹具的元件组装成加工所需的夹具的过程，称为组合夹具的组装。如图4-35所示是已组装好的加工缸体用的组合夹具。

组合夹具的组装可按下列步骤进行：

1）根据工件的加工图样、加工工艺卡等有关技术资料，了解工件的形状、结构、尺寸大小及形位公差等技术要求，同时考虑工件的加工工艺、使用的设备、刀具、量具、夹具的刚性、质量平衡等因素，以便选定工件的定位、夹紧和装卸等方法。

2）在熟悉资料的同时，根据工件定位基准的特点和夹紧要求，确定工件的定位基面和夹紧部位。选择所需要的定位元件、夹紧元件以及相应的基础件、支承件、辅助件等，初步确定组装方案。

3）按照确定的组装方案先对夹具进行试装，注意各元件

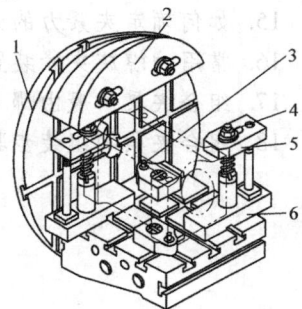

图4-35 组装好的车床夹具
1—基础件 2—辅助件 3—定位件
4—紧固件 5—夹紧件 6—支承件

之间暂时不能紧固，以便根据加工需要，对各主要元件进行调整。试装的主要目的，是检验夹具的组装方案是否切合实际，并对初步的组装方案进行修改和补充，确保组合后夹具结构正确合理。

4）装上定位件，进行各元件的尺寸调整、连接，调整好的元件应及时紧固，以防旋转时甩出。

5）进行全面而仔细的检验。主要检验夹具的总装精度、尺寸精度和相互位置精度。经检验合格后方可交付使用。

本 章 小 结

本章主要介绍了车床夹具的基本内容及相关工艺知识。通过本章的学习，了解夹具及组合夹具的相关知识。掌握工件定位的基本原理和相关知识，学会工件的定位方法，熟悉常用夹紧装置的特点。

复习思考题

1. 什么叫夹具？分为哪几类？
2. 专用夹具的作用是什么？
3. 夹具通常由哪几部分组成？各起什么作用？
4. 什么叫工件的定位？
5. 什么叫基准？分为哪几类？
6. 什么叫六点定位原理？
7. 什么叫工件的完全定位、不完全定位、重复定位、欠定位？试举例说明其特点。
8. 工件以平面定位时，常用哪几种定位元件？各适用于什么场合？
9. 工件以外圆定位时，常用哪几种定位元件？各适用于什么场合？
10. 工件以内孔定位时，常用哪几种心轴？各适用于什么场合？
11. 工件以两孔一面定位时，为什么采用一个短圆柱销和一个削边销？
12. 如何理解夹具误差计算不等式？
13. 定位和夹紧有何区别？
14. 对夹紧装置的基本要求是什么？
15. 如何确定夹紧力的大小、方向和作用点？
16. 常用的螺旋夹紧装置有哪些？其特点各是什么？
17. 组合夹具一般由哪几部分组成？使用组合夹具有何特点？
18. 组合夹具的组装步骤有哪些？

第五章 车 床

教学目标 1. 了解机床型号的含义，能看懂车床说明书，熟悉车床型号。
2. 掌握车床主要部件和机构的工作原理和调整方法。
3. 掌握 CA6140 型卧式车床的传动系统。
4. 了解车床精度对加工质量的影响。

教学重点 机床型号的识读、车床主要部件和机构的工作原理、作用和调整方法、CA6140 型卧式车床的传动系统以及卧式车床精度对加工质量的影响等。

教学难点 车床主要部件和机构的工作原理、作用、调整方法以及 CA6140 型卧式车床的传动系统。

第一节 机 床 型 号

机床是金属切削机床的简称，是机械制造业的主要加工设备。它用切削的方法直接改变金属毛坯的形状和尺寸，使其成为符合图样技术要求的机械零件。

机床型号是机床产品的代号，用以简明地表示机床的类型、特性、主要技术参数等，便于区别、管理和使用。我国目前实行的机床型号，是根据 GB/T15375—1994《金属切削机床型号编制方法》，由汉语拼音字母和阿拉伯数字按一定的规律排列编制而成。机床型号由基本部分和辅助部分组成，中间用"/"隔开，读作"之"。基本部分统一管理，辅助部分是否纳入型号由企业自定。它适用于新设计的各类通用、专用金属切削机床及加工自动线（不包括组合机床、特种加工机床）。型号的构成如图 5-1 所示。

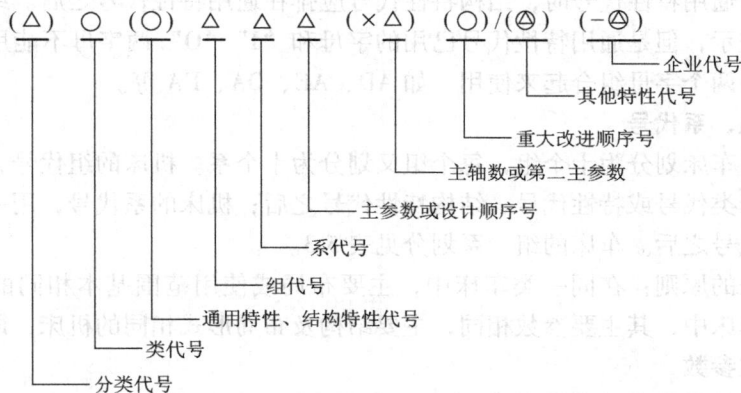

$$(\triangle)\ \bigcirc\ (\bigcirc)\ \triangle\ \triangle\ \triangle\ (\times\triangle)\ (\bigcirc)/(\diamondsuit)\ (-\diamondsuit)$$

企业代号
其他特性代号
重大改进顺序号
主轴数或第二主参数
主参数或设计顺序号
系代号
组代号
通用特性、结构特性代号
类代号
分类代号

注：1. 有"（ ）"的代号或数字，当无内容时，则不表示；若有内容则不带括号。
2. 有"〇"符号者，为大写的汉语拼音字母。
3. 有"△"符号者，为阿拉伯数字。
4. 有"◇"符号者，为大写的汉语拼音字母，或阿拉伯数字，或两者兼有之。

图 5-1 机床型号构成

一、机床类代号

机床按其工作原理、结构性能及使用范围，一般可将其分为十一类。机床的类代号用大写的汉语拼音字母表示，见表 5-1。

表 5-1　机床的类别和分表代号

类别	车床	钻床	镗床	磨床			齿轮加工机床	螺纹加工机床	铣床	刨插床	拉床	锯床	其他机床
代号	C	Z	T	M	2M	3M	Y	S	X	B	L	G	Q
读音	车	钻	镗	磨	二磨	三磨	牙	丝	铣	刨	拉	割	其

二、机床特性代号

机床的特性代号包括通用特性代号和结构特性代号，均用大写的汉语拼音字母表示，位于类代号之后。两者代表的意义有着本质的区别。

1. 通用特性代号

通用特性代号有统一的固定含义，它在各类机床的型号中，表示的意义相同。当某些类型的机床除有普通型外，还有某种通用特性时，则在类代号之后加通用特性代号予以区分。机床的通用特性代号及读音见表 5-2。

表 5-2　机床的通用特性代号

通用特性	高精度	精密	自动	半自动	数控	加工中心（自动换刀）	仿形	轻型	加重型	简式或经济型	柔性加工单元	数显	高速
代号	G	M	Z	B	K	H	F	Q	C	J	R	X	S
读音	高	密	自	半	控	换	仿	轻	重	简	柔	显	速

2. 结构特性代号

对主参数值相同而结构、性能不同的机床在型号中用结构特性代号予以区分，结构特性代号在型号中没有统一含义，只在同类机床中起区分机床结构、性能不同的作用。

当型号中有通用特性代号时，结构特性代号应排在通用特性代号之后。结构特性代号用汉语拼音字母表示，但是通用特性代号已用的字母和"I""O"两字母不能用。当单个字母不够用时，可将两个字母组合起来使用，如 AD、AE、DA、EA 等。

三、机床组、系代号

国家标准将车床划分为十个组，每个组又划分为十个系。机床的组代号，用一位阿拉伯数字表示，位于类代号或特性代号、结构特性代号之后；机床的系代号，用一位阿拉伯数字表示，位于组代号之后。车床的组、系划分见表 5-3。

组、系划分的原则：在同一类车床中，主要布局或使用范围基本相同的车床，即为一组；在同一组车床中，其主要参数相同，主要结构及布局形式相同的机床，即为同一系。

四、机床主参数

机床的主参数是机床的重要技术规格，它表示机床规格的大小并反映机床最大工作能力。

（1）机床的主参数　用折算值（主参数乘以折算系数）表示，位于组、系代号之后，主参数的尺寸单位为毫米（mm）。如 CA6140，主参数的折算值为 40，折算系数为 1/10，即床身上最大回转直径为 400mm。

表 5-3　车床类组、系划分表

组	系	机床名称	组	系	机床名称
仪表车床	00		曲轴及凸轮轴车床	40	旋风切削曲轴车床
	01			41	曲轴车床
	02			42	曲轴主轴颈车床
	03	转塔车床		43	轴颈车床
	04	卡盘车床		44	曲轴连杆
	05	精整车床		45	多刀凸轮轴车床
	06	卧式车床		46	凸轮轴车床
	07			47	凸轮轴中轴颈车床
	08	轴车床		48	凸轮轴端轴颈车床
	09			49	凸轮轴凸轮车床
单轴自动车床	10	主轴箱固定型自动车床	立式车床	50	
	11	单轴纵切自动车床		51	单柱立式车床
	12	单轴横切自动车床		52	双柱立式车床
	13	单轴转塔自动车床		53	单柱移动立式车床
	14			54	双柱移动立式车床
	15			55	工作台移动单柱立式车床
	16			56	
	17			57	定梁单柱立式车床
	18			58	定梁双柱立式车床
	19			59	
多轴自动、半自动车床	20	多轴平行作业棒料自动车床	落地及卧式车床	60	落地车床
	21	多轴棒料自动车床		61	卧式车床
	22	多轴卡盘自动车床		62	马鞍车床
	23			63	轴车床
	24	多轴可调棒料自动车床		64	卡盘车床
	25	多轴可调卡盘自动车床		65	球面车床
	26	立式多轴半自动车床		66	
	27	立式多轴平行作业半自动车床		67	
	28			68	
	29			69	
回轮、转塔车床	30	回轮车床	仿形及多刀车床	70	转塔仿形车床
	31	滑鞍转塔车床		71	仿形车床
	32			72	卡盘仿形车床
	33	滑枕转塔车床		73	立式仿形车床
	34			74	转塔卡盘多刀车床
	35	横移转塔车床		75	多刀车床
	36			76	卡盘多刀车床
	37	立式转塔车床		77	立式多刀车床
	38			78	
	39			79	

（续）

组	系	机床名称	组	系	机床名称
轮、轴、辊、锭及铲齿车床	80	车轮车床	其他车床	90	落地镗车床
	81	车轴车床		91	
	82	动轮曲拐销车床		92	单轴半自动车床
	83	轴颈车床		93	
	84	轧辊车床		94	
	85	钢锭车床		95	
	86			96	
	87	立式车轮车床		97	活塞环车床
	88			98	钢锭模车床
	89	铲齿车床		99	

（2）机床的第二主参数　一般是指主轴数、最大工件长度、最大车削长度和最大模数等。多轴车床的主轴数，以实际轴数列入型号中的主参数折算值之后，并用"×"分开，读作"乘"。单轴可省略，不予表示。

常用的车床主参数及折算系数见表5-4。

表5-4　常用车床主参数、第二主参数及折算系数

车床	主参数		第二主参数	
	参数名称	折算系数	参数名称	折算系数
单轴自动车床	最大棒料直径	1		
多轴自动车床	最大棒料直径	1	轴数	
多轴半自动车床	最大车削直径	1/10	轴数	
四轮车床	最大棒料直径	1		
转塔车床	最大车削直径	1/10		
单柱及双柱立式车床	最大车削直径	1/100	最大工件高度	
落地车床	最大工件回转直径	1/100	最大工件长度	
卧式车床	床身上最大回转直径	1/10	最大工件长度	
铲齿车床	最大工件直径	1/10	最大模数	

五、机床重大改进顺序号

当机床的结构、性能有更高的要求，并需按新产品重新设计、试制和鉴定时，可按改进的先后顺序，将 A、B、C 等汉语拼音字母，加在型号基本部分的尾部（"I"、"O"两个字母不得选用），以区别原机床型号，如 CA6140A 是 CA6140 型车床经过第一次重大改进的车床。

第二节　CA6140 型卧式车床

CA6140 型卧式车床是我国自行设计制造的一种卧式车床。其通用性好，操作方便，结构先进，外形美观，加工精度较高。目前，在我国机械制造业中使用较为广泛。

一、CA6140 型卧式车床的主要技术规格

CA6140 型卧式车床的主要技术规格见表5-5。

表 5-5　CA6140 型卧式车床的主要技术规格

主要技术参数	种类	主要技术参数值
床身上工件最大回转直径 D		$D = 400\text{mm}$
刀架上工件最大回转直径 D_1		$D_1 = 210\text{mm}$
中心高		$H = 205\text{mm}$
最大工件长度	4 种	750mm，1000mm，1500mm，2000mm
最大车削长度	4 种	650mm，900mm，1400mm，1900mm
小滑板最大车削长度	2 种	140mm，165mm
尾座套筒的最大移动长度		150mm
主轴内孔直径		$\phi 52\text{mm}$
主轴前端锥度		莫氏 6 号（Morse No. 6）
尾座套筒锥孔		莫氏 5 号（Morse No. 5）
主轴转速	正转（24 级）	$10 \sim 1400\text{r/min}$
	反转（12 级）	$14 \sim 1580\text{r/min}$
车削螺纹的范围	米制螺纹（44 种）	$1 \sim 192\text{mm}$
	英制螺纹（20 种）	$2 \sim 24$ 牙/in
车削蜗杆的范围	米制蜗杆（39 种）	$0.25 \sim 48\text{mm}$
	英制蜗杆（37 种）	$1 \sim 96$ 牙/in
机动进给量	纵向进给量 $f_纵$（64 种）	$f_纵 = 0.028 \sim 6.33\text{mm/r}$
	横向进给量 $f_横$（64 种）	$f_横 = 0.5 f_纵 = 0.014 \sim 3.16\text{mm/r}$
快速移动速度	纵向快移速度	4m/min
	横向快移速度	2m/min
主电动机	功率	7.5kW
	转速	1450r/min
快速移动电动机	功率	0.25kW
	转速	2800r/min

二、机床传动系统

CA6140 型卧式车床的传动系统如图 5-2 所示。

1. 主轴传动系统（见图 5-3）

（1）传动路线　运动由主电动机经 V 带输入主轴箱中的轴 I，轴 I 上装有一个双向多片式摩擦离合器 M_1，用以控制主轴的起动、停止和换向。离合器 M_1 向左接合时，主轴正转；向右接合时，主轴反转；左、右都不接合时，主轴停转。轴 I 的运动经离合器 M_1 和轴 I—III 间变速齿轮传至轴 IV，然后分两路传至主轴。当主轴 VI 上的齿轮式离合器 M_2 脱开时，运动由轴 III 经齿轮副 $\dfrac{63}{50}$ 直接传给主轴，使主轴得到高转速；当 M_2 接合时，运动由轴 III—IV—V 间的齿轮机构和齿轮副 $\dfrac{26}{58}$ 传给主轴，使主轴获得中、低转速。主运动传动链的传动路线表达式如下：

$$\text{主电动机}-\frac{\phi130}{\phi230}-\text{I}-\left[\begin{array}{l}\overrightarrow{M_1}-\left[\begin{array}{c}\frac{51}{43}\\ \frac{56}{38}\end{array}\right]\ (\text{正转})\\ \overleftarrow{M_1}-\frac{50}{34}-\text{VII}-\frac{34}{30}\ (\text{反转})\end{array}\right]-\text{II}-\left[\begin{array}{c}\frac{22}{58}\\ \frac{30}{50}\\ \frac{39}{41}\end{array}\right]-\text{III}-\left[\begin{array}{l}\left[\begin{array}{c}\frac{20}{80}\\ \frac{50}{50}\end{array}\right]-\text{IV}-\left[\begin{array}{c}\frac{20}{80}\\ \frac{51}{50}\end{array}\right]-\text{V}-\frac{26}{58}-M_2\\ \frac{63}{50}\end{array}\right]-\text{VI}\ (\text{主轴})$$

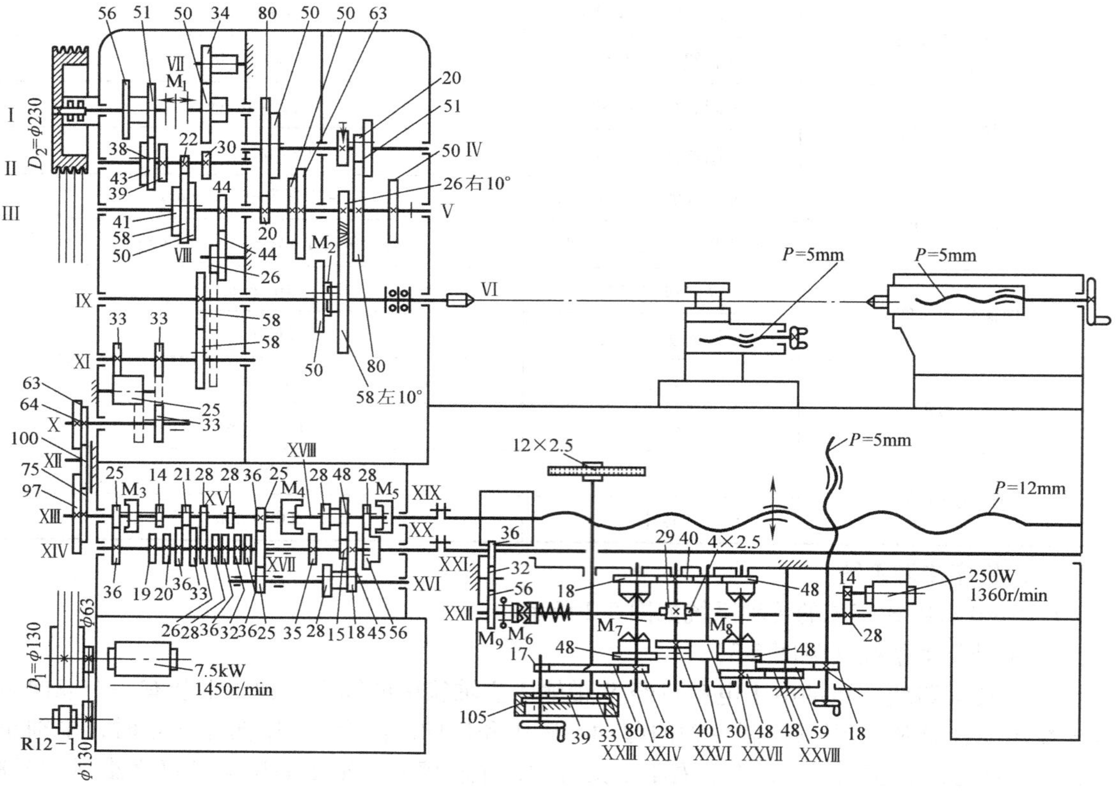

图 5-2　CA6140 型车床传动系统

（2）主轴转速级数　根据上述主轴箱传动系统传动路线的分析可知：主轴可获得 24 级正转转速（10～1400r/min）及 12 级反转转速（14～1580r/min）。

（3）主轴转速的计算　主轴的转速可按下列传动链方程式计算

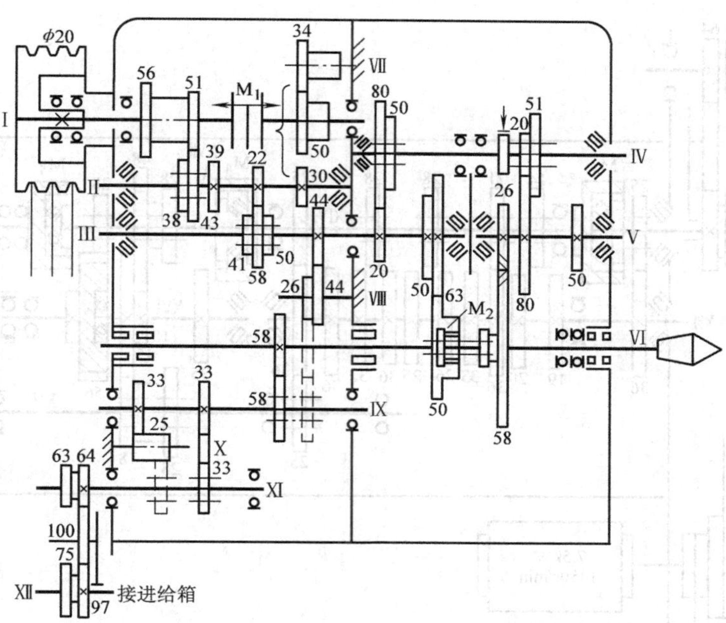

图 5-3　CA6140 型车床主轴箱传动系统

$$n_{主轴} = n_{电动机} \times \frac{d_1}{d_2} \times \varepsilon \times i \ (\text{r/min}) \tag{5-1}$$

式中　$n_{电动机}$——主电动机转速（r/min）；

$\quad\quad\quad d_1$——主动带轮直径（mm）；

$\quad\quad\quad d_2$——从动带轮直径（mm）；

$\quad\quad\quad \varepsilon$——带传动的滑动系数（$\varepsilon = 0.98$）；

$\quad\quad\quad i$——主轴箱中齿轮总传动比。

例 5-1　试计算 CA6140 型车床主轴正转时的最高及最低转速。

解　根据式（5-1）

$$n_{主轴最高} = n_{电动机} \times \frac{d_1}{d_2} \times \varepsilon \times i = 1450\text{r/min} \times \frac{130\text{mm}}{230\text{mm}} \times 0.98 \times \frac{56}{38} \times \frac{39}{41} \times \frac{63}{50} \approx 1400\text{r/min}$$

$$n_{主轴最低} = n_{电动机} \times \frac{d_1}{d_2} \times \varepsilon \times i$$

$$= 1450\text{r/min} \times \frac{130\text{mm}}{230\text{mm}} \times 0.98 \times \frac{51}{43} \times \frac{22}{58} \times \frac{20}{80} \times \frac{20}{80} \times \frac{26}{58}\text{r/min} \approx 10\text{r/min}$$

主轴反转时，轴Ⅰ—Ⅱ间的传动比大于正转时的传动比，所以反转转速高于正转。主轴反转主要用于车螺纹时，在不断开主轴和刀架间传动系统的情况下，使刀架退至起始位置采用较高转速，可节省辅助时间。

2. 进给箱传动系统（见图 5-4）

通过进给箱传动系统可车削米制、英制、模数和径节四种标准螺纹；此外，还可以车削大导程、非标准和较精密的螺纹；这些螺纹可以是右旋的，也可以是左旋的。

在正常螺距和标准进给量范围内进行车削时，运动由主轴Ⅵ经传动比为 $\frac{58}{58}$ 的齿轮副传动

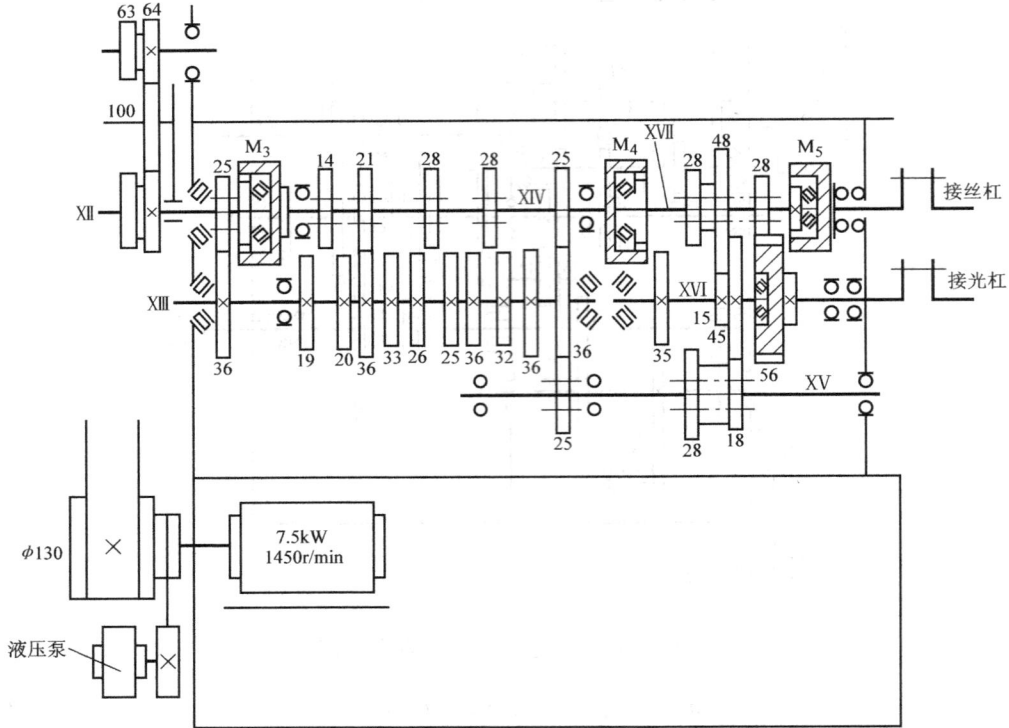

图 5-4　CA6140 型车床进给箱传动系统

给轴Ⅸ，然后经换向机构$\frac{33}{33}$（车削右旋螺纹）或$\frac{33}{25}\times\frac{25}{33}$（车削左旋螺纹）传给交换齿轮箱上的轴Ⅺ。车削螺纹时交换齿轮选 63、100、75；车削蜗杆时交换齿轮选 64、100、97。运动经交换齿轮变速后，传至进给箱内轴Ⅻ。

车螺纹时，必须保证主轴每转一转，刀具准确地移动被加工螺纹一个导程的距离，而且它应等于此时丝杠在转 $i\times1$ 转内通过开合螺母带动刀具所移动的距离。据此，可列出螺纹进给传动系统的传动链方程式

$$P_工 = 1\times iP_丝 \tag{5-2}$$

式中　$P_工 = nP$——被加工螺纹的导程（mm）；

　　　　n——螺纹线数；

　　　　P——螺纹的螺距（mm）；

　　　　i——主轴至丝杠间全部传动机构的总传动比；

　　　　$P_丝$——主轴丝杠的导程（mm，CA6140 型车床的 $P_丝=12\text{mm}$）。

（1）车削米制螺纹和米制蜗杆（即模数蜗杆）

1）传动路线：车削米制螺纹和米制蜗杆时，在进给箱内的传动路线是相同的。即离合器 M_3、M_4 脱开，M_5 接合。运动由轴Ⅻ经齿轮副$\frac{25}{36}$传至轴Ⅷ，进而由轴Ⅷ—Ⅻ间的 8 级滑移齿轮变速机构（基本螺距机构）传给轴ⅩⅣ，然后经齿轮副$\frac{25}{36}\times\frac{36}{25}$传给轴ⅩⅤ，再经轴ⅩⅤ—Ⅻ间的两组滑移齿轮变速机构（增倍机构）和离合器 M_5 驱动丝杠Ⅻ转动。合上溜

板箱中的开合螺母，使其与丝杠啮合，便带动刀架纵向移动，于是可车削不同螺距的螺纹。车削米制螺纹时的传动链结构式如下：

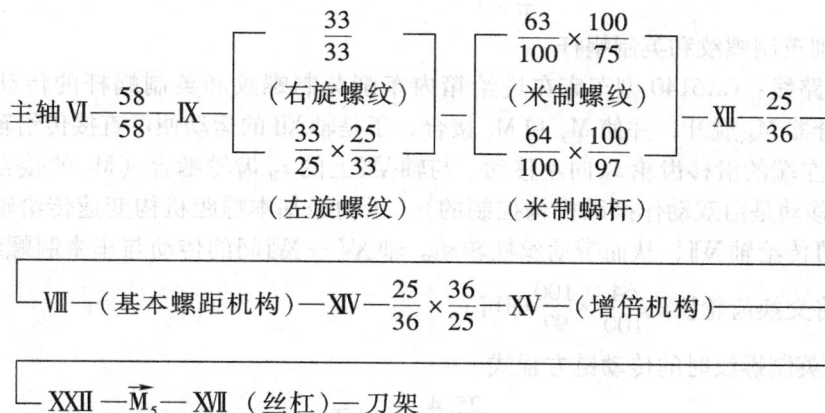

$$主轴 Ⅵ—\frac{58}{58}—Ⅸ—\begin{bmatrix} \frac{33}{33} \\ （右旋螺纹） \\ \frac{33}{25}×\frac{25}{33} \\ （左旋螺纹） \end{bmatrix}—\begin{bmatrix} \frac{63}{100}×\frac{100}{75} \\ （米制螺纹） \\ \frac{64}{100}×\frac{100}{97} \\ （米制蜗杆） \end{bmatrix}—Ⅻ—\frac{25}{36}$$

$$—Ⅷ—（基本螺距机构）—ⅩⅣ—\frac{25}{36}×\frac{36}{25}—ⅩⅤ—（增倍机构）—$$

$$—ⅩⅫ—\overrightarrow{\text{M}_5}—ⅩⅦ（丝杠）—刀架$$

2）车削米制螺纹时的传动链方程式

$$P_工 = nP = 1 × i_米 × P_丝 \tag{5-3}$$

式中　$P_工$——被加工螺纹的导程（mm）；

　　　$i_米$——车米制螺纹时，主轴至丝杠全部传动机构总传动比；

　　　$P_丝$——车床丝杠的导程（mm）。

例 5-2　当进给箱中齿轮处在如图 5-4 所示啮合位置时，试计算所车米制螺纹（右旋）的导程。

解　根据式（5-3）

$$P_工 = nP = 1 × i_米 × P_丝$$

$$= 1 × \frac{58}{58} × \frac{33}{33} × \frac{63}{100} × \frac{100}{75} × \frac{25}{36} × \frac{36}{21} × \frac{25}{36} × \frac{36}{25} × \frac{18}{45} × \frac{15}{48} × 12\text{mm} = 1.5\text{mm}$$

3）车削米制蜗杆时的传动链方程式

$$\pi m_x n = 1 × i'_米 × P_丝 \tag{5-4}$$

即

$$m_x = \frac{1 × i'_米 × P_丝}{\pi n}$$

式中　$i'_米$——车米制蜗杆时主轴至丝杠间全部传动机构的总传动比；

　　　$\pi m_x n$——米制蜗杆导程（mm）；

　　　m_x——蜗杆轴向模数（mm）；

　　　n——蜗杆头数；

　　　$P_丝$——车床丝杠的导程（mm）。

例 5-3　若进给箱中轴Ⅷ上的齿轮 z_{32} 与轴ⅩⅣ上的齿轮 z_{28} 啮合，轴ⅩⅤ上的双联滑移齿轮 z_{28} 与轴ⅩⅥ上的 z_{35} 齿轮啮合，同时 z_{35} 又与轴ⅩⅦ上双联滑移齿轮 z_{28} 啮合，试求出车削单线左旋米制蜗杆的模数。

解　根据式（5-4）有

$$m_x = \frac{1 × i'_米 × P_丝}{\pi n}$$

$$= \cfrac{1 \times \frac{58}{58} \times \frac{33}{25} \times \frac{25}{33} \times \frac{64}{100} \times \frac{100}{97} \times \frac{25}{36} \times \frac{32}{28} \times \frac{25}{36} \times \frac{36}{25} \times \frac{28}{35} \times \frac{35}{28} \times 12}{\pi \times 1} \text{mm} = 2\text{mm}$$

（2）车削英制螺纹和英制蜗杆

1）传动路线：CA6140 型车床在进给箱内车削英制螺纹和英制蜗杆的传动路线相同。即首先将离合器 M_4 脱开，并使 M_3 和 M_5 接合，于是轴Ⅻ的运动便可直接传给轴ⅩⅣ；与此同时，轴ⅩⅤ左端的滑移齿轮 z_{25} 向左移动，与轴Ⅷ上的 z_{36} 齿轮啮合（M_3 的接合与轴ⅩⅤ左端 z_{25} 齿轮的移动是由双动作操纵机构控制的），运动经基本螺距机构变速传给轴ⅩⅤ，再由轴ⅩⅤ经轴ⅩⅥ传给轴ⅩⅦ，从而带动丝杠转动。轴ⅩⅤ—ⅩⅦ间的传动与车米制螺纹相同（车英制蜗杆时将交换齿轮换成 $\frac{64}{100} \times \frac{100}{97}$ 即可）。

2）车削英制螺纹时的传动链方程式

$$n = \frac{25.4}{1 \times i_{英} \times P_{丝}} \quad （牙/in） \tag{5-5}$$

式中　n——被加工螺纹每英寸（25.4mm）内的牙数；

　　　$i_{英}$——车英制螺纹时从主轴至丝杠间全部传动机构的总传动比；

　　　$P_{丝}$——车床丝杠的导程（mm）。

3）车削英制蜗杆时的传动链方程式

$$D_P = \frac{25.4 \times n\pi}{1 \times i_{英} \times P_{丝}}$$

式中　D_P——英制蜗杆的径节（mm）；

　　　n——英制蜗杆头数；

　　　$i_{英}$——车英制蜗杆时主轴至丝杠间全部传动机构的总传动比；

　　　$P_{丝}$——车床丝杠的导程（mm）。

（3）车削精密螺纹和非标准螺纹的传动路线　当车削精密螺纹时，必须设法减少系统的传动误差，要求尽量缩短传动链，以提高加工螺纹的螺距精度。为此，车削时可将进给箱中的离合器 M_3、M_4、M_5 全部接合，使轴Ⅻ、ⅩⅣ、ⅩⅦ和丝杠连成一体，把运动直接从轴Ⅻ传至丝杠。车削工件螺纹的导程可通过在交换齿轮箱中选择精密或专用的交换齿轮以调整螺距而得到。

在车削非标螺距螺纹时，由于在进给箱上的铭牌中查找不到相应的螺距，为此也可按车精密螺纹的方法，使轴Ⅻ与轴ⅩⅦ直通。

车精密螺纹或非标准螺距螺纹的传动链表达式为：

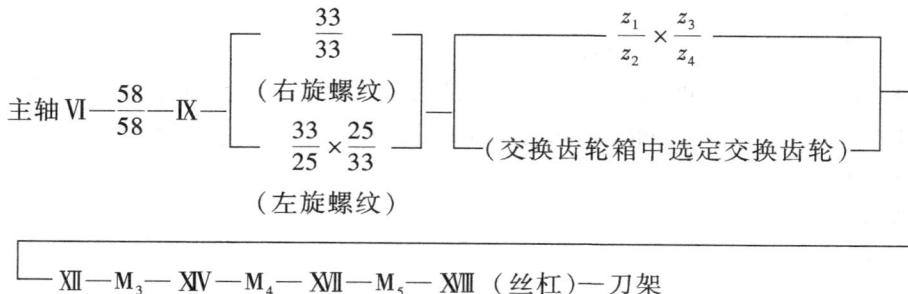

主轴Ⅵ—$\frac{58}{58}$—Ⅸ—$\begin{bmatrix} \frac{33}{33} \\ （右旋螺纹） \\ \frac{33}{25} \times \frac{25}{33} \\ （左旋螺纹） \end{bmatrix}$—$\begin{Bmatrix} \frac{z_1}{z_2} \times \frac{z_3}{z_4} \\ （交换齿轮箱中选定交换齿轮） \end{Bmatrix}$—

—Ⅻ—M_3—ⅩⅣ—M_4—ⅩⅦ—M_5—ⅩⅧ（丝杠）—刀架

　　由于车削精密螺纹或非标准螺距螺纹与车削普通标准螺纹一样，应该满足：当工件（主轴）转一圈，车刀必须移动一个工件导程，亦即车床丝杠移动的距离等于一个工件导程。而车刀每分钟移动的距离应等于工件转速与工件导程的乘积，当然也等于丝杠的转速与丝杠导程的乘积。即

$$n_{丝} \times P_{工} = n_{丝} \times P_{丝}$$

　　有

$$\frac{n_{丝}}{n_{工}} = \frac{P_{工}}{P_{丝}}$$

式中　$n_{丝}$——车床丝杠转速（r/min）；

　　　　$n_{工}$——工件的转速（r/min）；

　　　　$P_{工}$——工件的导程（mm）；

　　　　$P_{丝}$——车床丝杠的导程，CA6140 型车床 $P_{丝} = 12\mathrm{mm}$。

$\frac{n_{丝}}{n_{工}} = i$ 称为速比，亦即交换齿轮箱中交换齿轮的传动比。

　　即

$$i = \frac{n_{丝}}{n_{工}} = \frac{z_1}{z_2} \times \frac{z_3}{z_4}$$

式中　z_1、z_3——主动齿轮；

　　　　z_2、z_4——从动齿轮。

　　于是

$$\frac{P_{工}}{P_{丝}} = \frac{P_{工}}{12} = \frac{z_1}{z_2} \times \frac{z_3}{z_4} \tag{5-6}$$

　　根据式（5-6）计算交换齿轮时，有时只需一对齿轮就可得到要求的速比，即 $i = \frac{z_1}{z_2}$，称之为单式轮系；有时需要两对齿轮才能得到要求的速比，即 $i = \frac{z_1}{z_2} \times \frac{z_3}{z_4}$，称之为复式轮系（见图 5-5）。

　　为了适应车削各种螺距螺纹的需要，一般可配备下列齿数的交换齿轮：20，25，30，35，40，45，50，55，60，65，70，75，80，85，90，95，100，105，110，115，120，127。

　　在应用式（5-6）时，必须使工件螺距与丝杠螺距的单位相同，才能代入公式进行运算，计算出来的交换齿轮必须符合啮合规则。

　　对于单式交换齿轮，一般要求 z_1 不能大于 80 齿。复式轮系则应同时满足以下两个啮合规则

$$\begin{cases} z_1 + z_2 > z_3 + 15 \\ z_3 + z_4 > z_2 + 15 \end{cases}$$

　　若计算出的交换齿轮复式轮系不符合啮合规则，在交换齿轮架上进行组装搭配时，有时其中一个交换齿轮会顶住另一个交换齿轮的心轴，使交换齿轮无法正常啮合，如图 5-5c 所示，此时可按如下三个原则进行调整：

　　1）主动轮与从动轮的齿数可以同时成倍地增大或缩小，如

$$\frac{z_1}{z_2} \times \frac{z_3}{z_4} = \frac{40}{60} \times \frac{36}{48} = \frac{50}{75} \times \frac{60}{80} = \frac{60}{90} \times \frac{75}{100} = \cdots$$

　　2）主动轮与主动轮或从动轮与从动轮可以互换位置，如

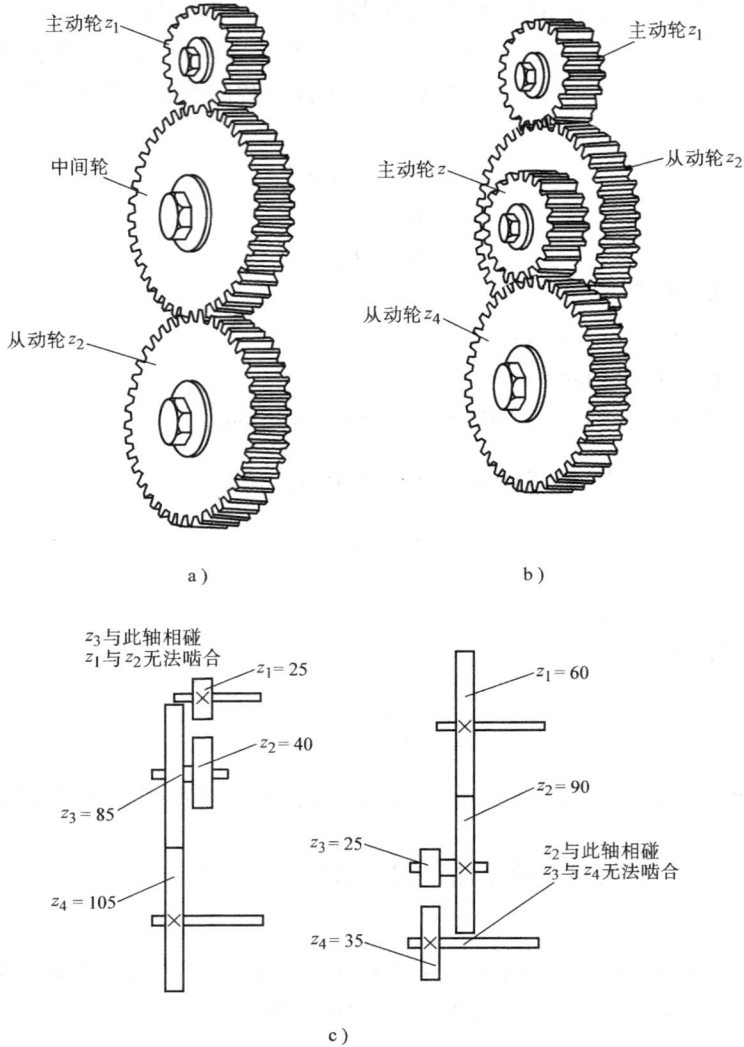

图 5-5　交换齿轮轮系

$$\frac{z_1}{z_2} \times \frac{z_3}{z_4} = \frac{40}{60} \times \frac{36}{48} = \frac{36}{60} \times \frac{40}{48} = \frac{40}{48} \times \frac{36}{60}$$

3）主动轮与主动轮或从动轮与从动轮的齿数可以互借倍数，如

$$\frac{z_1}{z_2} \times \frac{z_3}{z_4} = \frac{40}{60} \times \frac{36}{48} = \frac{40}{30} \times \frac{36}{96}$$

在单式轮系中，如果选用的两个齿轮齿数太少，在选用最大的中间齿轮也无法啮合时，同样可以采用主动轮与从动轮齿数同时增大倍数的方法。

应当注意，在某些车床上，交换齿轮的上轴与主轴的距离较近。如 z_1 选择太大，会碰到主轴，而无法装配。所以 z_1 应选择得小一些，一般不大于 80 齿。

交换齿轮在装上齿轮轴架上时，必须注意啮合间隙。其啮合间隙调整至 0.1 ~ 0.15mm，以能随手转动为合适，然后拧紧交换齿轮心轴端面的紧固螺钉。

例 5-4 在 CA6140 型车床上加工螺距为 1.5mm 的精密螺纹，试计算采用直连丝杠时的交换齿轮。

解 依题意知 $P_{工} = 1.5\text{mm}$，$P_{丝} = 12\text{mm}$，根据式（5-6）有

$$i = \frac{P_{工}}{P_{丝}} = \frac{z_1 \times z_3}{z_2 \times z_4} = \frac{1.5}{12} = \frac{1.5 \times 4}{12 \times 4} = \frac{6}{48} = \frac{2 \times 3}{12 \times 4} = \frac{20 \times 45}{120 \times 60}$$

因为 $20 + 120 > 45 + 15$，$45 + 60 < 120 + 15$

所以   不符合啮合原则，若更换两被动齿轮，成为如下搭配形式

$$i = \frac{20 \times 45}{60 \times 120}$$

有 $20 + 60 > 45 + 15$，$45 + 120 > 60 + 15$ 符合啮合原则。

所以 $z_1 = 20$，$z_2 = 60$，$z_3 = 45$，$z_4 = 120$

在车削英制蜗杆或英制螺纹，要计算交换齿轮的齿数时，会遇上特殊因子 π 或英寸如何转化成与车床丝杠导程单位（mm）相同的问题。通常可采用下列方式处理

$$\pi = \frac{22}{7} \quad 或 \quad 25.4 = \frac{127}{5}$$

若加工的蜗杆精度较高，可查有关的交换齿轮手册，取与 π 值更接近的替代值。

在车床的交换齿轮中有一个特制的 127 牙的齿轮，这个齿轮就是作为米制车床车英制螺纹或英制车床车米制螺纹用的。

4）车削扩大螺距螺纹的传动路线 在车床上有时车削螺距大于 12mm 的工件时，如需要加工大螺距的螺旋槽（油槽或多线螺纹等），就需使用扩大螺距传动路线。即要求工件（主轴）转一转，而刀架相应移动一个较大的距离。为此，必须提高丝杠的转速，同时降低主轴的转速。其具体方法是将轴Ⅸ右端的滑移齿轮 z_{58} 向右移（见图 5-2 中虚线位置），使之与轴Ⅷ的齿轮 z_{26} 啮合。同时将主轴的离合器 M_2 向右接合，使主轴Ⅵ处于低速状态，而且主轴与轴Ⅸ之间不再是通过齿轮副 $\frac{58}{58}$ 直接传动。此时轴Ⅸ的转速比主轴转速高 4 倍和 16 倍，从而使车出的螺纹导程也相应地扩大 4 倍和 16 倍。自轴Ⅸ至丝杠之间的传动与正常螺距时相同。

使用扩大螺距时须注意，主轴箱中Ⅳ轴上的两组滑移齿轮的啮合位置对加工螺纹导程的扩大倍数有直接影响。当主轴转速在 10～32r/min 的范围内时，导程可以扩大 16 倍；主轴转速在 40～125r/min 的范围内时，可扩大 4 倍；若主轴转速更高时，导程就不能扩大了。所以在使用扩大螺距时，主轴转速只能在上述范围内变换。

3. 溜板箱传动系统（见图 5-6）

（1）机动进给传动路线 进给箱的运动经轴ⅩⅦ右端 z_{28} 齿轮与ⅩⅥ轴上 z_{56} 齿轮啮合传至光杠ⅩⅨ（此时轴ⅩⅦ上的离合器 M_5 脱开，使轴ⅩⅦ不能驱动丝杠转动），再由光杠经溜板箱中的齿轮副 $\frac{36}{32} \times \frac{32}{56}$、超越离合器 M_6、安全离合器 M_7、轴ⅩⅩ及蜗杆副 $\frac{4}{29}$ 传至轴ⅩⅪ。当运动由轴ⅩⅪ经齿轮副 $\frac{40}{48}$ 或 $\frac{40}{30} \times \frac{30}{48}$、双向离合器 M_8、轴ⅩⅫ、齿轮副 $\frac{28}{80}$ 传至小齿轮 z_{12}，驱动小齿轮在齿条上转动时，便可带动床鞍及刀架做纵向机动进给；当运动由轴ⅩⅪ经齿轮副 $\frac{40}{48}$ 或 $\frac{40}{30}$

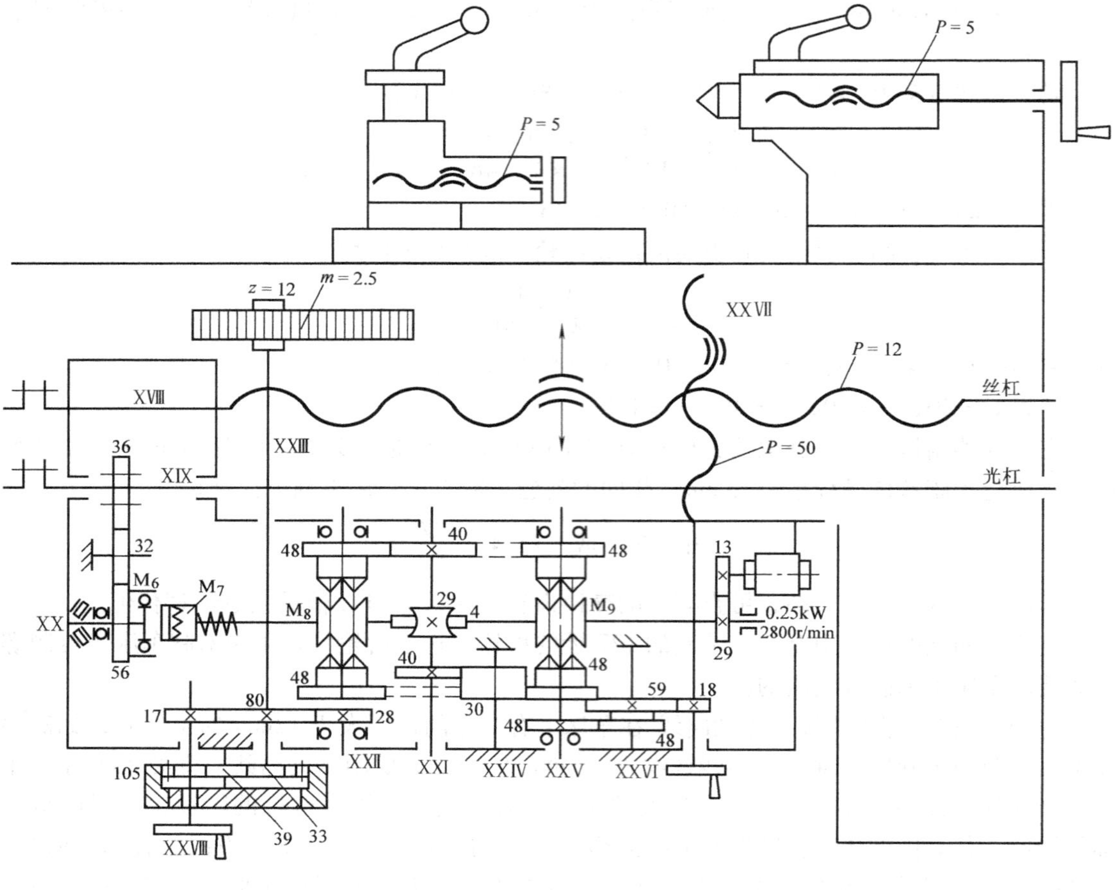

图 5-6　CA6140 型车床溜板箱传动系统

$\times \dfrac{30}{48}$、双向离合器 M_9、轴 **XXV** 及齿轮副 $\dfrac{48}{48} \times \dfrac{59}{18}$ 传至中滑板丝杠 **XXVⅡ** 后，经中滑板丝杠、螺母副带动中滑板及刀架做横向机动进给。

由传动分析可知，横向机动进给在与纵向进给路线一致时，所得的横向进给量约是纵向进给量的一半。

进给运动还有大进给量和小进给量之分。当主轴箱上手柄位于"扩大螺距"处时，若 M_2 向右接合（则主轴处于低转速），是大进给量；若 M_2 向左接合，（主轴处于高转速）为小进给量，又称高速细进给量。

（2）刀架快速移动传动路线　当刀具需要快速趋近或退离加工部位时，可以通过按下溜板箱右侧的快速操纵手柄上的按钮，起动快速电动机（0.25kW、2800r/min）来实现传动。快速电动机的运动经齿轮副 $\dfrac{13}{29}$ 传至轴 **XX**，然后再经溜板箱内与机动工作进给相同的传动路线传至刀架，使其实现纵向和横向的快速移动。当快速电动机使传动轴 **XX** 快速旋转时，依靠齿轮 z_{56} 与轴 **XX** 间的超越离合器 M_6，可避免与进给箱传来的慢速工作进给运动发生干涉。若松开手柄顶部按钮，则快速电动机立即停转，于是刀架快速移动停止。

第三节 卧式车床的主要部件和机构

一、主轴部分

主轴部分是车床最重要的关键部分。车削时，工件装夹在主轴上的夹具中，并带动工件做旋转运动，切削加工时承受很大的切削力。主轴的旋转精度、刚度、抗振性和热变形等因素，都会直接影响被加工工件的加工精度和表面粗糙度。因此对车床主轴及其支承都有较严格的技术要求。图 5-7 所示为 CA6140 型车床主轴部件。

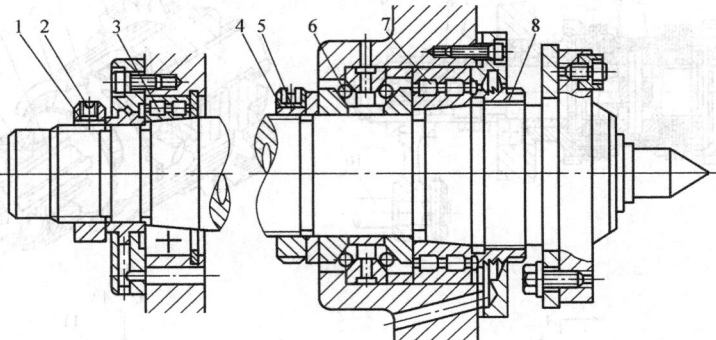

图 5-7 CA6140 型车床主轴部件
1、4、8—螺母 2、5—双列螺钉 3、7—双列圆柱
滚子轴承 6—推力角接触球轴承

为了保证主轴的刚度和抗振性，一般采用前、中、后三个支承。前支承有一个双列圆柱滚子轴承 7（NN3021K/P5）和一个 60°双向推力角接触球轴承 6（51120/P5）的组合形式，分别承受切削过程中产生的背向力和正反方向的进给力。

后支承用一个双列圆柱滚子轴承 3（NN3015K/P6），用于承受背向力。主轴中部用一个圆柱滚子轴承（NU216）作为辅助支承（图中未画出）。用于防止主轴受切削力时产生一定的挠度。这种结构在重载荷工作条件下能保持良好的刚性和平稳性。

主轴前、后支承所采用的双列圆柱滚子轴承，其刚度、旋转精度高，承载能力大，且内圈较薄，内孔是 C = 1:12 的锥孔，与轴颈处锥面配合。当轴承磨损使其径向间隙增大而影响机床回转精度和刚度时，可以较方便地通过调整主轴轴颈相对轴承内圈间的轴向位置，来调整轴承的径向间隙。

（1）前轴承的调整方法 用螺母 4 和 8 调整。调整时，先适当拧松螺母 8。然后，拧松螺钉 5，再拧紧螺母 4，使轴承 7 的内圈相对主轴锥形轴颈向右移动。由于锥面的作用，轴承内圈产生径向弹性膨胀，将滚子与内、外圈之间的间隙减小。调整合适后，应将锁紧螺钉和螺母拧紧。

（2）后轴承的调整方法 后轴承 3 的间隙可用螺母 1 调整。其调整方法与前轴承相同，注意采用"逐步逼紧"法，不能拧紧过度。一般情况下，只需调整前轴承即可，只有当调整前轴承后仍不能达到要求的回转精度时，才需调整后轴承。

二、离合器

离合器用来使同轴线的两轴或轴与轴上的空套传动件随时接合或脱开，以实现机床运动的起动、停止、变速、换向和过载保护等。

离合器的种类很多，CA6140型车床的离合器主要有多片式摩擦式离合器、啮合式离合器、超越离合器和安全离合器等。

1. 多片式摩擦离合器

CA6140型车床主轴箱的开停和换向装置，采用机械双向多片式摩擦离合器，如图5-8所示。它由结构相同的左、右两部分组成，左离合器传动主轴正转，右离合器传动主轴反转。现以左离合器为例，说明其结构、原理。

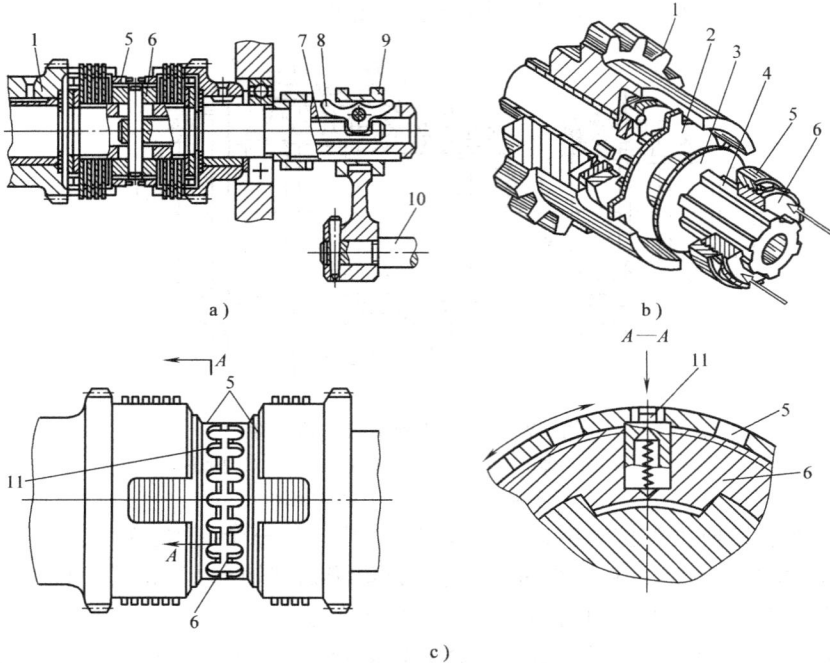

图5-8　多片式摩擦离合器

a）结构图　b）原理图　c）多片式摩擦离合器的调整

1—齿轮　2—外摩擦片　3—内摩擦片　4—轴　5—加压套　6—螺圈
7—杆　8—摆杆　9—滑环　10—操纵装置　11—弹簧销

该离合器由若干形状不同的内、外摩擦片交叠组成。利用摩擦片在相互压紧时的接触面之间所产生的摩擦力传递运动和转矩。带花键孔的内摩擦片3与轴4上的花键相联结；外摩擦片2的内孔是光滑圆孔，空套在轴的花键外圆上。该摩擦片外圆上有四个凸齿，卡在空套齿轮1右端套筒部分的缺口内。其内、外摩擦片相间排列，在未被压紧时，它们互不联系，主轴停转。当操纵装置10（见图5-8a）将滑环9向右移动时，杆7（在花键轴的孔内）上的摆杆8绕支点摆动，其下端就拨动杆向左移动。杆左端有一固定销，使螺圈6及加压套5向左压紧左边的一组摩擦片，通过摩擦片间的摩擦力，将转矩由轴传给空套齿轮，使主轴正转。当滑环在中间位置时，左、右两组摩擦片都处在放松状态，轴4的运动不能传给齿轮，主轴即停止转动。

多片式摩擦离合器的间隙要适当，不能过大或过小。若间隙过大，会减小摩擦力，影响车床功率的正常传递，并易使摩擦片磨损；间隙过小，在高速车削时，会因发热而"闷车"，从而损坏车床。其间隙的调整如图 5-8b 及图 5-8c 所示。调整时，先切断车床电源，打开主轴箱盖，用螺钉旋具把弹簧销 11 从加压套 5 的缺口中压下，然后转动加压套，使其相对于螺圈 6 做小量轴向移动，即可改变摩擦片间的间隙，从而调整摩擦片间的压紧力和所传递转矩的大小。待间隙调整合适后，再让弹簧销从加压套的任一缺口中弹出，以防止加压套在旋转中松脱。

2. 啮合式离合器

啮合式离合器是利用零件上两个相互啮合的齿爪传递运动和转矩的。根据其结构和形状的不同可分为牙嵌式和齿轮式两种。

（1）牙嵌式离合器　由两个端面带齿爪的零件组成，如图 5-9a、b 所示。离合器 2 用导向键（或花键）3 与轴 4 连接，带有离合器的齿轮 1 空套在轴上，通过齿爪的啮合或脱开，便可将齿轮与轴连接而一起转动，或使齿轮在轴上空转。

（2）齿轮式离合器　分别由具有直齿圆柱齿轮形状的一对内、外齿轮组成。当它们相互啮合时，便可将空套齿轮与轴（见图 5-9c）或同轴线的两轴（见图 5-9d）连接而一起旋转。它们相互脱开时，传动链被脱开。

啮合式离合器结构简单、紧凑，接合后不会产生相对滑动，传动比准确。但在转动中接合会发生冲击，所以只能在很低转速或停转时接合，操作不太方便。如进给箱中的 M_3、M_4、M_5 就是齿轮式离合器。

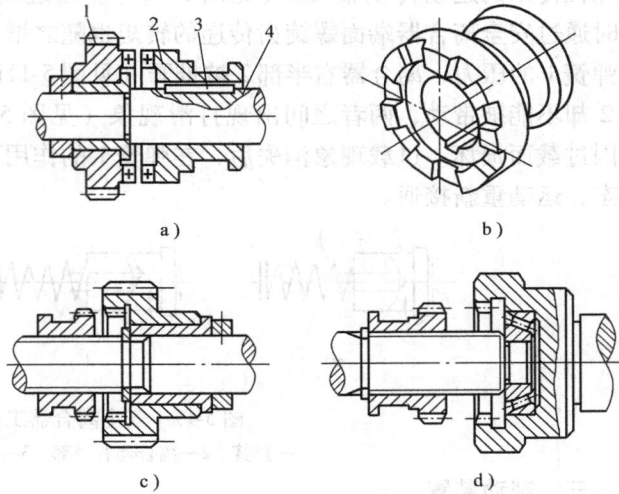

图 5-9　啮合式离合器
a)、b) 牙嵌式　c)、d) 齿轮式
1—齿轮　2—离合器　3—导向键　4—轴

3. 超越离合器

CA6140 型车床的溜板箱内设有快速移动装置。超越离合器能实现快速移动和慢速移动的自动转换。其工作原理如图 5-10 所示。它由星形体 4、三个滚柱 3、三个弹簧销 7 以及与齿轮 2 连成一体的套筒 m 组成。齿轮 2 空套在轴Ⅱ上，星形体 4 用键与轴Ⅱ连接。当慢速运动由轴Ⅰ经齿轮副 1 和 2 传来，套筒 m 逆时针转动，依靠摩擦力带动滚柱 3 向楔缝小的地方运动，并楔紧在星形体 4 和套筒 m 之间，从而带动星形体和轴Ⅱ一起旋转。当齿轮 2 以慢速继续转动的同时，起动快速电动机 M，则经齿轮副 6 和 5 传给轴Ⅱ，带着星形体 4 逆时针快速转动。由于星形体的运动超前于套筒 m，于是滚柱 3 压缩弹簧销 7 并离开楔缝，套筒 m 与星形体之间的运动联系便自动断开。当快速电动机停止转动时，慢速运动又重新接通。这种结构的超越离合器，由于传入的快速和慢速运动都只能是单方向的，因而轴Ⅱ的快慢速运动方向是固定不变的，所以也称之为单向超越离合器。

4. 安全离合器

安全离合器 M_6（见图 5-2）是进给过载保护装置，工作原理如图 5-11 所示。它由端面带螺旋形齿爪的左、右两半部 3、2 和弹簧 1 组成。左半部由光杠带动旋转，空套在轴ⅩⅫ

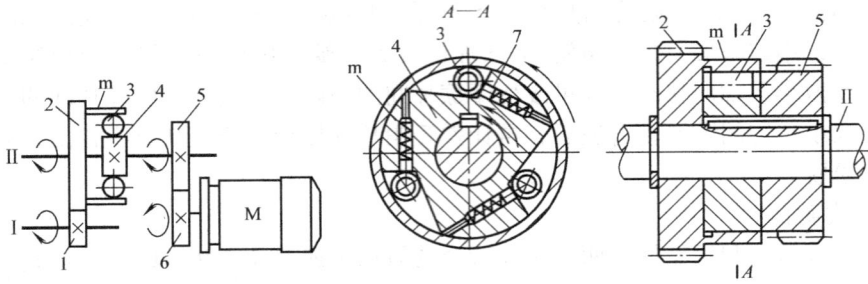

图 5-10 越超离合器

1、2、5、6—齿轮 3—滚柱 4—星形体 7—弹簧销

上，右半部用键与轴XIII连接。正常机动进给时，在弹簧1的压力作用下，两半部相互啮合，把光杠传来的运动传至轴XII（见图5-11a）。当进给运动出现过载时，轴XII的转矩增大，这时通过安全离合器端面螺旋齿传递的转矩也随之增加，致使端面螺旋齿处的轴向推力超过了弹簧1的压力，离合器右半部2被推开（见图5-11b）。离合器左半部3继续旋转，而右半部2却不能被带动，两者之间出现打滑现象（见图5-11c），将传动链断开，使传动机构不致因过载而损坏。过载现象消失后，在弹簧1的作用下，安全离合器自动恢复到原来的正常状态，运动重新接通。

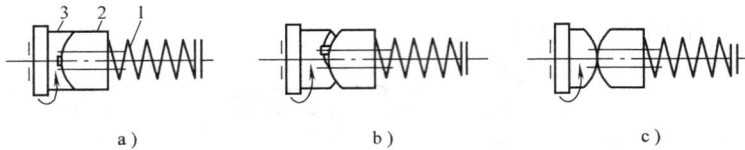

a)   b)   c)

图 5-11 安全离合器工作原理

1—弹簧 2—离合器右半部 3—离合器左半部

三、制动装置

制动装置的功能是在车床停机的过程中，克服主轴箱内各运动件的旋转惯性，使主轴迅速停止转动，以缩短辅助时间。图5-12所示是安装在CA6140型车床主轴箱IV轴上的闸带式制动器，它由制动轮8、制动带7和杠杆4等组成。制动轮是一钢制圆盘，与轴IV用花键连接。制动带为一钢带，其内侧固定着一层铜丝石棉，以增加摩擦面的摩擦因数。制动带绕在制动轮上，它的一端通过调节螺钉5与主轴箱体1连接，另一端固定在杠杆的上端。杠杆可绕轴3摆动。制动器通过齿条2（即图5-8中的拉杆10）与片式摩擦离合器联动，当它的下端与齿条上的圆弧形凹部a或c接触时，主轴处于正转或反转状态，制动带放松；若移动齿条轴，使其上凸起部分b与杠杆4下端接触时，杠杆绕轴3逆时针摆动，使制动带抱紧制动轮，产生摩擦制动力矩，轴IV和主轴便迅速停止转动。

制动带松紧程度的调整：首先松开螺母6，旋转调节螺钉5，调整至松紧程度合适的情况下，即主轴旋转，制动带能完全放松；而在停机时，主轴能迅速停转。调整好后，用螺母6锁紧。

四、变向机构

变向机构用来改变机床运动部件的运动方向，如主轴的旋转方向、床鞍和中滑板的进给方向等。CA6140型车床的变向机构有以下几种：

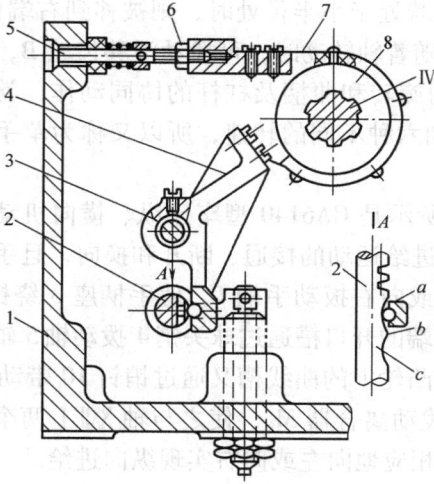

图 5-12　制动装置

1—主轴箱体　2—齿条　3—轴　4—杠杆
5—螺钉　6—螺母　7—制动带　8—制动轮

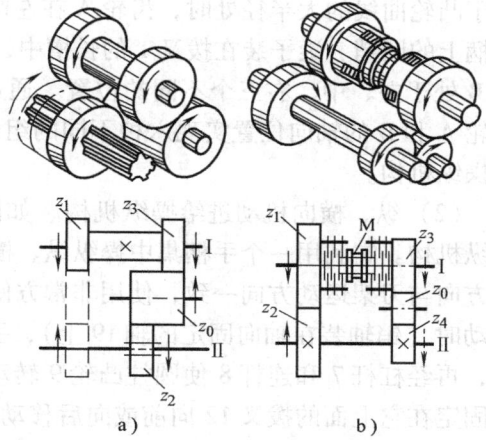

图 5-13　变向机构

a）滑移齿轮变向机构

b）圆柱齿轮和摩擦离合器组成变向机构

（1）滑移齿轮变向机构　如图 5-13a 所示是滑移齿轮变向机构。当滑移齿轮 z_2 在图示位置时，运动由 z_3 经中间轮 z_0 传至 z_2，轴Ⅱ与轴Ⅰ的转向相同；当 z_2 左移至虚线位置时，与轴Ⅰ上的 z_1 直接啮合，轴Ⅱ与轴Ⅰ转向相反。如图 5-2 中主轴箱内的Ⅺ、Ⅹ、Ⅺ轴上的齿轮 z_{33}、z_{25}、z_{33} 即组成滑移齿轮变向机构，以改变丝杠的旋转方向，实现车削左、右旋螺纹。

（2）圆柱齿轮和摩擦离合器组成的变向机构　如图 5-13b 所示是由圆柱齿轮和摩擦离合器组成的变向机构。当离合器 M 向左接合时，轴Ⅱ与轴Ⅰ转向相反；离合器 M 向右接合时，轴Ⅱ与轴Ⅰ转向相同，如主轴箱内Ⅰ、Ⅱ、Ⅶ轴上的 M_1 与 $z_{51}z_{43}$、$z_{34}z_{50}z_{30}$ 组成的变向机构，如图 5-3 所示。

五、操纵机构

车床操纵的作用是改变离合器和滑移齿轮的啮合位置，实现主运动和进给运动的起动、停止、变速、变向等动作。为使操纵方便，除了一些较简单的拨叉操纵外，常采用集中操纵方式，即用一个手柄操纵几个传动件（如滑移齿轮、离合器等），这样可减少手柄的数量，便于操作。

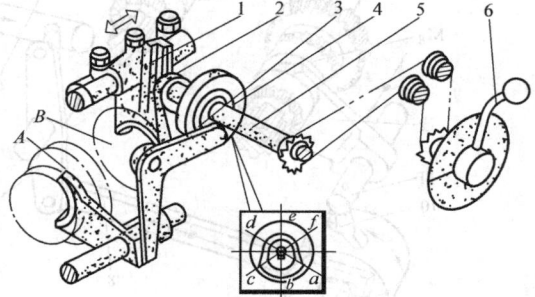

图 5-14　主轴箱操纵机构

1—拨叉　2—曲柄　3—杠杆
4—凸轮　5—轴　6—手柄

（1）主轴变速操纵机构　如图 5-14 所示是 CA6140 型车床主轴变速操纵机构。主轴箱内有两组滑移齿轮 A、B，双联齿轮 A 有左、右两个啮合位置；三联齿轮 B 有左、中、右三个啮合位置。两组滑移齿轮可由装在主轴箱前侧面上的手柄 6 操纵。手柄通过链传动使轴 5 转动，在轴上固定有盘形凸轮 4 和曲柄 2。凸轮上有一条封闭的曲线槽（图 5-14 中 $a \sim f$ 标出的六个位置），其中 a、b、c 位置凸轮曲线的半径较大，d、e、f 位置的半径较小，凸轮槽通过杠杆 3 操纵双联齿轮 A。当杠杆的滚子处于凸轮曲线的大半径处时，齿轮 A 在左端位置；若处于小半径处时，则被移到右端位置。曲柄上的圆销、滚子装在拨叉 1 的长槽中，当曲柄随着轴转动时，可拨动滑移齿轮 B，使齿轮 B 处于左、中、右三个不同的位置。通过手柄的旋转和曲柄及杠杆的协同动作，就可使齿轮 A 和 B 的轴向位置实现六种不同的组合，得到六种不同的转速，所以又称为单手柄六速操纵机构。

（2）纵、横向机动进给操纵机构　如图 5-15 所示是 CA6140 型车床纵、横向机动进给操纵机构。它利用一个手柄集中操纵纵、横向机动进给运动的接通、断开和换向，且手柄扳动方向与刀架运动方向一致，使用非常方便。向左或向右扳动手柄 1，使手柄座 3 绕销轴 2 摆动时（销轴装在轴向固定的轴 19 上），手柄座下端的开口槽通过球头销 4 拨动轴 5 轴向移动，再经杠杆 7 和连杆 8 使圆柱凸轮 9 转动，圆柱凸轮上的曲线槽又通过销钉 10 带动轴 11 及固定在它上面的拨叉 12 向前或向后移动，拨叉拨动离合器 M_8，使之与轴 XII 上两个空套齿轮之一啮合，于是纵向机动进给运动接通，刀架相应地向左或向右实现纵向进给。

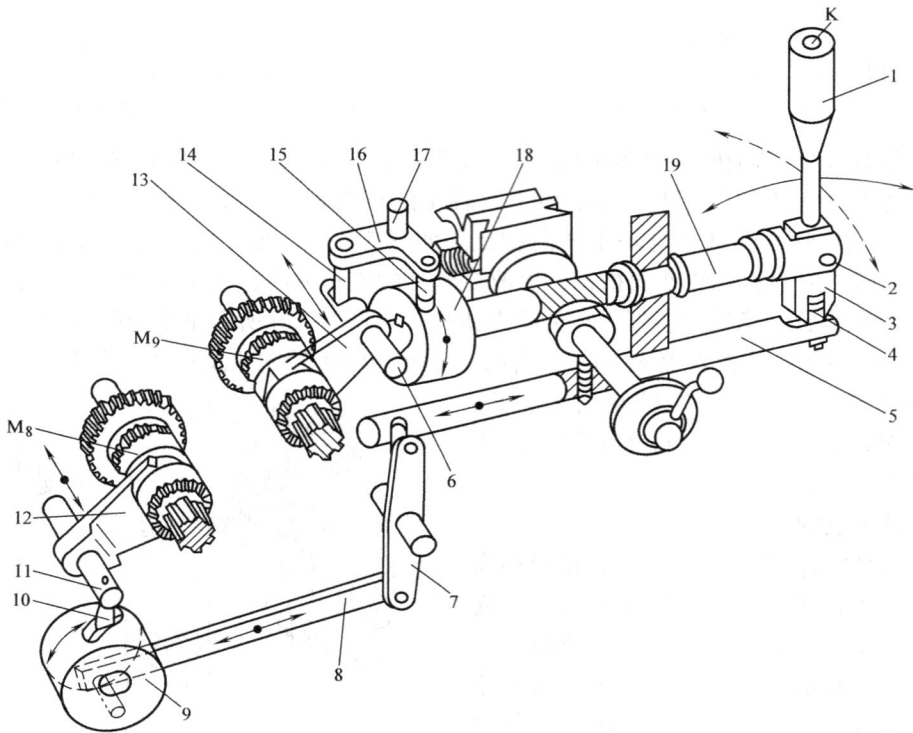

图 5-15　纵横进给操纵机构
1—手柄　2、17—销轴　3—手柄座　4—球头销　5、6、11、19—轴
7、16—杠杆　8—连杆　9、18—凸轮　10、11、14、15—销钉　12、13—拨叉

若向前或向后扳动手柄，通过手柄座使轴 19 以及固定在它左端的圆柱凸轮 18 转动时，凸轮上的曲线槽通过销钉 15 使杠杆 16 绕销轴 17 摆动，再经杠杆上的另一销钉 14 带动轴 6 以及固定在其上的拨叉 13 向前或向后移动，拨叉拨动离合器 M_9，使之与轴 XXV 上两空套齿轮之一啮合，于是横向机动进给运动接通，刀架相应地向前或向后实现横向进给。

手柄扳至中间直立位置时，离合器 M_8 和 M_9 均处于中间位置，机动进给传动链断开。

当手柄扳至左、右、前、后任一位置时，如按下装在手柄顶端的按钮 K，则快速电动机起动，刀架便在相应方向上快速移动。

六、开合螺母机构

开合螺母机构的功用是接通和断开从丝杠传来的运动。车削螺纹和蜗杆时，将开合螺母合上，丝杠通过开合螺母带动溜板箱及刀架运动。

开合螺母机构的结构如图 5-16 所示。上、下两个半螺母 1、2，装在溜板箱体后壁的燕尾形导轨中，可上下移动。在上、下半螺母的背面各装有一个圆柱销 3，其伸出端分别嵌在槽盘 4 的两条曲线槽中。向右扳动手柄 6，经轴 7 使槽盘逆时针转动时，曲线槽迫使两圆柱销互相靠近，带动上下半螺母合拢，与丝杠啮合，刀架便由丝杠螺母经溜板箱传动进给；槽盘顺时针转动时，曲线槽通过圆柱销使两个半螺母相互分离，两个半螺母与丝杠脱开啮合，刀架便停止进给。

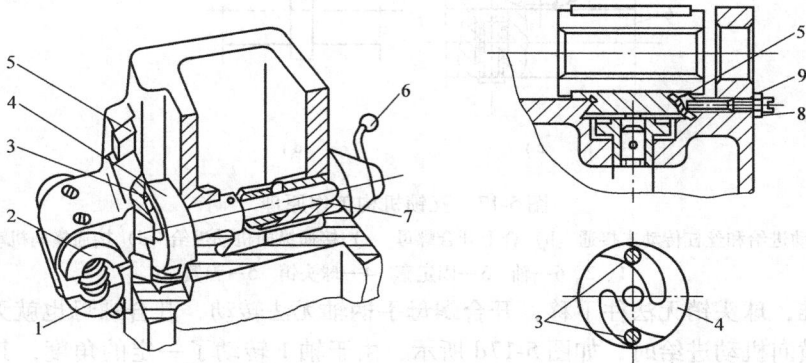

图 5-16　开合螺母机构

1、2—半螺母　3—圆柱销　4—槽盘　5—镶条　6—手柄　7—轴　8—螺钉　9—螺母

开合螺母与镶条要配合适当，否则就会影响螺纹的加工精度，甚至使开合螺母操纵手柄自动跳位，出现螺距不等或乱牙、开合螺母轴向蹿动等弊端。

开合螺母与燕尾形导轨配合间隙（一般应小于 0.03mm），可用螺钉 8 压紧或放松镶条 5 进行调整，调整后用螺母 9 锁紧。

七、互锁机构

车床工作时，如因操作错误同时将丝杠传动和纵、横向机动进给（或快速运动）接通，则将损坏车床。为了防止发生上述事故，溜板箱中设有互锁机构，以保证开合螺母合上时，机动进给不能接通；反之，机动进给接通时，开合螺母不能合上。

CA6140 型车床互锁机构的工作在理如图 5-17 所示（同时参阅图 5-15）。在开合螺母操纵手柄轴 2（即图 5-16 中的轴 7）上装有凸肩 T，其外有固定套 3、球头销 4 以及装在纵向机动进给操纵轴 6 中的弹簧 5 等。图 5-17a 所示是机动进给和丝杠传动均未接通的情况。当合上开合螺母时，由于轴 2 转过了一个角度（见图 5-17b），其上的凸肩 T 嵌入横向机动进给操纵轴 1（即图 5-15 中的轴 19）的槽中，将轴 1 卡住，使之不能转动，无法接通横向机动进给，同时凸肩 T 又将固定套 3 横向孔中的球头销 4 往上压，使它的下端插入轴 6（即图 5-15 中的轴 5）的孔中，将轴锁住，使其无法接通纵向机动进给。

当接通纵向机动进给时，如图 5-17c 所示，由于轴沿轴向移动了位置，其上的孔眼不再

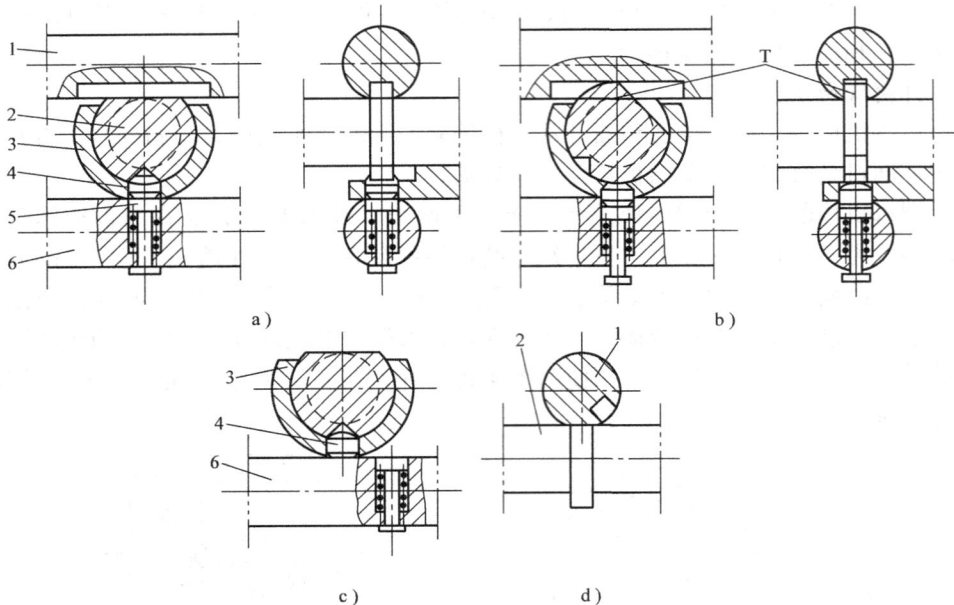

图 5-17　互锁机构工作原理

a）机动进给和丝杠传动未接通　b）合上开合螺母　c）接通纵向机动进给　d）接通横向机动进给

1、2、6—轴　3—固定套　4—球头销　5—弹簧

与球头销对准，球头销无法往下移，开合螺母手柄轴无法转动，开合螺母也就无法闭合。

当接通横向机动进给时，如图 5-17d 所示，由于轴 1 转动了一定的角度，其上的沟槽不再对准轴 2 上的凸肩 T，使轴 2 不能转动，于是开合螺母也就无法闭合。

第四节　卧式车床精度对加工质量的影响

在车床上加工工件时，影响加工质量的因素很多。一方面如工件的装夹方法、刀具的各几何参数、切削用量的选择等。另一方面车削运动是由主轴、床身、床鞍、中（小）滑板、光（丝）杠等部件相互配合来完成的，如果这些零部件本身的精度和运动关系有误差，则必然会反映到所加工的工件上，因此车床精度是影响加工质量的一个重要因素。

车床精度包括车床的几何精度和工作精度。

一、卧式车床的几何精度

卧式车床的几何精度是指卧式车床某些基础零部件本身的几何形状精度、相互位置的几何精度和相对运动的几何精度。车床的几何精度是保证加工质量最基本的条件。卧式车床几何精度检验项目及允差（最大加工长度不小于 1000mm），见表 5-6。

表 5-6　卧式车床几何精度检验及允差（GB/T4020—1997）

序号	检验项目	允差/mm
G1	A—床身导轨调平 ① 纵向导轨在垂直平面内的直线度 ② 横向导轨的平行度	0.02（只许凸起） 在任意 250 长度上局部公差 ① 为 0.0075 ② 0.04/1000

（续）

序号	检验项目	允差/mm
G2	B—床鞍 床鞍移动在水平面内的直线度	0.02
G3	尾座移动对床鞍移动的平行度 ① 在垂直平面内 ② 在水平平面内	①和②0.03，任意 500 长度上局部公差为 0.02
G4	C—主轴 ① 主轴的轴向蹿动 ② 主轴轴肩支承面的跳动	①　0.01 ②　0.02
G5	主轴定心轴颈的径向圆跳动	0.01
G6	主轴锥孔轴颈的径向圆跳动 ① 靠近主轴端面 ② 距主轴端面 L 处	①　0.01 ②　在 300 测量长度上为 0.02
G7	主轴轴线对床鞍移动的平行度 ① 在垂直平面内 ② 在水平面内	①　在 300 测量长度上为 0.02，向上 ②　在 300 测量长度上为 0.015，向前
G8	主轴顶尖径向圆跳动	0.015
G9	D—尾座 尾座套筒轴线对床鞍移动的平行度 ① 在垂直平面内 ② 在水平面内	①　在 100 测量长度上为 0.02，向上 ②　在 100 测量长度上为 0.015，向前
G10	尾座套筒锥孔轴线对床鞍移动的平行度 ① 在垂直平面内 ② 在水平面内	①　在 300 测量长度上为 0.03，向上 ②　在 300 测量长度上为 0.03，向前
G11	E—顶尖 主轴与尾座两顶尖的等高度	0.04 尾座顶尖高于主轴顶尖
G12	F—小滑板 小滑板横向移动对主轴轴线的平行度（垂直平面内）	在 300 测量长度上为 0.04
G13	G—中滑板 中滑板移动对主轴轴线的垂直度	0.02/300（偏差方向 α≥90°）
G14	H—丝杠 丝杠的轴向蹿动	0.015
G15	由丝杠所产生的螺距累积误差	①　在 300 测量长度上为 0.04 ②　任意 60 测量长度上为 0.015

二、卧式车床的工作精度

卧式车床的几何精度只能在一定程度上反映车床的加工精度，因为车床在实际工作状态下，还有一些因素会影响加工质量。例如在切削力、夹紧力和工件自重的作用下，车床的零部件会产生弹性变形；在内、外热源的影响下，车床的零部件会产生热变形；在切削力和运动速度的影响下，机床会产生振动等等。卧式车床的工作精度，是指车床在运动状态和切削力作用下的精度。在车床处于热平衡状态下，可以用车床加工出的工件的精度来评定。它综合反映了切削力、夹紧力等各种因素对加工精度的影响。卧式车床工作精度检验项目及允差（最大加工长度≤1000mm），见表 5-7。

表 5-7　卧式车床工作精度及允差（GB/T4020—1997）

序号	检验项目	允许/mm
P1	精车外圆 ① 圆度 试件固定环带处的直径变化，至少取 4 个读数 ② 在纵截面内直径的一致性 在同一纵向截面内测的试件各端环处加工后直径间的变化，应当是大直径靠近主轴端	① 0.01 ② 在 300 长度上为 0.04
P2	精车端面的平面度	300 直径上为 0.025（只许凹）
P3	精车 300 长螺纹的螺距累积误差	① 在 300 测量长度上为 0.04 ② 在任意 60 测量长度上为 0.015

三、卧式车床精度对加工质量的影响

车床精度不符合检验项目中所规定的允差值，会使加工时产生各种缺陷。卧式车床精度对加工质量的影响见表 5-8。

表 5-8　卧式车床精度对加工质量的影响

序号	机床误差	对加工质量的影响
1	床身导轨在垂直平面内的直线度（纵向）	车内外圆时，刀具纵向移动过程中高低位置发生变化，影响工件素线的直线度，但影响较小
2	床身导轨应在同一平面内（横向）	车内外圆时，刀具纵向移动过程中前后摆动，影响工件素线的直线度，影响较大
3	床鞍移动在水平面内的直线度	车内外圆时，刀具纵向移动过程中，前后位置发生变化，影响工件素线的直线度，影响很大
4	尾座移动对床鞍移动的平行度	尾座移至床身导轨上不同纵向位置时，尾座套筒的锥孔轴线与主轴轴线会产生等高度误差，影响钻、扩、铰孔以及用两顶尖支撑工件车削外圆时的加工精度
5	主轴的轴向蹿动	车削端面时，影响工件的平面度；车削螺纹时，影响螺距精度；精车内外圆时影响加工表面粗糙度
6	主轴轴肩支承面的跳动	卡盘或其他夹具装在主轴上将产生歪斜，影响被加工表面与基准面之间的相互位置精度，如内外圆同轴度、端面对圆柱面轴线的垂直度
7	主轴定心轴颈的径向圆跳动	用卡盘夹持工件车削内外圆时，影响工件的圆度，加工表面与定位基面的同轴度，在多次装夹中加工出的各个表面的同轴度；钻扩、铰孔时引起孔径扩大及工件表面粗糙度变大
8	主轴轴线的径向圆跳动	用两顶尖支撑工件车削外圆时，影响工件的圆度，加工表面与中心孔的同轴度；多次装夹时加工出的各表面的同轴度及工件表面粗糙度

序号	机床误差	对加工质量的影响
9	主轴轴线对床鞍移动的平行度	用卡盘或其他夹具夹持工件（不用后顶尖支撑）车削内外圆时，刀尖移动轨迹与工件回转轴线在水平面内的平行度误差，使工件产生锥度；在垂直平面内的平行度误差，影响工件素线的直线度
10	主轴顶尖的径向圆跳动	用两顶尖支撑工件车削外圆时，影响工件的圆度，多次装夹时加工出的各表面的同轴度及工件表面粗糙度
11	尾座套筒轴线对床鞍移动的平行度	用装在尾座套筒锥孔中的刀具进行钻、扩、铰孔时，刀具轴线与工件回转轴线不重合，引起被加工孔径扩大和产生喇叭形；用两顶尖支撑工件车削外圆时，影响工件素线的直线度
12	尾座套筒锥孔轴线对床鞍移动的平行度	用装在尾座套筒锥孔中的刀具进行钻、扩、铰孔时，刀具轴线与工件回转轴线间产生同轴度误差，使加工孔的直径扩大，产生喇叭形
13	主轴和尾座两顶尖的等高度	用两顶尖支撑工件车削外圆时，刀尖移动轨迹与工件回转轴线间产生平行度误差，影响工件素线的直线度；用装在尾座套筒锥孔中的孔加工刀具进行钻、扩、铰孔时，刀具轴线与工件回转轴线间产生同轴度误差，引起被加工孔径扩大
14	小滑板纵向移动对主轴轴线的平行度	用小滑板进给车削锥面时，影响工件素线的直线度
15	中滑板横向移动对主轴轴线的垂直度	用中滑板横向进给车削端面时，影响工件的平面度和垂直度
16	丝杠的轴向蹿动	用车刀车削螺纹时，影响被加工螺纹的螺距精度
17	由丝杠所产生的螺距累积误差	主轴与车刀刀尖之间不能保持准确的运动关系，影响被加工螺纹的螺距精度

注：表中所列各项机床误差，凡对车内外圆加工精度有影响的，对车螺纹的加工精度同样也有影响。

第五节　其他常用车床简介

一、立式车床

立式车床可分为单柱（如图 5-18a 所示）和双柱式（如图 5-18b 所示）两种。单柱立式车床加工直径一般小于 1600mm；双柱立式车床加工直径可超过 25000mm，装夹 80t 的重型工件。

1. 立式车床的结构特点

立式车床在结构布局上的主要特点是主轴竖直布置，一个直径较大的圆形工作台呈水平布置，供装夹工件用，从而使体积较大、重量较重的笨重工件的找正和装夹方便。此外，由于工件及工作台的重力由床身导轨或推力轴承承受，大大减轻了主轴及其轴承的载荷，因而能较长期保证车床的加工精度。加工工件的公差等级可达 IT7，表面粗糙度值可达 $R_a2.5\mu m$。立式车床不仅在立柱 6 上装有侧刀架 7，而且在横梁 5 上还装有立刀架 4，中小型立式车床的立刀架上，通常还带有五角形刀架 3，其上可以装夹几组刀具。两个刀架可分别切削或同时切削，工作效率高。

立式车床的工作台 2 装在底座 1 上，工件装夹在工作台上并由工作台带动做主运动。进给运动由立刀架 4 和侧刀架 7 来实现。侧刀架可在立柱 6 的导轨上做垂直进给运动，还可以沿刀架滑座的导轨做横向进给。立刀架 4 可在横梁 5 的导轨上做横向进给运动，还可以沿其

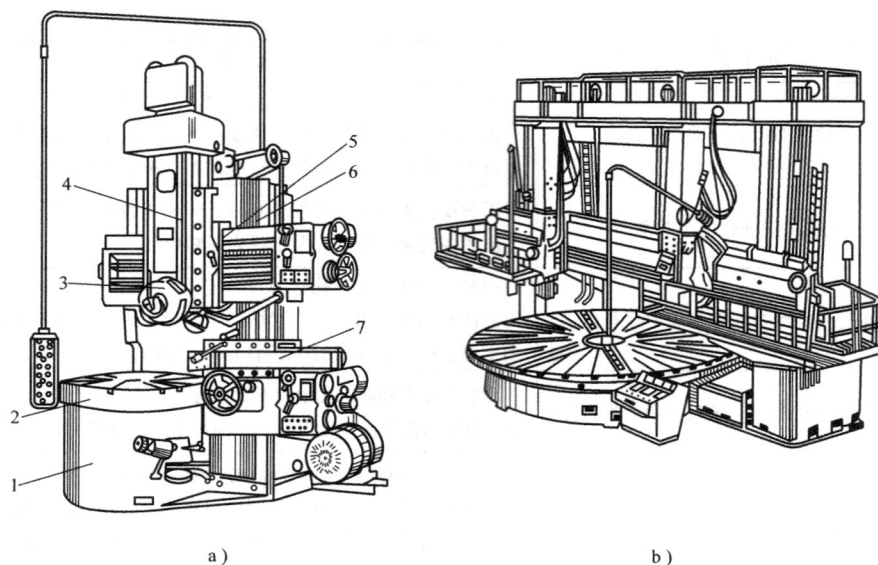

a) b)

图 5-18　立式车床

a）单柱式　b）双柱式

1—底座　2—工作台　3—五角形刀　4—立刀架　5—横梁　6—立柱　7—侧刀架

刀架滑座的导轨做垂直进给运动。横梁 5 可根据工件的高度沿立柱导轨升降。立刀架的滑座还可以倾斜一个角度，使刀架做斜向进给，用以加工各种圆锥表面。

2. 立式车床加工工件的类型

立式车床主要用于加工径向尺寸大而轴向尺寸相对较小、且形状复杂的大型或重型工件。加工工件的类型有：

1）大直径的盘类、套类、轮类、环形工件及薄壁工件的外圆柱面、端面、圆锥面、圆柱孔、圆锥孔等。

2）组合件、焊接件及带有各种复杂形状表面的工件。

3）借助辅助装置完成车螺纹、车球面、仿形、铣削和磨削等加工。

二、转塔车床

转塔车床外形如图 5-19 所示。主轴箱 1 和卧式车床主轴箱类似，不同之处是它没有尾座和丝杠，而在尾座的位置上有一个可绕垂直轴线转位的六角形转塔刀架 3，在转塔刀架的六个面上，可各安装一把或一组刀具。转塔刀架通常只能做纵向进给运动，用于钻中心孔、钻孔、扩孔、铰孔、车削外圆、内孔、攻螺纹和套螺纹等。

除转塔刀架外，还有一个横向刀架 2，它的结构与卧式车床的刀架类似，可做纵、横向进给运动。主要用于车削大直径外圆柱面，成形面、端面和沟槽等。转塔刀架和横刀架各有一个溜板箱（5 和 6），用来分别控制它们的运动，溜板箱由光杠传动。转塔刀架设有定程机构 4，用来控制进给行程的终端位置，并使转塔刀架迅速返回原位。

在转塔车床上加工工件时，必须根据工件的加工工艺过程，将所用的刀具预先全部装夹在刀架上，每一把（组）刀具只用于完成某一特定工步，并根据工件的加工尺寸调整好位置，同时还需相应的调整好定程机构，以便控制刀具的终点位置。在加工过程中，每完成一

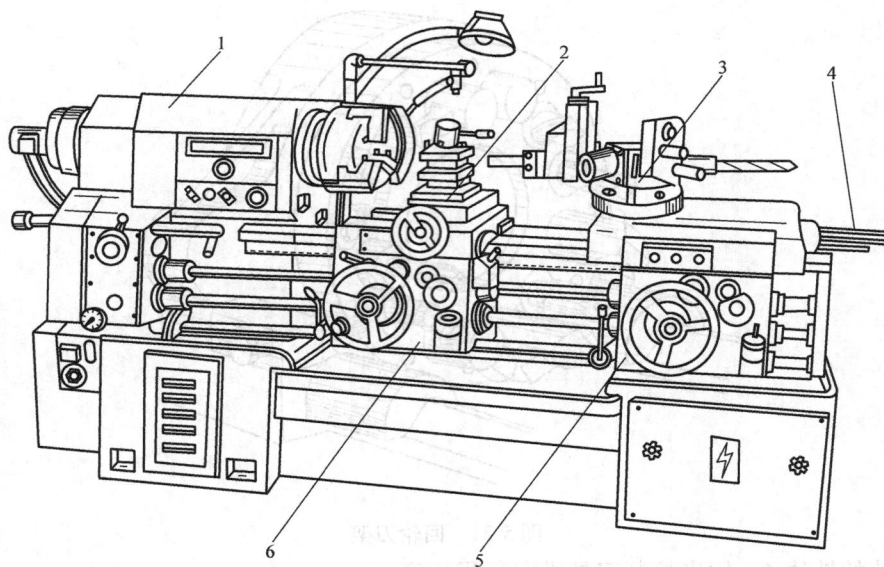

图 5-19　转塔车床外形图

1—主轴箱　2—横向刀架　3—转塔刀架　4—定程机构　5、6—溜板箱

个工步，刀架手动转位一次，将下一组所需使用的刀具转到加工位置。

三、回轮车床

回轮车床的外形如图 5-20 所示。它只有一个可绕水平轴线转位的圆盘形回轮刀架 1，其回转轴线与主轴轴线平行。回轮刀架上沿圆周均布 12～16 个轴向孔，供装夹刀具用，如图 5-21 所示。当装刀孔转到最高位置时，其轴线与主轴轴线在同一直线上。回轮刀架随纵向溜板和溜板箱 2 一起，沿床身导轨做纵向进给运动，以进行车外圆、钻孔、铰孔和加工螺纹等工作。

回轮刀架的后端，装有定程装置 3，在定程装置的 T 形槽内。相对每一个刀具孔各装有

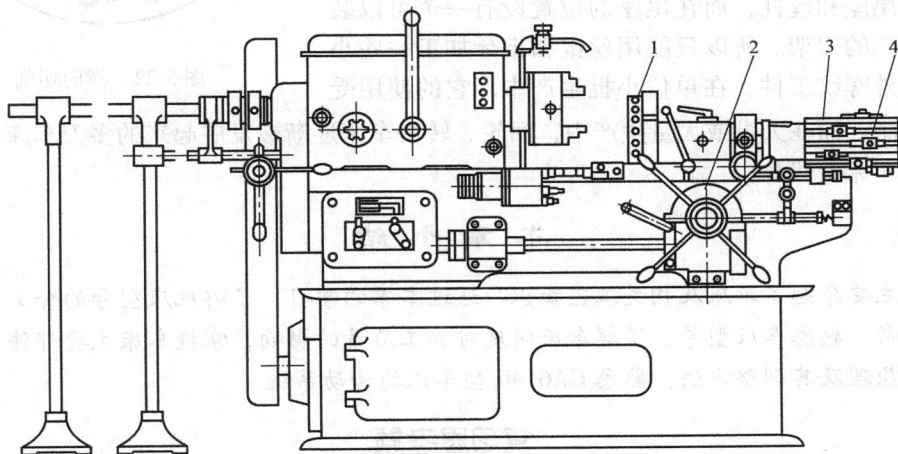

图 5-20　回轮车床外形圆

1—刀架　2—溜板箱　3—定程装置　4—挡块

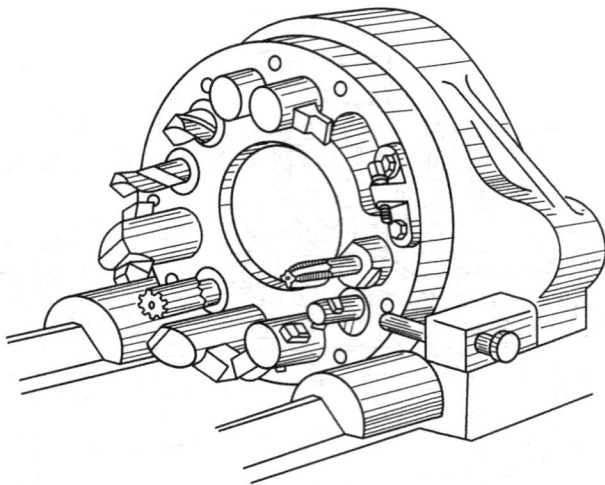

图 5-21　回轮刀架

一个可调节的挡块 4，用来控制刀具纵向行程长度。

　　回轮刀架可以绕轴缓慢旋转，实现横向进给运动，如图 5-22 所示，可以进行车槽、车端面、车成形面和切断等工序。横向切削时也可以由几个刀具同时进行切削。

　　回轮、转塔车床是为了适应成批生产提高生产率的要求，在卧式车床的基础上发展起来的。适于加工形状比较复杂，特别是带有内孔和内、外螺纹的小型轴、套、管接头、连接盘和齿轮坯等。此类小型工件加工时需要使用多种刀具，如用卧式车床加工时必须多次装卸刀具、移动尾座以及频繁对刀、试切、测量等，生产率很低。

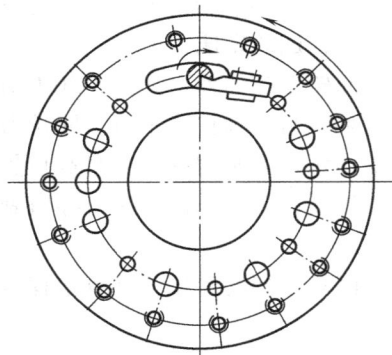

图 5-22　横向切削

　　回轮、转塔车床与卧式车床比较，结构上的主要区别是没有尾座和丝杠，而在尾座的位置设有一个可以装夹多把刀具的刀架。所以只能用丝锥和板牙加工一些小型的内、外螺纹工件。在单位小批生产中，它的使用受到一定限制。而在大批或大量生产中，回轮、转塔车床逐渐被发展起来的多刀车床、自动车床及数控车床所代替。

本 章 小 结

　　本章主要介绍了车床及相关工艺知识。通过本章的学习，了解机床型号的含义，能看懂车床说明书，熟悉车床型号，了解车床精度对加工质量的影响，掌握车床主要部件、主要机构的工作原理及其调整方法，熟悉 CA6140 型车床的传动系统。

复习思考题

1. 机床型号能表示哪些内容？其中特性代号包括哪两种？如何表示？
2. 写出 CK6140、CQ6132、C5250 型机床型号的含义。

3. 多片式摩擦离合器的作用是什么？其摩擦片之间的间隙太大和太小有哪些害处？如何调整？

4. 制动器的作用是什么？怎样调整？

5. 超越离合器的作用是什么？其工作原理是什么？

6. 为什么 CA6140 型车床主轴反转比正转时转速高？

7. 车削米制螺纹和米制蜗杆的传动路线有何区别？

8. 什么叫车床的几何精度和工作精度？

9. 车削工件时圆柱度超差，与机床的哪些因素有关？

10. 精车外圆时，表面轴向出现有规律的波纹，与机床的哪些因素有关？

11. 车削螺纹时，螺距精度超差，从机床方面考虑，可能是哪些原因造成的？

12. CA6140 型卧式车床主轴轴承各有何特点？作用是什么？

13. 立式车床结构布局上有何特点？一般适用于加工哪些类型的工件？

14. 回轮、转塔车床与卧式车床相比有哪些特点？

第六章　典型工件的车削工艺分析

教学目标　1. 懂得生产过程、工艺过程、工艺规程的区别和联系。
2. 懂得工艺过程的组成。
3. 掌握基准、基准的分类和定位基准的选择原则。
4. 懂得工艺过程的划分，合理安排切削加工工序和热处理工序，编制中等复杂程度工件的工艺路线。
5. 掌握尺寸链的基本概念、特性和计算。
6. 能进行典型轴类、套类工件的车削工艺分析。

教学重点　基准和定位基准的选择以及热处理在工艺过程中的位置安排。
教学难点　尺寸链的计算和轴类、套类工件的车削工艺分析。

第一节　工艺规程概述

一、生产过程

一台机器是由种类繁多的零部件组成的。而每个零部件都要经历产品设计、生产组织准备、技术准备、原材料到毛坯制造、机械加工、热处理、产品装配、调试、检验、油漆、包装等一系列相互关联的劳动过程，这种将原材料转变为成品的全过程称为生产过程。

生产过程，可以说是整个机器的制造过程，也可以理解为某一部件，甚至某一零件的制造过程。

二、工艺过程

在生产过程中，直接改变生产对象的形状、尺寸及相对位置和性质等，使之成为成品或半成品的过程，称为工艺过程。工艺就是制造产品的方法。工艺过程是车间生产过程的主要部分。在机械加工车间里，用机械加工方法把毛坯加工成零件的过程称为机械加工工艺过程。在装配车间里，将零件装配成机器的某一部件或整台机器的过程，称为装配工艺过程。

三、工艺规程

在生产过程中，为了进行科学管理，常把合理的工艺过程中的各项内容，编写成文件来指导生产。这类规定工件工艺过程和操作方法等的工艺文件称为工艺规程。工艺规程制定得是否合理，直接影响工件的加工质量、生产效率和经济效益。一个工件可以用几种不同的加工方法制造，但在一定的条件下，只有一种方法是比较合理的。因此在制定工艺时，必须从实际出发，根据设备条件、生产类型等具体情况，尽可能用先进的加工方法、制定出合理的工艺过程，保证工件图样上的全部技术要求。

工艺规程不是固定不变的，而是随着科学技术的发展要不断修订和完善。工艺规程包括工艺过程卡片、工艺卡片、工序卡片、检验卡片等。

第二节 工艺过程的组成

机械加工工艺过程是由按一定顺序安排的工序组成的。而工序又可分为安装、工位、工步和行程。毛坯依次通过各道工序，逐渐加工成所需要的零件。

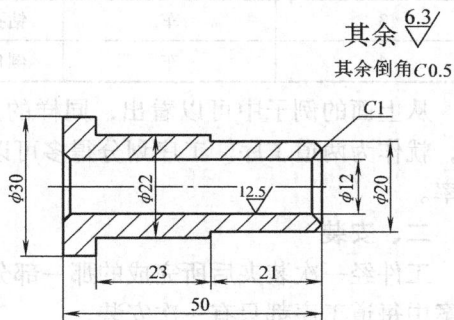

其余 $\sqrt{\dfrac{6.3}{}}$

其余倒角C0.5

一、工序

工序是一个或一组工人，在同一个工作地对同一个或同时对几个工件所连续完成的那一部分工艺过程。划分工序的主要依据是工作地（或设备）是否变动和加工过程是否连续。工序是组成工艺过程的基本单元。工件加工数量不同，工序划分不同。

如车削如图 6-1 所示的套，它的工艺方案很多，现介绍两种：

图 6-1 套

1. 分两道工序（见图 6-2 和表 6-1）

表 6-1 分两道工序车削套

工序序号	工种	工 序 内 容
1	车	车端面、车外圆及台阶、倒角、钻孔、倒角、切断
2	车	车端面、倒角

2. 分四道工序（见图 6-3 和表 6-2）

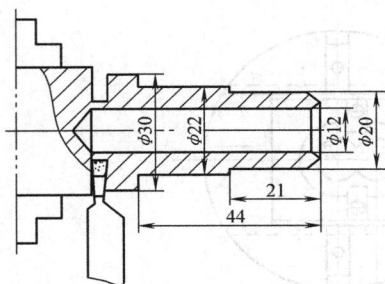

a)

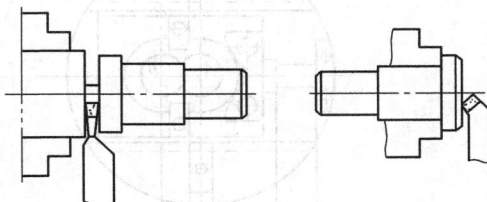

a)   b)

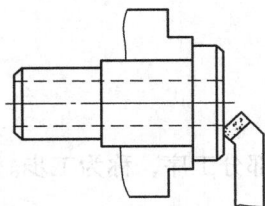

b)

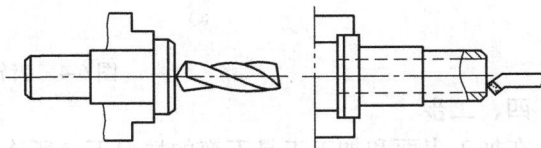

c)   d)

图 6-2 分两道工序车削套

a) 工序 1   b) 工序 2

图 6-3 分四道工序车削套

a) 工序 1   b) 工序 2   c) 工序 3   d) 工序 4

表6-2　分四道工序车削套

工序序号	工种	工 序 内 容
1	车	车端面、车外圆及台阶、倒角、切断
2	车	车端面、倒角
3	车	钻孔、倒角
4	车	倒角

从上面的例子中可以看出，同样的加工必须连续进行，才能算一道工序，如中间有中断，就作为两道工序。工序划分得多可以进行专用工序生产，采用专用机床生产可提高生产效率。

二、安装

工件经一次装夹后所完成的那一部分工序称为安装。从上述例子中可看出，第一和第二方案中每道工序都只有一次安装。

在一道工序中，工件在加工位置上可以只装夹一次，也可以装夹几次。为了减少装夹误差和装卸工件的辅助时间。每道工序中，应尽可能减少安装次数。

三、工位

一次装夹工件后，工件与夹具或设备的可动部分一起相对刀具或设备的固定部分所占据的每一个位置称为工位。

一次安装可以有一个或几个工位，如图6-4所示的齿轮泵体，工件装夹在夹具中车削 A、B 两孔，车削 A 孔时为一个工位，车削 B 孔时，工件在夹具中移动一个中心距 L 并夹紧，这是第二个工位。最常见的一个法兰零件装夹在分度头上钻六等分孔，钻好一个孔要分度一次钻下一个孔，钻削该零件时就有六个工位。

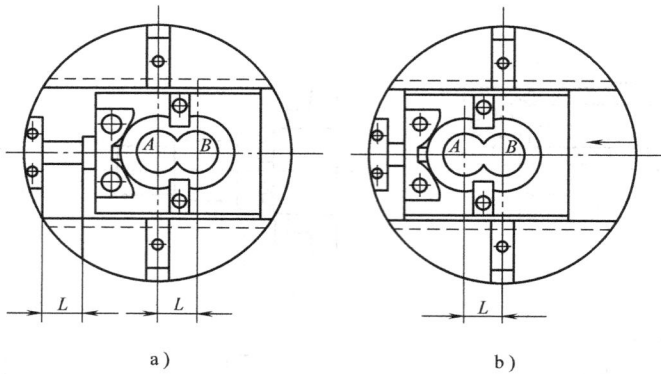

a)　　　　　　　　　　b)

图6-4　齿轮泵体

四、工步

在加工表面和加工工具不变的情况下，所连续完成的那一部分工序，称为工步。若其中任一个（或两个）因素变化，则为另一个工步。

如图6-2a 所示的套类工件车削工序最少包括下列八个工步：

1）车端面。

2）车 $\phi30$mm 外圆。

3）车 $\phi22\text{mm}\times44\text{mm}$ 外圆。

4）车 $\phi20\text{mm}\times21\text{mm}$ 外圆。

5）钻 $\phi12\text{mm}\times52\text{mm}$ 孔。

6）外圆倒角。

7）孔口倒角。

8）切断。

五、工作行程

行程分为工作行程和空行程。工作行程是指刀具以加工进给速度相对工件所完成一次进给运动的工步部分。在同一个工步中，若切除的金属层较厚，应分几次切削，每一次切削称为一次工作行程。一个工步可包括一个或几个工作行程。如将 $\phi100\text{mm}$ 的外圆车至 $\phi80\text{mm}$，需在直径方向车去 20mm 的余量，车床及车刀等工艺系统的刚度低，不允许一次切除，必须分几次进给，则每次进给运动就是一个工作行程。

空行程是指刀具以非加工进给速度相对工件所完成一次进给运动的工步部分。

第三节 基准和定位基准的选择

基准和基准分类已在第四章论述，这里把各种基准的选择作简要的介绍。

一、基准的分类

1. 设计基准

在设计图样上所采用的基准，称为设计基准，用以标注尺寸和描述表面相互位置关系。它是加工、测量和安装的依据，也是消除加工积累误差，保证加工质量的依据。

如图 6-5 所示，机床主轴各外圆表面的设计基准为轴的轴线。长度尺寸是以端面 B 为依据的，因此长度方向的设计基准是端面 B。

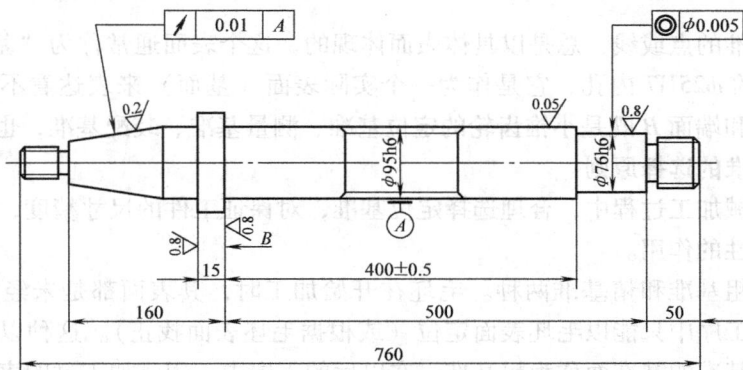

图 6-5 机床主轴

2. 工艺基准

（1）定位基准 即在加工中用作定位的基准，称为定位基准。如图 6-5 所示的主轴，用两顶尖装夹车削和磨削时，其定位基准是两端中心孔。

如图 6-6 所示的锥齿轮，在加工其齿形时，是以 $\phi25\text{H7}$ 的内孔和端面 B 为定位基准装夹在心轴上，内孔为径向定位基准，端面 B 为轴向定位基准。

（2）测量基准　工件在测量时所采用的基准称为测量基准。如图6-5所示的主轴，检验圆锥面对 A 的径向圆跳动和 $\phi76h6$ 外圆轴线对 A 的同轴度，可用两顶尖装夹工件，并用千分表测量，则两端中心孔就是其测量基准。

如图6-7所示，利用心轴测量齿轮坯外圆与两个端面相对孔轴线的圆跳动误差时，内孔是测量基准。

（3）装配基准　装配时，用来确定零件或部件在产品中的相对位置所采用的基准称为装配基准。如图6-8所示的锥齿轮装配图中，内孔 $\phi25H7$ 为径向装配基准，端面 B 为轴向装配基准。

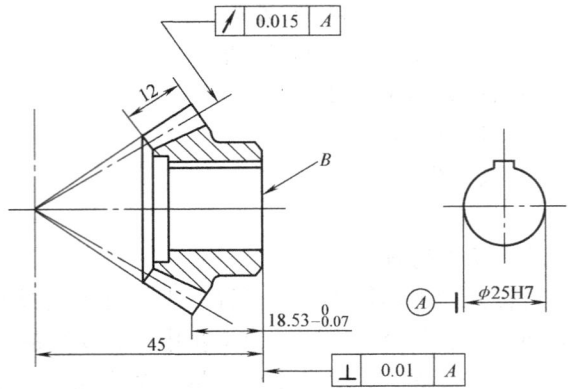

图6-6　锥齿轮的定位基准

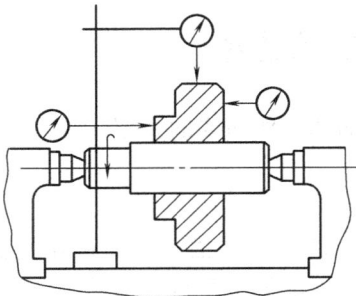

图6-7　测量基准

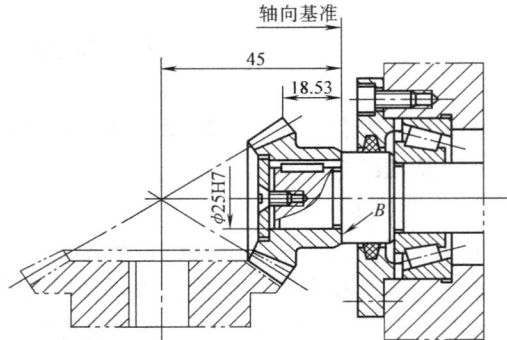

图6-8　锥齿轮装配图

作为工艺基准的点或线，总是以具体表面体现的，这个表面通常称为"基面"。如图6-6所示的锥齿轮的 $\phi25H7$ 内孔，它是作为一个实际表面（基面）来表达看不见、摸不着的轴线。而这轴线和端面 B 既是小锥齿轮的定位基准、测量基准、装配基准，也是设计基准。

二、定位基准的选择原则

在工件的机械加工过程中，合理选择定位基准，对保证工件的尺寸精度，尤其是相对位置精度等起决定性的作用。

定位基准有粗基准和精基准两种。毛坯在开始加工时，其表面都是未经加工的毛坯表面，所以最初的工序中只能以毛坯表面定位（或根据毛坯表面找正）。这种以未加工过的毛坯表面作为定位基准的基准面称为粗基准。在以后的工序中，用已加工过的表面作为定位基准时，此基准面称为精基准。

1. 粗基准的选择

选择粗基准时，首先应保证所有加工表面都具有足够的加工余量；其次应保证工件加工表面与不加工表面之间具有一定的位置精度；另外还要保证装夹稳妥、可靠，以便于切削加工。具体应遵循以下原则：

1）选择不加工表面作为粗基准，这样可以使加工表面与不加工表面之间的位置误差最小，有时还可以在一次安装中加工出更多的表面。铸件以不加工的外圆面作为粗基准，如图6-9a所示，可以在一次安装中把绝大部分表面加工出来。并且能保证外圆与内孔同轴度、端面与孔轴线的垂直度等要求。

如果工件上有多个不加工表面，如图6-9b所示，则应以其中与加工表面相互位置要求较高的表面作为粗基准。该工件有三个不加工表面，若表面4和表面2所组成的壁厚均匀度要求较高时，则应选择表面2为粗基准来加工台阶孔。

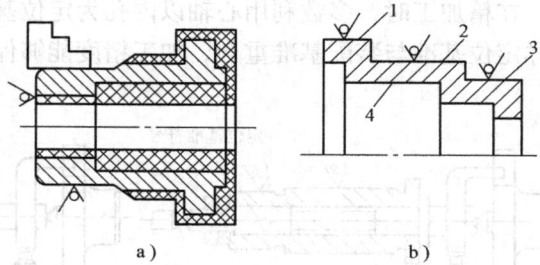

图6-9　粗基准的选择（二）
a）以不加工外圆为粗基准　b）以与加工面
相互置要求较高的表面为粗基准

2）对于所有表面都要加的工件，应以毛坯余量最小的表面作为粗基准来找正。这样不会因位置偏移而造成余量太小的部分车不出。

如图6-10所示的台阶轴锻件毛坯，大头单边加工余量为4mm，小头单边加工余量只有2.5mm，且大、小头偏心3mm，此时应选φ55mm的外圆表面作为粗基准才行。否则，小头外圆因加工余量不足会在黑皮尚未全部车去就已到了尺寸，从而产生了本来可以避免的废品。

3）应该选用比较牢固可靠的表面作为基准，否则会使工件夹坏或松动。

4）粗基准应选择平整光滑的表面。铸件装夹时应让开浇口、冒口部分，锻件要去除飞边、毛刺，使之定位准确、夹紧可靠。

5）粗基准不能重复使用。在同一尺寸方向上，粗基准只允许使用一次，否则将无法保证加工表面间的位置精度。如图6-11所示的小轴加工，开始车A面时，是以不加工的B表面为粗基准进行找正、装夹的，若调头加工C表面时，仍用B面为基准进行找正，因为B表面是毛坯表面，则C表面与A面的轴线就会产生较大的同轴度误差。

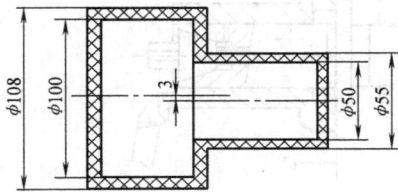

图6-10　粗基准的选择（二）

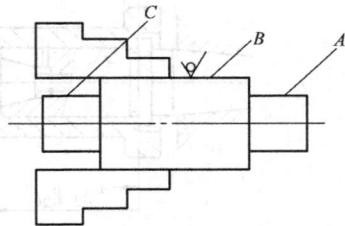

图6-11　重复使用粗基准示例

粗基准的选择原则：在选择粗基准时，需考虑以上五条原则，每条都说明一个方面的问题。实际应用时往往会出现相互矛盾的情况，难以同时满足，应根据具体情况全面考虑，在保证加工精度要求的前提下，分清主次，灵活运用。

2. 精基准的选择

选择精基准首先应保证工件的加工精度，同时使工件装夹方便、可靠、正确。精基准的选择原则如下：

1）尽可能选择设计基准或装配基准作为定位基准。一般的套类、齿轮坯、带轮、工件，在精加工时，多数利用心轴以内孔为定位基准来加工外圆及其他表面，如图6-12所示。这样定位基准与装配基准重合，加工精度能够保证，装配时容易达到设计要求的精度。

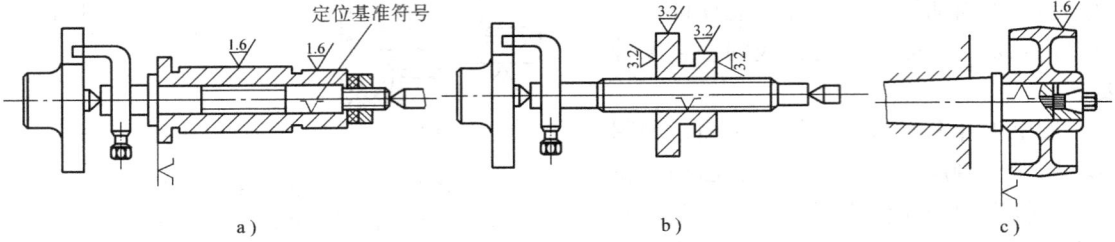

图6-12　以内孔为精基准
a）套类工件　b）齿轮坯　c）带轮

2）尽可能使定位基准和测量基准重合。如图6-13a所示的套，要求端面 A 和 B 之间的距离为 $42_{-0.20}^{\ 0}$ mm。测量基准面为 A。用图6-13b所示的心轴加工时，因为轴向定位基准是 A 面，这样定位基准与测量基准重合，使工件长度公差容易控制。如图6-13c所示，用 C 面作为定位基准，由于 C 面和 A 面之间存在一定的误差，这样就产生了间接误差，使得长度 $42_{-0.20}^{\ 0}$ mm 难以控制。

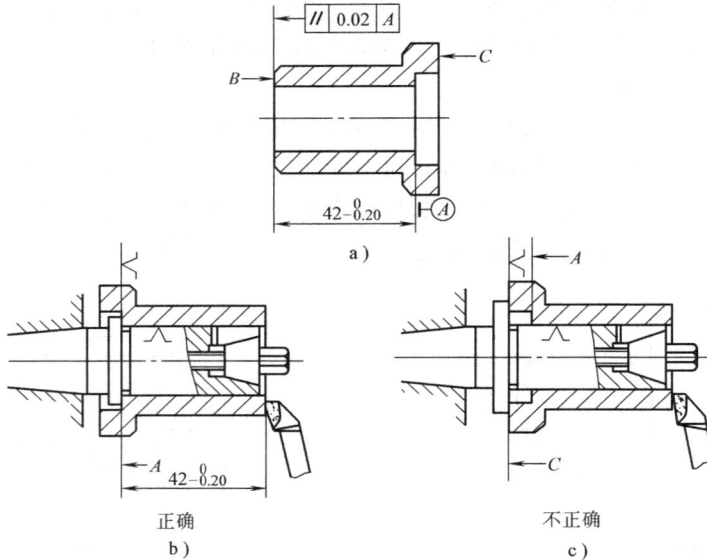

图6-13　定位基准与测量基准
a）工件　b）直接定位　c）间接定位

3）尽可能使基准统一。除第一道工序外，其余工序尽量采用同一精基准来加工大多数表面，这一原则对于需用多道工序、多个工种加工的工件或者位置精度要求较高的表面尤其重要。因为基准统一可以减少定位误差，提高加工精度，使装夹方便。例如，一般轴类工件的中心孔，在车、铣、磨等工序中，始终用它作为精基准。又如齿轮加工时，先把内孔加工好，然后以内孔为精基准，安装在心轴上，依次精加工大外圆、端面和齿形等。这样就可以保证各表面间的位置精度，如同轴度、垂直度、径向圆跳动、端面圆跳动等。

采用基准统一的原则，可以减少夹具设计及制造的费用，提高生产率，并可避免基准转换所造成的误差。

必须注意，当基准统一原则与上述原则2）相抵触而不能保证加工精度时，就必须放弃这个原则。

4）"互为基准"的原则：为了获得均匀的加工余量或较高的位置精度，可采用互为基准、反复加工的原则。例如加工精密齿轮时，先以内孔定位粗加工出齿形，齿面淬硬后需进行磨齿。因齿面淬硬层较薄，所以要求磨齿余量小而且均匀。为此，须先以齿面为定位基准找正，精加工内孔。然后，再以精加工的内孔为定位基准磨齿面，从而保证磨齿余量均匀，且孔与齿面又能保证较高的相互位置精度。此原则常用于渗碳淬火齿轮、齿轮轴精加工的工艺。

5）尽可能选择形状简单、尺寸较大、精度较高、装夹稳定可靠的表面作精基准，使定位稳固，并减少定位误差。

例如，加工内孔较小、外径较大的 V 带轮时，要求 V 形槽与内孔轴线有较高的同轴度。若采用内孔为定位基准，装夹在心轴上车削外缘的 V 形槽，如图 6-14a 所示。此时心轴刚度差、容易引起振动，并且无法提高切削用量。因此，车削直径较大的 V 带轮时一般采用如图 6-14b 所示的反撑法装夹定位，使

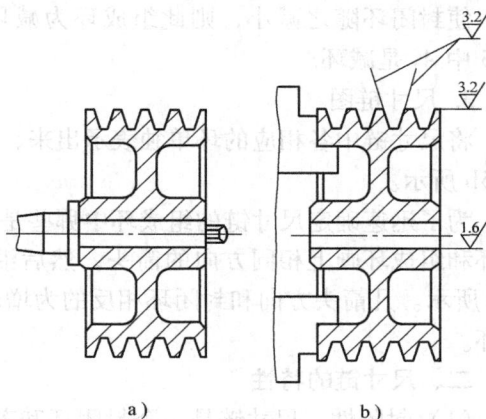

图 6-14 车 V 带轮时精基准的选择
a）不正确 b）正确

内孔和各条 V 形槽等有位置精度要求的表面，在一次装夹中完成，可保证较高的位置精度。

第四节 尺寸链简介

一、尺寸链的基本概念

1. 尺寸链的定义

在零件的加工过程中，各加工表面本身的尺寸以及各表面之间尺寸都在不断地变化，这种变化不论是在一个工序内部，还是在各工序之间，都有着密切的相互联系。为了保证零件能达到图样所规定的精度要求，必须掌握零件尺寸之间的内在关系。这种内在关系，在机器装配或零件加工过程中，由相互连接的尺寸形成封闭的尺寸组，称为尺寸链。

在加工过程中，同一零件工艺尺寸所形成的尺寸链，称为工艺尺寸链。如图 6-15 所示的轴承座零件，由于 A_0 尺寸无法直接测量，只能靠 A_1 和 A_2 的尺寸来间接保证 A_0 的尺寸。尺寸 A_1、A_2 和 A_0，形成工艺尺寸链。

2. 尺寸链的组成

（1）环 尺寸链中的每一尺寸，称为环。图 6-15 中 A_1、A_2 和 A_0 都称为环。

（2）封闭环　尺寸链中，间接保证尺寸的环，称为封闭环，即在装配或加工过程中最后形成的一环。图 6-15 中 A_0 是封闭环。

（3）组成环　在尺寸链中，能人为地控制或直接获得的环，称为组成环。图 6-15 中 A_1、A_2 是组成环。组成环可分为增环和减环。

（4）增环　某组成环增大而其他组成环不变，使封闭环随之增大，则此组成环是增环。图 6-15 中 A_1 是增环。

（5）减环　某组成环增大而其他组成环不变，使封闭环随之减小，则此组成环为减环。图 6-15 中 A_2 是减环。

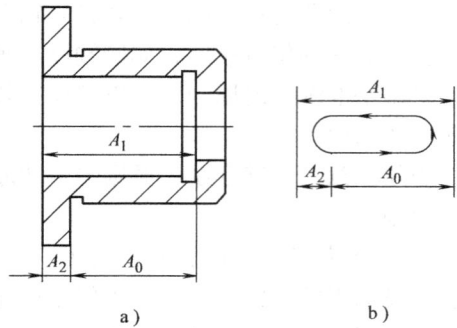

图 6-15　轴承座的工艺尺寸链
a）工件简图　b）尺寸链图

3. 尺寸链图

将尺寸链中各相应的环单独表示出来，按大致比例画出的尺寸图，称为尺寸链图，如图 6-15b 所示。

为了迅速确定尺寸链的组成环中哪些是增环，哪些是减环，在画尺寸链简图时，先给封闭环和组成环画上相同方向的箭头，然后沿封闭环的方向画出环绕尺寸链的回路，如图 6-15b 所示。凡箭头方向和封闭环相反的为增环，相同的为减环。图 6-15 中 A_1 为增环，A_2 为减环。

二、尺寸链的特性

（1）封闭性　尺寸链是一个封闭环和若干个相互连接的组成环构成的封闭尺寸组，不封闭就不是尺寸链。

（2）关联性　尺寸链中的所有组成环只要一个尺寸变动，均会引起封闭环的尺寸变动，组成环是自变量，封闭环是因变量。

三、尺寸链的计算

尺寸链的计算方法很多，这里仅介绍使用较多的极值计算法。

计算尺寸链时，首先要画出尺寸链图，找出封闭环，判别增环、减环，再计算基本尺寸和极限尺寸。如图 6-15 所示的尺寸链中

$$A_{0max} = A_{1max} - A_{2min} \tag{6-1}$$

$$A_{0min} = A_{1min} - A_{2max} \tag{6-2}$$

式中　A_{0max}——封闭环最大极限尺寸；

　　　A_{0min}——封闭环是小极限尺寸；

　　　A_{1max}——增环最大极限尺寸；

　　　A_{1min}——增环最小极限尺寸；

　　　A_{2max}——减环最大极限尺寸；

　　　A_{2min}——减环最小极限尺寸。

例 6-1　加工如图 6-16a 所示的套类工件，由于 $A_0 = 80_{-0.20}^{\ 0}$ mm 无法测量，只能靠测量 A_1 和 $A_2 = 20_{-0.08}^{\ 0}$ mm 来保证。求 A_1 尺寸为多少时，才能保证 $80_{-0.20}^{\ 0}$ mm 的精度？

解　画尺寸链图，找出其中 A_0 为封闭环。A_1 为增环，A_2 为减环。

根据式（6-1）、（6-2）

$$A_{0max} = A_{1max} - A_{2min}$$

$$80mm = A_{1max} - 19.92mm$$

$$A_{1max} = 99.92mm$$

$$A_{0min} = A_{1min} - A_{2max}$$

$$79.80mm = A_{1min} - 20$$

$$A_{1min} = 99.8mm$$

最后得 $A_1 = 100_{-0.20}^{-0.08}mm$。

以上工件，要保证 $A_0 = 80_{-0.02}^{\ 0}mm$ 的尺寸精度，A_1 尺寸必须控制在 $A_1 = 100_{-0.20}^{-0.08}mm$ 的公差范围之内。加工时一般先将 A_1（$100_{-0.20}^{-0.08}mm$）的尺寸车正确，再套入心轴，车准 $20_{-0.08}^{\ 0}mm$ 尺寸，$80_{-0.08}^{\ 0}mm$ 尺寸亦随之达到要求。

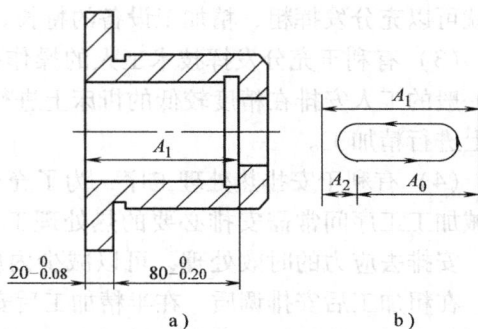

图 6-16　套类工件尺寸链计算
a) 套类工件　b) 尺寸链

第五节　工艺路线的制订

一、工艺路线的划分

1. 划分加工阶段

制订结构复杂、精度要求高的工件加工工艺路线时，应将工件的粗、精加工分开进行，即把工件的机械加工工艺过程划分为几个阶段，以便更好地安排工件的加工顺序。

机械加工工艺过程一般可分为粗加工、半精加工、精加工、光整加工或超精加工四个阶段。

（1）粗加工阶段　这一阶段的主要任务是切除各加工表面上的大部分加工余量，主要问题是如何获得较高的生产率。

（2）半精加工阶段　这一阶段是介于粗加工和精加工之间的切削加工过程，主要任务是为尺寸精度、形位精度、表面粗糙度等要求较高的重要表面精加工打基础、做准备。须达到必要的加工质量，并留有合适的加工余量等，同时完成一些次要表面的最终加工。

（3）精加工阶段　在这一阶段中，使工件的各主要表面达到图样规定的质量要求。

（4）光整加工或超精加工阶段　这是对要求特别高的工件采取的加工方法。其主要目的是提高表面尺寸精度、获得更高的表面粗糙度、使表面强化，一般不用以纠正表面的几何形状误差和相对位置误差。

2. 工艺路线划分加工阶段的意义

（1）有利于保证加工质量　由于工件在粗加工阶段切除的余量较多，因而会产生较大的切削力和切削热，所需的夹紧力也较大。因此工件会产生较大的变形，致使工件的加工误差较大。而且经过粗加工后，工件的内应力还要重新分布，也会使工件产生变形。如果不划分阶段而连续进行加工，就无法避免和修正由于上述原因引起的加工误差。划分加工阶段后，粗加工阶段留下的误差，通过半精加工、精加工以及工序间的去应力热处理来逐步修正、缩小。

（2）有利于合理使用设备　粗加工要求机床功率较大、刚性好、生产效率高，对其精度则要求不高。精加工时则应选用高精度的机床，以保证工件的精度要求。划分加工阶段以后就可以充分发挥粗、精加工设备的特长，也有利于保持高精度机床精度的稳定性。

（3）有利于充分发挥技术工人的操作技能　划分了粗、精加工阶段后，可以把技术水平一般的工人安排在精度较低的机床上进行粗加工，而把技术水平高的工人安排在高精度机床上进行精加工。

（4）有利于安排热处理工序　为了充分发挥热处理作用以及满足工件热处理要求，在机械加工工序间常需安排必要的热处理工序。例如，对一些精度要求很高的工件，粗加工后，安排去应力的时效处理，可以减少内应力变形对加工精度的影响；对于要求淬火的工件，在粗加工后安排调质，在半精加工后安排表面淬火。这样既可以便于前面工序的加工，又可以在以后的精加工中修正淬火变形，从而保证工件的加工精度。

（5）有利于及早地发现毛坯缺陷　毛坯的各种缺陷，如气孔、砂眼、夹渣及加工余量不足等，一般在粗加工后即可发现，便于及时修补或决定是否报废，以免继续加工造成工时和其他费用的损失。

在制定工件的工艺路线时，一般应遵循划分加工阶段的原则。但是加工阶段的划分不是绝对的，在具体应用时要灵活处理。如在单件小批量生产或零件的修配加工中，可以采用一些辅助措施，不必硬性划分加工阶段。对一些精密制造的毛坯，加工精度要求不高，而刚性又好的工件，可不必划分加工阶段。又如对一些刚性好的重型工件，由于装夹吊运很费时，往往不划分加工阶段而在一次装夹中完成加工。

应当指出，制定工艺路线要划分加工阶段，是对工件加工的整个过程而言的，而不能从某一表面的加工或某一工序的性质来判断。例如，有些定位基准面（如轴类工件的中心孔），在半精加工甚至在粗加工阶段就要完成，而不应放在精加工阶段。

二、切削加工工序的安排

切削加工工序通常按下列原则安排：

（1）先主后次　根据工件的功用（可以装配图上知道）和技术要求，分清工件的主要表面和次要表面。主要表面是指装配基准面、重要工作表面和精度要求较高的表面等；次要表面是指光孔、螺孔、未标注公差表面及其他非工作表面等。

分清工件的主、次要表面后，重点考虑主要表面的加工顺序，以确保主要表面的最终加工质量。

按照先主后次的原则，安排机械加工工序的一般顺序是：加工精基准面→粗加工主要表面、半精加工主要表面→精加工主要表面→光整加工、超精密加工主要表面。次要表面的加工安排在各阶段之间进行。

由于次要表面的精度要求不高，一般在粗、精加工阶段即可完成。但对于那些同主要表面有密切关系的表面，如主要孔周围的紧固螺纹孔等，通常置于主要表面精加工之后完成，以便保证它们的位置精度。次要表面安排在各阶段进行，还能增加加工阶段的时间间隔，使工件有较多的时间让残余应力重新分布，并使其引起的变形充分表现，以便在后续工序中修正。

（2）先基面后其他　应先加工出选定的后续工序的精基准，如外圆、内孔、中心孔等。如在加工轴类工件时应先钻中心孔，加工盘套类工件时应先加工外圆与端面。

（3）先粗后精　在加工工件时，一般先粗加工，再进行半精加工和精加工。

（4）先面后孔　为了保证加工孔的稳定可靠性，应先加工孔的端面，后加工孔。如加工箱体、支架和连杆等工件，应先加工端面后加工孔。这是因为端面的轮廓平整，定位、装夹稳定可靠。先加工好孔端平面，再以端面定位加工孔，便于保证端面与孔的位置精度。此外，由于平面加工好后再加工孔，使刀具的初始工作条件得到改善。

三、热处理工序的安排

根据不同目的，热处理工序一般可分为预备热处理和最终热处理，具体内容见表6-3。

表6-3　热处理工序简介

工序	工艺	工艺代号	应　用	工序位置安排	目　的
预备热处理	退火	5111	用于铸铁或锻件毛坯，以改善其切削功能	毛坯制造后，粗加工之前进行	改善材料的力学性能，消除毛坯制造时的内应力，细化晶粒，均匀组织，并为最终热处理准备良好的金相组织
	正火	5121			
	低温时效		用于各种精密工件，消除切削加工的内应力，保持尺寸的稳定性，对于特别重要的高精度的工件要经过几次低温时效处理。有些轴类工件在校直工序后，也要安排低温时效处理	半精车后，或粗磨、半精磨以后	
	调质	5151	调质工件的综合力学性能良好，对某些硬度和耐磨性要求不高的工件，也可作最终热处理	粗加工后、半精加工之前	
最终热处理	淬火	5131	适用于碳结构钢。由于工件淬火后，表面硬度高，除磨削和线切割等加工外，一般方法不能对其切削	半精加工后、磨削加工之前	提高工件材料的硬度、耐磨性和强度等力学性能
	渗碳淬火	5310—131	适用于低碳钢和低合金钢（如15、15Cr、20、20Cr等），其目的是先使工件表层含碳量增加，然后经淬火使表层获得高的硬度和耐磨性，而心部仍保持一定的强度和较高的韧性和塑性。渗碳淬火还可以解决工件上部分表面不淬硬的工艺问题	半精加工与精加工之间	
	渗氮	5330	渗氮是使氮原子渗入金属表面，从而获得一层含氮化合物的热处理方法。渗氮层较薄，一般不超过0.6~0.7mm。渗氮后的表面硬度很高，不需淬火	精磨或研磨之前	

四、辅助工序的安排

辅助工序主要包括：检验、去毛刺、去磁、倒棱边、清洗、平衡和涂防锈油等。其中检验工序是主要的辅助工序，是保证产品质量的重要环节之一。它一般安排在粗加工之后，精加工之前，重要工序之后，工件在不同车间之间转移前后和工件全部加工结束后进行。

五、典型工件工艺路线简介

1. 轴类工件工艺路线简介

加工轴类工件主要是加工外圆及相关端面，而轴颈是轴类工件的主要表面，其中用于装配传动件的配合轴颈与用于装配轴承的支承轴颈之间的位置精度要求最高。此外，还有各圆柱表面之间的同轴度、轴向定位端面与轴线的垂直度等要求也较高。

轴线为设计基准，两端中心孔为定位基准。一般主轴的加工工艺路线为：

下料→锻造→退火（正火）→粗加工→调质→半精加工→表面淬火→精磨低温时效→精磨。

2. 盘类工件工艺路线

盘类工件如图 6-17 所示，分别有孔、外圆、端面、台阶和沟槽等组成。

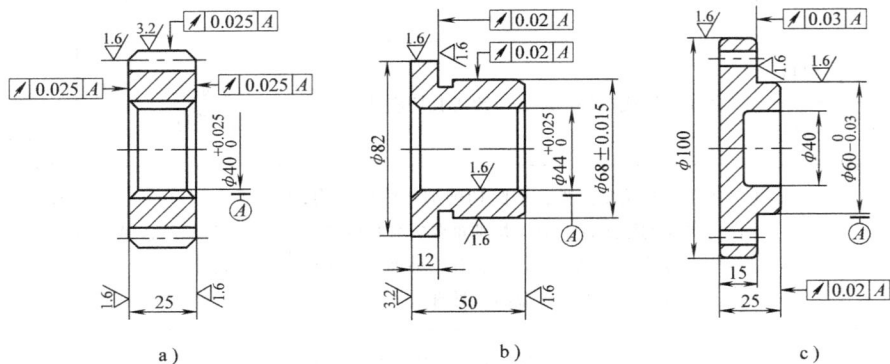

图 6-17　盘类工件示例

a）齿轮　b）轴承套　c）法兰盘

盘类工件的主要表面是同轴度要求较高的内、外圆表面，而内孔是盘类工件中起支承或导向作用的主要表面；外圆有时还是盘类工件的支承面，如图 6-18c 所示的法兰盘，常以过盈配合或过渡配合与箱体或机架上的孔相连接。此外，盘类工件的端面一般起轴向定位作用，要求与轴线相垂直，支承孔或导向孔则是定位基准面支承孔或导向孔所表达的轴线是设计基准。

具有花键孔的双联（或多联）齿轮的加工工艺路线一般为：

下料→锻造→粗车→调质→半精车→拉花键孔→套在花键心轴上精车外圆→插齿（或滚齿）→齿部倒角→齿面淬硬→珩齿或磨齿

3. 渗碳件的加工工艺路线

下料→锻造→正火→粗加工→调质→半精加工→渗碳→去渗碳层（对不需要提高硬度部分）→淬火→车螺纹→铣键槽等→粗磨→低温时效→半精磨→低温时效→精磨。

六、工序余量的确定

工件相邻两工序的工序尺寸之差，称为工序余量（加工余量）。选择毛坯时表面应留的加工余量称为毛坯余量。如粗车后，要在直径上留 1mm 余量粗车，这个 1mm 是精车余量；又如精车后要留 0.4mm 左右余量，用于磨削加工余量。

在制定工艺卡时，必须确定适当的工序余量。如淬火工件，磨削余量留的太多，磨削时容易使工件表面退火；余量太少，又往往因工件淬火后变形等原因，下道工序无法把上道工序的痕迹切除而使工件报废。

工序余量一般采用查表方法得到，表6-4是毛坯为热轧圆钢轴类工件在直径上的工序余

表6-4 热轧圆钢轴类工件直径上的工序余量 （单位：mm）

工件的公称直径	工件的长度与公称直径之比				工件的公称直径	工件的长度与公称直径之比			
	≤4	>4~8	>8~12	>12~20		≤4	>4~8	>8~12	>12~20
	毛坯的直径					毛坯的直径			
5	7	7	8	8	37	40	42	42	42
6	8	8	8	8	38	42	42	42	43
8	10	10	10	11	40	43	45	45	45
10	12	12	13	13	42	45	48	48	48
11	14	14	14	14	44	48	48	50	50
12	14	14	15	15	45	48	48	50	50
14	16	16	17	18	48	50	52	52	52
16	18	18	18	19	50	54	54	55	55
17	19	19	20	21	55	58	60	60	60
18	20	20	21	22	60	65	65	65	70
19	21	21	22	23	65	70	70	70	75
20	22	22	23	24	70	75	75	75	80
21	24	24	24	25	75	80	80	85	85
22	25	25	26	26	80	85	85	90	90
25	28	28	28	30	85	90	90	95	95
27	30	30	32	32	90	95	95	100	100
28	32	32	32	32	95	100	105	105	105
30	33	33	34	34	100	105	110	110	110
32	35	35	36	36	110	115	120	120	120
33	36	38	38	38	120	125	125	130	130
35	38	38	39	39	130	140	140	140	140
36	39	40	40	40	140	150	150	150	150

注：1. 带台阶的轴如最大直径接近于中间部分，应按最大直径选择毛坯的直径，如最大直径接近于端部，毛坯直径可以小些。

2. 确定毛坯的直径时，应先考虑本厂中常用的轧制材料的种类（尺寸）。

量。轴类工件毛坯在长度上的工序余量不宜留得过长，一般 2~3mm 即可。表6-5、表6-6为外圆加工时的加工余量，可供车外圆时使用。

表6-5 外圆粗车时为精车应留的工序余量 （单位：mm）

轴的直径 d	工件加工部分的长度					余量偏差	
	300 以下	300~500	500~1000	1000~2000	大于 2000	精密尺寸	不精密尺寸
6~18	1.0	1.0	1.2	1.5	—	-0.24	-0.4
18~50	1.5	1.5	1.5	2.0	2	-0.35	-0.6
50~120	1.5	1.5	1.5	2.0	2	-0.45	-0.8
120~260	2.0	2.0	2.0	3.0	3	-0.60	-1.0
260~500	3.0	3.0	3.0	3.0	3	-0.75	-1.2

表 6-6　外圆精车时为磨削应留的加工余量　　　　　　　（单位：mm）

工件直径	工件长度					
	不淬火	淬火	不淬火	淬火	不淬火	淬火
	800 以下	200 以下	800 ~ 1200	200 ~ 500	1200 ~ 2000	500 以上
小于 10	$0.25^{\ 0}_{-0.1}$		$0.30^{\ 0}_{-0.1}$		—	
10 ~ 18	$0.30^{\ 0}_{-0.12}$		$0.35^{\ 0}_{-0.12}$		$0.45^{\ 0}_{-0.12}$	
18 ~ 30	$0.35^{\ 0}_{-0.14}$		$0.40^{\ 0}_{-0.14}$		$0.55^{\ 0}_{-0.14}$	
30 ~ 50	$0.40^{\ 0}_{-0.17}$		$0.50^{\ 0}_{-0.17}$		$0.65^{\ 0}_{-0.17}$	
50 ~ 80	$0.50^{\ 0}_{-0.2}$		$0.60^{\ 0}_{-0.2}$		$0.75^{\ 0}_{-0.2}$	
80 ~ 120	$0.60^{\ 0}_{-0.23}$		$0.70^{\ 0}_{-0.23}$		$0.85^{\ 0}_{-0.23}$	
120 ~ 180	$0.70^{\ 0}_{-0.26}$		$0.80^{\ 0}_{-0.26}$		$1.00^{\ 0}_{-0.26}$	

第六节　车削工艺分析

一、轴类工件车削工艺分析

1. 轴类工件的结构特点及功用

轴是各种机器中最常用的一种典型工件。虽然不同的轴类工件结构形状各异，但由于它们主要用于支撑齿轮、带轮等传动工件，并传递运动和转矩。所以其结构上一般总少不了圆柱面、圆锥面、台阶、端面、轴肩、螺纹、螺纹退刀槽、砂轮越程槽和键槽等表面。外圆用于安装轴承、齿轮和带轮等；轴肩用于轴上工件和轴本身的轴向定位；螺纹用于安装各种锁紧螺母和调整螺母；螺纹退刀槽供加工螺纹时退刀用；砂轮越程槽则是为了能同时正确地磨出外圆和端面；键槽用来安装键，以传递转矩和运动。

图 6-18 所示传动轴，是轴类工件中用得最多、结构最为典型的一种台阶轴。现以其为例，来分析轴类工件的车削工艺。

2. 轴类工件的技术要求

（1）尺寸精度　轴颈是轴类工件的主要表面，它直接影响轴的回转精度和工作状态，轴颈的公差等级根据其使用要求通常为 IT6 ~ IT9，特别精密的轴颈可达 IT5。

（2）几何形状精度　轴颈的几何形状精度一般限制在直径公差范围内。对几何形状精度要求较高时，可在工件图样上另行规定其允许的公差。

（3）位置精度　主要是指装配传动件的配合轴颈，相对于装配轴承的支承轴颈的同轴度，通常用配合轴颈对支承轴颈的径向圆跳动来表示。根据使用要求，规定高精度轴为 0.001 ~ 0.005mm，而一般精度轴为 0.01 ~ 0.03mm。此外还有内外圆柱面的同轴度和轴向定位端面与轴线的垂直度要求等。

（4）表面粗糙度　工件不同工作部位的表面有不同的表面粗糙度值要求。例如普通机底主轴支承轴颈的表面粗糙度值为 $R_a 0.16 ~ 0.63 \mu m$，配合轴颈的表面粗糙度值为 $R_a 0.63 ~ 2.5 \mu m$，随着机器运转速度的增大和精密程度的提高，轴类工件表面粗糙度值要求也将越来越小。

由图 6-18 及其装配图 6-19 可知，传动轴的轴颈 M、N 是安装轴承的支承轴颈，也是该

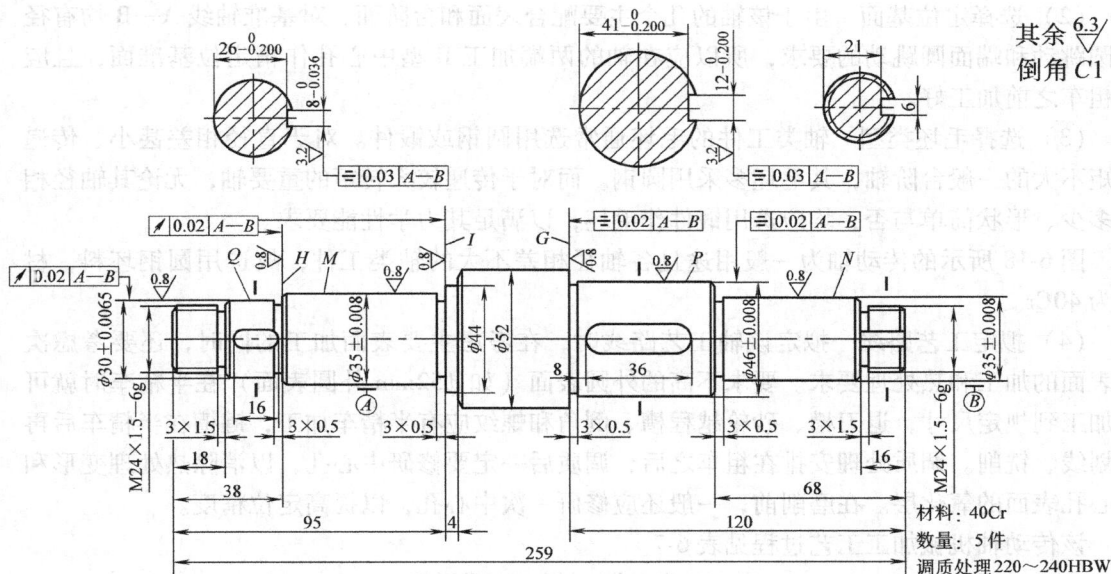

图 6-18 传动轴

传动轴装入箱体的装配基准。轴中间的外圆 *P* 装有蜗轮，运动可以由蜗杆通过此蜗轮输入传动轴，并由蜗轮减速后，通过装在轴左端外圆 *Q* 上的齿轮将运动输送出去。其中轴颈 *M*、*N* 和外圆 *P*、*Q* 尺寸精度高，公差等级均为 IT6，表面粗糙度值为 $R_a0.8\mu m$。轴肩 *G*、*H*、*I* 的表面对公共轴线 *A—B* 的端面圆跳动为 0.02mm，表面粗糙度值为 $R_a0.8\mu m$。此外，为提高该轴的综合力学性能，安排了调质处理。

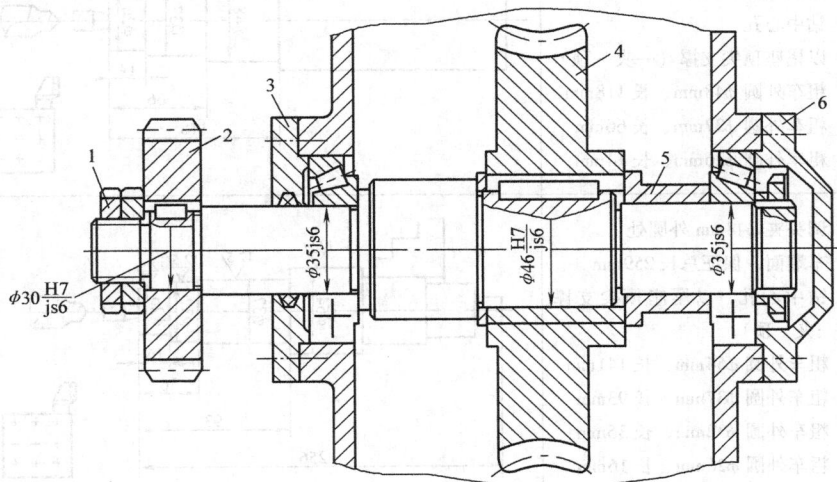

图 6-19 减速箱轴系装配简图

1—锁紧螺母 2—齿轮 3、6—端盖 4—蜗轮 5—隔套

3. 工艺分析

（1）主要表面的加工方法 从工件图样上可知，该轴大部分为回转表面，故前阶段加工应以车削为主。而表面 *M*、*N*、*P*、*Q* 尺寸精度要求很高，表面粗糙度值小，所以车削后还需要进行磨削。这些表面的加工顺序为：粗车→调质→半精车→磨削。

（2）选择定位基面 由于该轴的几个主要配合表面和台阶面，对基准轴线 A—B 均有径向圆跳动和端面圆跳动的要求，所以应在轴的两端加工 B 型中心孔作精定位基准面，且应在粗车之前加工好。

（3）选择毛坯类型 轴类工件的毛坯通常选用圆钢或锻件。对于直径相差甚小、传递转矩不大的一般台阶轴，其毛坯多采用圆钢。而对于传递较大转矩的重要轴，无论其轴径相差多少、形状简单与否，均应选用锻件作毛坯，以满足其力学性能要求。

图 6-18 所示的传动轴为一般用途且各轴径相差不大的轴类工件，故选用圆钢坯料，材料为 40Cr。

（4）拟定工艺路线 拟定该轴工艺路线时，在考虑主要表面加工的同时，还要考虑次要表面的加工和热处理要求。要求不高的外圆表面（如 φ52mm 外圆表面）在半精车时就可以加工到规定尺寸，退刀槽、砂轮越程槽、倒角和螺纹应有半精车加工，键槽在半精车后再行划线、铣削。调质处理安排在粗车之后，调质后一定要修研中心孔，以消除热处理变形和中心孔表面的氧化层。在磨削前，一般还应修研一次中心孔，以提高定位精度。

该传动轴机械加工工艺过程见表 6-7。

表 6-7　传动轴机械加工工艺过程

工序号	工步	工序内容	加工简图	设备
1	下料	φ60mm × 265mm		
2	（1）	粗车各台阶 三爪自定心卡盘夹持棒料毛坯 车右端面、见平		车床
	（2）	钻中心孔 以尾座顶尖支撑（一夹一顶）		
	（3）	粗车外圆 φ48mm、长 118mm		
	（4）	粗车外圆 φ37mm、长 66mm		
	（5）	粗车外圆 φ26mm、长 14mm		
	（6）	调头夹 φ48mm 外圆处 车端面，保证总长 259mm		车床
	（7）	钻中心孔，以尾座顶尖支撑（一夹一顶）		
	（8）	粗车外圆 φ54mm、长 141mm		
	（9）	粗车外圆 φ37mm、长 93mm		
	（10）	粗车外圆 φ32mm、长 36mm		
	（11）	粗车外圆 φ26mm、长 16mm		
3	热	调质处理 220 ~ 240HBW		
4	钳	修研两端中心孔		车床

工序号	工步	工序内容	加工简图	设备
5		半精车台阶、车槽、倒角 双顶尖装夹工件		车床
	(1)	半精车外圆 ϕ（46.5 ± 0.1）mm，左端距轴端 120mm		
	(2)	半精车外圆 ϕ（35.5 ± 0.1）mm，左端距轴端 68mm		
	(3)	半精车外圆 $\phi24^{-0.1}_{-0.2}$ mm、长 16mm		
	(4)	3 处车槽		
	(5)	3 处倒角 C1 调头双顶尖装夹		
	(6)	车外圆 ϕ52mm 到尺寸，左端距轴端 139mm		
	(7)	车外圆 ϕ44mm 到尺寸，左端距轴端 99mm		
	(8)	半精车外圆 ϕ（35.5 ± 0.1）mm，左端距轴端 95mm		
	(9)	半精车外圆 ϕ（30.5 ± 0.1）mm，左端距轴端 38mm		
	(10)	半精车外圆 $\phi24^{-0.1}_{-0.2}$ mm、长 18mm		
	(11)	3 处车槽		
	(12)	4 处倒角 C1		
6		车螺纹		车床
	(1)	双顶尖装夹工件 车端螺纹 M24 × 1.5—6g 调头双顶尖装夹		
	(2)	车另一端螺纹 M24 × 1.5—6g		
7	钳	划键槽及一个止动垫圈槽加工线		
8		铣键槽、止动垫圈槽		键槽铣床或立铣
	(1)	铣键槽，宽 12mm、深 5.25mm		
	(2)	铣键槽，宽 8mm、深 4.25mm		
	(3)	铣右端止动垫圈槽，宽 6mm、深 3mm		

（续）

工序号	工步	工序内容	加工简图	设备
9	钳	修研两端中心孔		车床
10	(1)	磨外圆，靠磨台肩 双顶尖装夹工件 磨外圆 ϕ（30 ± 0.0065）mm 并靠磨台肩 H		外圆磨床
	(2)	磨外圆 ϕ（35 ± 0.008）mm 并靠磨台肩 I		
		调头，双顶尖装夹工件		
	(3)	磨外圆 ϕ（35 ± 0.008）mm		
	(4)	磨外圆 ϕ（46 ± 0.008）mm 并靠磨台肩 G		
11	检	检验		

二、套类工件车削工艺分析

1. 套类工件的结构特点及功用

套类工件一般由外圆、内孔、端面、台阶和沟槽等旋转表面组成。其主要特点是内、外旋转表面的同轴度要求较高，有的工件壁较薄，加工过程中易变形。套类工件在机器中通常起支撑、导向、连接及轴向定位等作用，使用时承受进给力和背向力。

2. 套类工件的技术要求

套类工件的主要表面是孔和外圆，其主要技术要求如下：

（1）内孔 内孔是套类工件起支撑或导向作用的最主要表面，通常与运动的轴、刀具或活塞相配合。孔的直径公差等级一般为IT7，精密轴套取IT6。孔的形状精度应控制在孔径公差以内，对有些精密轴套可控制在孔径公差的$1/3 \sim 1/2$，甚至更严。对于较长的套筒，除了圆度要求外，还应注意孔的圆柱度和孔轴线的直线度要求。为了保证套类工件的功用和提高其耐磨性，内孔表面的表面粗糙度值控制在 $R_a 0.16 \sim 1.6 \mu m$ 范围之内，有的要求更高，可达 $R_a 0.04 \mu m$。

（2）外圆 外圆一般是套类工件的支承表面，通常以过盈配合或过渡配合同箱体或机架上的孔相联接。外径尺寸公差等级通常取IT6～IT7；形状精度控制在外径公差以内，表面粗糙度值为 $R_a 0.4 \sim 3.2 \mu m$。

（3）位置精度 若套类工件的最终加工（主要指内孔）是在装配前完成的，其内、外圆之间的同轴度要求较高，一般为 $0.01 \sim 0.05 \mu m$；若孔的最终加工是在将套装入机座后进行的，则装配前其内外圆间的同轴度要求较低，因内孔还要精加工；若套筒的端面（包括台阶）在使用中承受轴向载荷或在加工中作为定位基准时，其内孔轴线与端面的垂直度一般为 $0.01 \sim 0.05 \mu m$。

3. 工艺分析

（1）主要表面的加工方法　如前所述，套类工件的主要表面是内孔和外圆，而外圆和端面的加工方法与轴类工件相似。

套类工件的内孔加工方法有以下几种：钻孔、扩孔、镗孔、磨孔、珩孔、研磨孔及滚压加工。其中钻孔、扩孔及镗孔作为粗加工与半精加工（精镗孔也可作为精加工），而铰孔、磨孔、珩孔、研磨孔、拉孔及滚压加工，则作为孔的精加工方法。

孔加工方法的选择，需根据孔径大小、深度与孔的精度和表面粗糙度，以及工件的结构形状、材料和孔在工件上的部位和批量而定。下面列出选择孔的加工方案时通常考虑的主要原则：

1）当孔径较小时（ϕ50mm 以下），大多数采用钻、扩、铰方案，其精度与生产率均很高。

2）当孔较大时，大多采用钻孔后镗孔或直接镗孔（已有铸出孔或锻出孔时），并增加进一步精加工的方案。

3）箱体上的孔多采用粗镗、精镗、浮动镗孔，缸筒件的孔则多采用精镗后珩磨或滚压加工。

4）淬硬套筒工件，多采用磨孔方案。磨孔同样可以获得很高的精度和较小的表面粗糙度值。对于精密套筒，还应增加对孔的精密加工，如高精度磨削、珩磨、研磨、抛光等方案。

（2）选择定位基面　套类工件在加工时的定位基面主要是内孔和外圆。因为以内孔（或外圆）作为定位基面，容易保证加工后套类工件的形状、位置精度，但在一般情况下，多采用内孔定位。这是因为夹具（心轴）结构简单，容易制造得很精确，同时心轴在机床上的装夹误差较小。此外，加工套类工件时，为了获得较高的位置精度，常采用互为基准、反复加工的原则，以不断提高定位基准的定位精度。

（3）保证工件的形状位置公差　精度要求较高的套类工件，其形状位置精度一般都有较高的要求。为了保证这些要求，在加工中应特别注意装夹方法，例如：

1）对于加工数量较少、精度要求较高的工件，可在一次装夹中尽可能将内、外圆面和端面全部加工完毕，这样可以获得较高的位置精度。

2）以工件内孔定位时，采用心轴装夹，加工外圆和端面。这种方法能保证很高的同轴度，在套类工件加工中得到广泛的应用。

3）若以外圆定位时，用软爪卡盘或弹簧套筒夹具装夹，加工内孔和端面。此法装夹工件迅速、可靠，且不易夹坏工件表面。

4）加工薄壁套类工件时，防止变形是关键，为此常采用开缝套筒、软爪卡盘和专用夹具装夹，以防止工件由于夹紧力而引起的内孔加工后产生的变形。

（4）保证表面质量要求　由于套类工件的内孔是支承面或配合表面，为了减少磨损，其表面粗糙度均要求很高。而影响内孔表面粗糙度的主要因素，是内孔车刀的刚性和排屑问题。为此，要在尽量增加刀柄截面积、缩短刀柄伸出长度和正确选择内孔车刀的刃倾角等方面采取相应措施，同时还应注意提高内孔车刀的刃磨质量，合理选择切削用量，充分使用切削液。

（5）正确安排加工顺序　一般加工套类工件，应重点保证内外圆面的同轴度和相关端面对轴线的垂直度要求。其车削加工顺序的安排可参考如下方式：

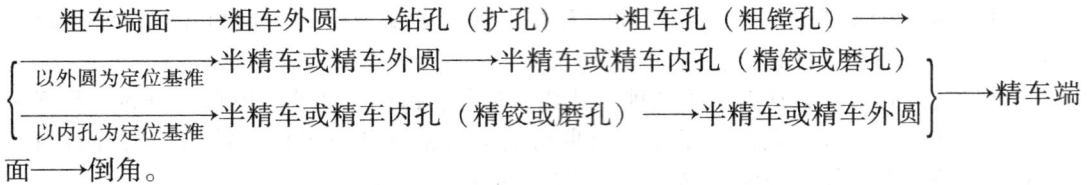

粗车端面——→粗车外圆——→钻孔（扩孔）——→粗车孔（粗镗孔）——→

$\begin{cases} \text{以外圆为定位基准} ——→\text{半精车或精车外圆}——→\text{半精车或精车内孔（精铰或磨孔）} \\ \text{以内孔为定位基准} ——→\text{半精车或精车内孔（精铰或磨孔）}——→\text{半精车或精车外圆} \end{cases} ——→\text{精车端}$

面——→倒角。

现以图 6-20 所示固定套为例，具体分析其车削工艺。

1）该工件主要表面的尺寸精度、形状、位置精度及表面粗糙度等要求都比较高。端面 P 为固定套在机座上的轴向定位面，并依靠 $\phi40k6$ 外圆与机座孔过渡配合；内孔 $\phi22H7$ 与运动轴间隙配合，起支撑作用。

2）考虑该工件使用时要求耐磨，故其材料选用铸铁为好，又由于其轴径相差不大，所以选铸铁棒料作毛坯较合适。

3）为确保工件质量，对铸件坯料应进行退火处理。

图 6-20　固定套

4）由于零件精度要求较高，故加工过程应划分为粗车——→半精车——→精车等阶段。

5）为满足同轴度和垂直度等位置精度要求，应以内孔为定位基准，配以小锥度心轴，用两顶尖装夹方式，精车外圆和端面。

6）精加工内孔时，以粗车后的 $\phi42mm$ 外圆作定位基准，将 $\phi52mm$ 外圆端面车平。由于有一定批量，为提高生产率，内孔采用扩孔—铰削加工为好。

固定套的工艺过程见表 6-8。

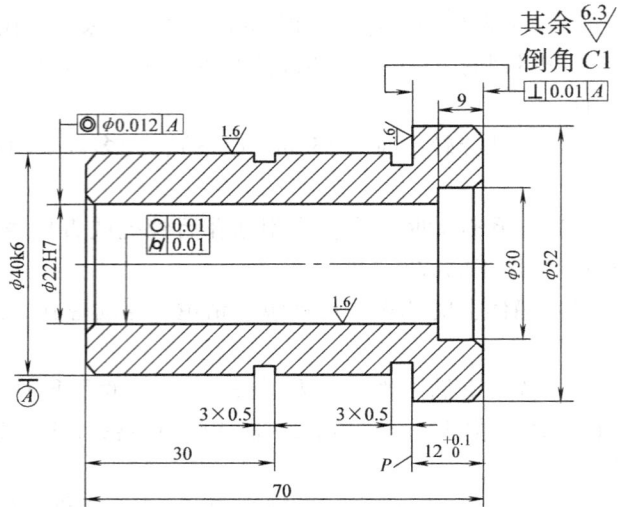

表 6-8　固定套的工艺过程

工件名称			材　料	毛　坯		
固定套			HT150	种类	铸棒	规格 $\phi58mm \times 320mm$（4 件）
工序	工种	工步	加 工 内 容	工 序 简 图		
1	铸		铸棒 $\phi58mm \times 320mm$，并退火 Th196～229HBW			
2	车		四件同时粗车各外圆 三爪自定心卡盘夹外圆			
		（1）	车端面			
		（2）	钻中心孔并以尾座顶尖支撑			
		（3）	车外圆 $\phi54mm$、长（$72 \times 4 + 4 \times 3$）mm（车槽刀宽）			
		（4）	分四段车外圆 $\phi42 \times (58+4)mm$			
		（5）	车槽（4 处）深 12mm			

工件名称			材　料	毛　坯			
固定套			HT150	种类	铸棒	规格	$\phi58$mm×320mm（4件）
工序	工种	工步	加 工 内 容	工 序 简 图			
3	车		三爪自定心卡盘夹持找正，钻孔 $\phi19$mm 成单件				
4	车		三爪自定心卡盘夹持 $\phi40$mm 处，找正				
		（1）	车平端面				
		（2）	半精车孔 $\phi21.8^{+0.10}_{0}$mm				
		（3）	车内台阶孔 $\phi30$mm，深 9.5mm				
		（4）	铰孔 $\phi22$H7 至尺寸要求				
		（5）	车 $\phi52$mm 外圆至尺寸要求				
		（6）	精车 $\phi52$mm 端面，保证内台阶孔深 9mm				
		（7）	倒内角 $C1$				
		（8）	倒外角 $C1$				
5	车		用 $\phi22$H7 孔装心轴，两顶尖装夹				
		（1）	精车 $\phi40$k6（$^{+0.018}_{+0.002}$）mm 外圆至尺寸要求				
		（2）	精车台阶平面尺寸 $12^{+0.10}_{0}$mm 至要求				
		（3）	精车端面，取总长 70mm				
		（4）	车中部处沟槽，保证 30mm 的距离至尺寸要求				
		（5）	切台阶处沟槽至尺寸要求				
		（6）	倒外角 $C1$				
6	车		用软爪卡盘夹持 $\phi52$mm 处倒内角 $C1$				

本 章 小 结

　　本章主要介绍了典型工件的车削工艺分析和相关的工艺知识。通过本章的学习，了解工艺规程的相关知识及工艺过程的组成，掌握基准和定位基准的选择原则，掌握尺寸链的概念、特性及计算，学会拟订工艺路线，能够进行典型工件的车削工艺分析。

复习思考题

1. 什么是生产过程？
2. 什么是工艺过程？
3. 什么是工艺规程？
4. 机械加工工艺过程由哪几部分组成？
5. 什么是工序、安装、工位、工步、行程？并举例说明。
6. 基准有哪些种类？试举例说明。
7. 什么是粗基准？其选择原则有哪些？
8. 什么是精基准？其选择原则有哪些？
9. 什么是尺寸链？
10. 怎样绘制尺过链图？
11. 尺寸链的特性是什么？
12. 工艺路线划分的意义是什么？
13. 热处理方法一般有哪几种？其工序位置安排的规律是什么？
14. 渗碳件的工艺路线一般应怎样安排？

第七章 提高劳动生产率的途径

教学目标 1. 懂得劳动生产率的概念、组成和意义。
2. 能根据现有的加工情况提出提高劳动生产率的有效措施。
3. 使学生扩大知识面。

教学重点 劳动生产率的概念、组成和意义。

教学难点 提出提高劳动生产率的有效措施。

劳动生产率是衡量生产效率的一个综合指标，有产量定额和时间定额两部分。产量定额是指在一定生产条件下，每个工人在单位时间内应完成的合格品数量。时间定额是指在一定生产条件下，规定生产一件产品或完成一道工序所消耗的时间。提高劳动生产率就必需增加产量定额或减少时间定额。在机械制造业中常采用时间定额。

任何提高劳动生产率的有效措施，都必须在安全、文明生产前提条件下，以保证产品质量为中心，以降低生产成本、提高经济效益、积累资金、加速发展为目的。同时兼顾减轻工人的劳动强度，努力实现安全、文明、优质、高产、低耗。

第一节 时间定额的组成

时间定额是由几种时间因素组成的，而各个时间因素在时间定额中所占的比例各不相同，因此必须注意缩短占有比例较大的那部分时间因素，就可以明显地提高劳动生产率。时间定额一般由下列时间因素组成。

一、作业时间

作业时间是指直接用于制造产品或零部件所消耗的时间，它可分为基本时间和辅助时间两部分。

（1）基本时间 直接改变生产对象的形状、尺寸、相对位置、表面形状或材料性质等工艺过程所消耗的时间。机械加工的基本时间是直接操作机床进行切削加工所消耗的时间，又称纯切削时间。

（2）辅助时间 为实现工艺过程所必须进行的各种辅助动作所消耗的时间。如工件的装卸、机床的变速、刀具的装卸、刀具的刃磨、刀架的转动、进给和退刀的空行程及测量尺寸等工艺过程所消耗的一切时间。

二、布置工作场地时间

为了使加工正常进行，工人维护保养设备，清理切屑、收拾工具等整理工作地所消耗的时间，称为布置工作场地时间。

三、休息与生理所需要的时间

工人在工作时为恢复体力和满足正常的需要所消耗的时间，称为休息与生理所需要的时间。

四、准备与终结时间

为了生产一批产品或零部件，进行的准备和结束工作所消耗的时间，称为准备与终结时间。如在首次加工一批零件前，往往需要熟悉图样要求和工艺文件，安装和调整工、夹、量具，更换刀具，调整机床设备；当首件加工结束后，要进行首检；一批零件加工结束后，要进行交检；拆卸和送还工、夹、量具，检查机床设备等过程所消耗的时间。

应注意，不同的生产类型；其时间定额的组成是不同的。在成批生产的条件下，时间定额的组成可以按下式计算

$$时间定额 = \frac{作业时间 + 布置工作场地时间 + 休息与生理所需要的时间 + 准备与终结时间}{每批产品的数量}$$

由上式可知，要提高劳动生产率，只有减少时间定额。为此必须采取措施缩短作业时间、布置工作场地时间、准备与终结时间。

第二节 缩短基本时间的方法

作业时间在时间定额中占有举足轻重的地位，而基本时间又是作业时间中的重要组成部分。要缩短作业时间，必须研究缩短基本时间的途径。

车削加工时，基本时间的长短不仅决定于加工余量的多少和切削行程的长短，而且还与切削用量的大小等因素都有着密切的关系。因此，减少加工余量、减少切削行程的长度、增大切削用量、采用多刀或多件等切削方法，都能有效地缩短基本时间。

一、减少加工余量

在保证产品质量的条件下，毛坯的形状和尺寸要尽可能接进产品的形状和尺寸，以减少加工余量。因为加工余量太多不仅会浪费大量的原材料，而且增加进给次数，加速刀具的磨损，消耗更多的能量。因此用减少加工余量来缩短基本时间是个很有效的途径。尤其在批量较大时，毛坯制造应尽可能采用精密铸造、精密锻造、冷挤压、粉末冶金等少切削、无切削先进的工艺方法。

二、加大切削用量

1. 提高切削速度

提高切削速度可以减少每次进给行程所需的时间，所以能有效地缩短基本时间。在半精车和精车时效果更为明显，但提高切削速度受到很多因素的制约。

2. 增大背吃刀量

增大背吃刀量可以减少进给次数，从而缩短基本时间。背吃刀量的大小应根据毛坯余量、工件刚性、机床刚性和机床功率的大小等情况进行合理选择。若背吃刀量选择过大，则会引起振动、刀具崩刃、顶弯工件、损坏设备等事故。

3. 增大进给量

增大进给量也可以减少每次进给行程所需的时间，在金属切除量相同的情况下，增大进给量比增大背吃刀量更有利。因为增大进给量对切削力的影响较小，机床功率消耗也较小。与提高切削速度相比，增大进给量对刀具的影响也较小，但增大进给量会受到加工精度和工艺系统的刚性、强度等因素的制约。

三、采用多刀切削或多件切削加工

1. 采用多刀切削

工件在一次装夹中，用两把以上的刀具或多个切削刃同时对工件的几个表面进行切削，称为多刀切削。多刀切削在同一基本时间内可以完成对几个表面的加工。这样，不仅缩短了切削的基本时间，也相应地减少了转换刀架、更换刀具和试切、测量、调整等时间，缩短了辅助时间，所以多刀切削是提高劳动生产率行之有效的方法之一。

多刀切削时，多把刀具或刀具的多个切削刃对工件的几个表面同时进行切削，使进给合并或工步合并，于是缩短了切削时间。

（1）多刀切削台阶小轴　一般加工台阶小轴的方法如图 7-1 所示，首先用 45°车刀平端面，90°车刀加工外圆，同时加工出 $\phi42\text{mm}\times52\text{mm}$ 台阶，然后用车槽刀车出 $\phi32\text{mm}\times$

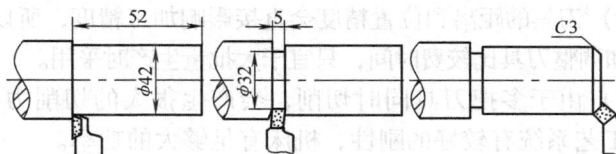

图 7-1　一般台阶小轴的加工方法

5mm 轴间槽，再用 45°车刀车 C3 倒角。

如采用图 7-2 所示的多刀切削法，用正装的 90°车刀加工外圆，用反装在后刀架上的车槽刀 2、倒角刀 3，同时进行车槽和倒角。这样可将车槽和倒角的基本时间重合，并且也减轻了劳动强度。

（2）多刀车削活塞环槽　活塞环上的几条环槽，如用一把车槽刀切削，机动时间较长。若采用如图 7-3 所示的多刀切削法，使每个环槽的加工集中成为一个复合工步。加工时，环槽用 4 把刀同时切出，不仅可缩短机动时间，同时切出的环槽距离和深度也比较一致。

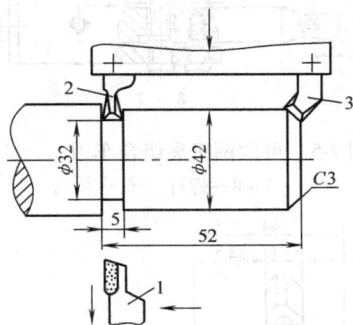

图 7-2　多刀切削法

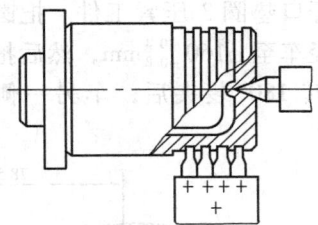

图 7-3　多刀车削活塞环槽

（3）多刃车刀平端面、倒角　多刃车刀平端面、倒角如图 7-4 所示，切削刃 1 平端面，切削刃 2 倒角，使平端面和倒角合并为一个工步，只需一次进给便可完成。

（4）可微调机夹组合车刀　图 7-5 所示为加工齿轮箱盖的可微调机夹组合车刀。其特点是：采用机械夹固式 6 把车刀同时切削；有微调装置，装拆、对刀方便。螺钉 1~8 分别用来调整车刀径向和轴向尺寸。其中螺钉 1 调整车槽刀径向尺寸，螺钉 2 调整端面车刀轴向尺寸。每把车刀都用螺钉压紧，如端面车刀用螺钉 9 压紧。这种车刀参加切削的切削刃较多，切削力较大，因此，一般只适用于加工铝合金等轻金属工件。

从以上实例可以看出，多刀多刃切削的特点如下：

1）工件的几个表面可以同时进行加工，缩短了基本时间。

2）工件上的某些尺寸由刀具的相对位置决定，既可减少工件的测量时间，又可简化操作步骤。

虽然多刀切削可以缩短基本时间和一部分辅助时间，但必须注意下列问题：

1）刀具的距离和位置精度会直接影响加工精度，所以装夹和调整刀具比较费时间，只宜于大批量生产时采用。

2）由于多把刀具同时切削，会产生很大的切削力，要求工艺系统有较好的刚性，机床有足够大的功率。

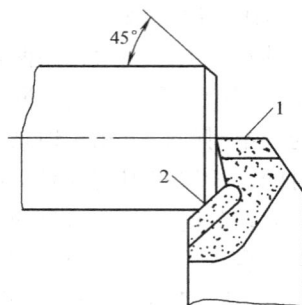

图 7-4　多刃车刀平端面、倒角
1、2—切削刃

3）在使用刀排进行多刀车削时，刀排刚度不容忽视。还应注意刀架的位移是否会妨碍滑板移动和尾座支顶工件。

2. 采用多件加工

采用多件加工即在同一基本时间内加工多个工件，从而提高了劳动生产率。

如图 7-6 所示的弧形块工件，需要在车床上车削 $R80^{-0.2}_{-0.4}$mm 两个圆弧。若采用如图 7-7 所示的夹具，一次可同时车削 6 个工件，基本时间可明显缩短。工件 2 由锥形心轴 1 和圆销 5 定位，用螺母 4 和开口垫圈 3 压紧工件。把圆弧部分的直径车至 $\phi160^{-0.4}_{-0.8}$mm，然后把工件卸下旋转 180° 装夹后，车另一侧圆弧。

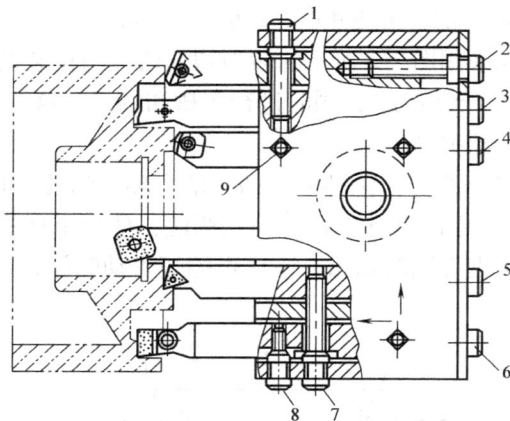

图 7-5　可微调机夹组合车刀
1~8—螺钉

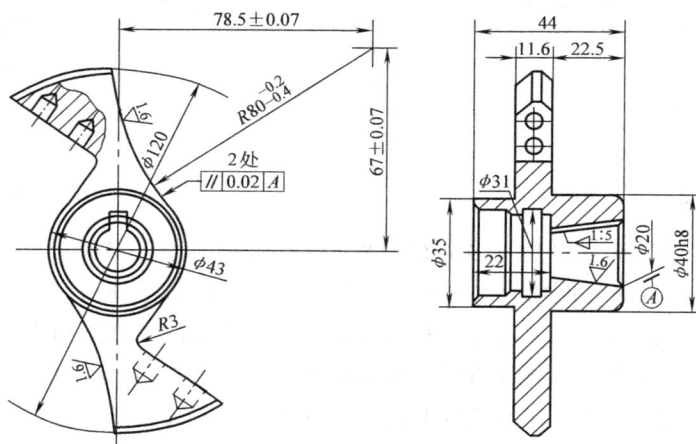

图 7-6　弧形块工件图

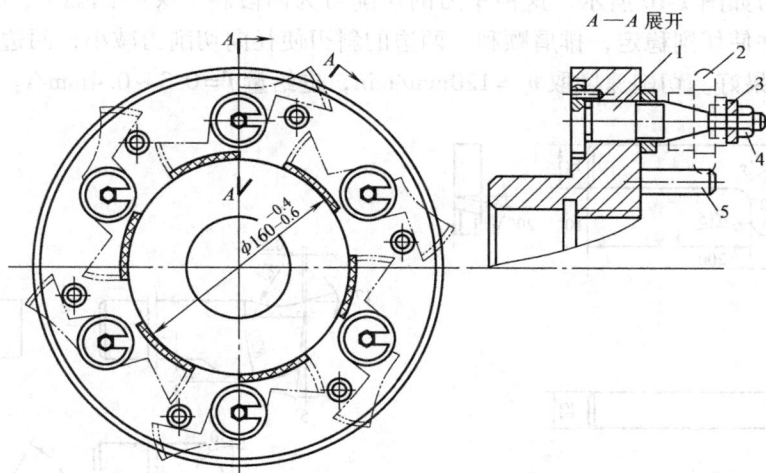

图 7-7 弧形块工件多件装夹
1—锥形心轴 2—工件 3—开口垫圈 4—螺母 5—圆销

四、改进或采用先进切削刃具

改进或采用先进切削刃具，可以明显缩短切削时间。刃具几何形状和角度的变化是很微妙的，有时一把刃具几何形状和角度稍加改进，就会大大提高刃具的寿命，提高切削效率和工件质量。

1. 75°强力切削车刀

75°强力切削车刀如图 7-8 所示，刀具采用较大的前角，以减少切削力和降低切削热。采用较大的负值刃倾角和负倒棱，可以弥补因前角过大引起的切削刃强度不足的缺陷，并耐冲击。该车刀在车削余量较大的中碳钢时，可取较大的切削用量，一般 a_p = 8 ~ 10 mm，f = 0.5 ~ 0.6mm/r，v_c = 50 ~ 60mm/min。

2. 高速大进给量精车刀

高速大进给量精车刀如图 7-9 所示，刀具采取较大的刃倾角。切削时，切削刃是倾斜接触工件，增大了实际工作前角，切割作用加强，切削平稳，车刀的修光刃较长，可以在较高的切削速度下取较大的进给量。切削速度取 v_c = 100 ~ 500mm/min，f = 1 ~ 2mm/r，表面粗糙度值可达 R_a = 1.6μm，切削效率高。

3. 高效切断刀

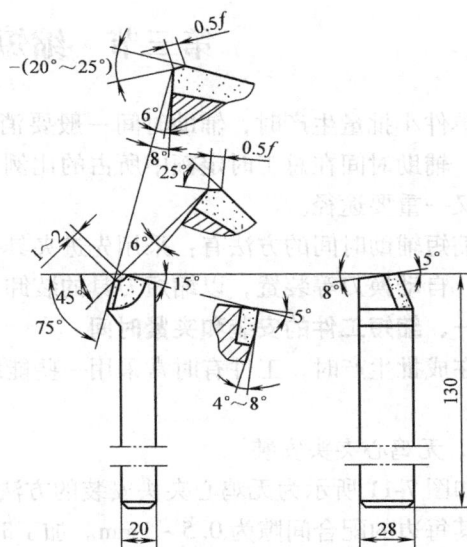

图 7-8　75°强力切削车刀

高效切断刀如图 7-10 所示，这种车刀的切削刃为两段斜刃夹一凹弧刃。凹弧刃起导向和排屑作用，并使切削稳定，排屑顺利。两边的斜刃使径向切削力减小，两边的刀尖角大于90°，故散热效果好。切削速度取 $v_c = 120\,\text{mm/min}$，进给量 $f = 0.3 \sim 0.4\,\text{mm/r}$。

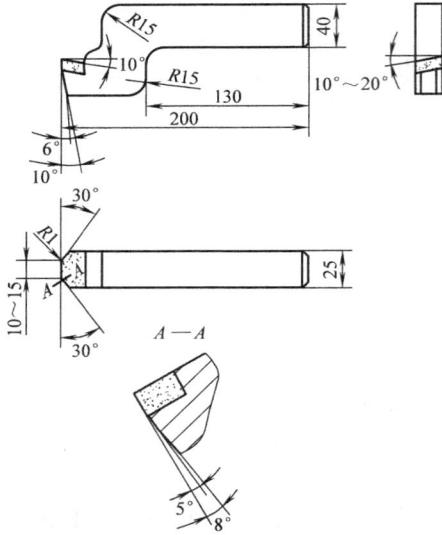

图 7-9　高速大进给量精车刀　　　　　　　　图 7-10　高效切断刀

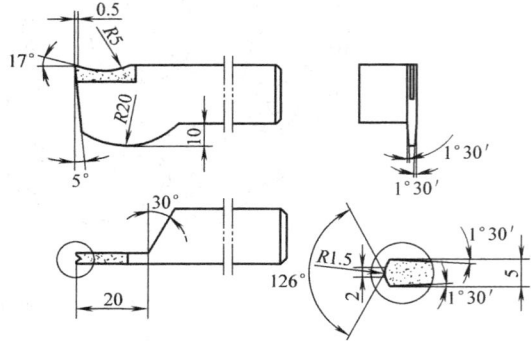

第三节　缩短辅助时间的方法

单件小批量生产时，辅助时间一般要消耗单件时间定额的 50% ~ 80%。即使在成批生产时，辅助时间在总工时定额中所占的比例也很大。因此，缩短辅助时间也是提高劳动生产率的又一重要途径。

缩短辅助时间的方法有：采用先进夹具，以缩短装卸、找正工件的时间；采用各种快速换刀、自动换刀等装置，以缩短刀具的装卸、调整、对刀等方面的时间。

一、缩短工件的安装和夹紧时间

在成批生产时，工件有时常采用一些能缩短安装、找正时间的快速、简易夹具和安装方法。

1. 无鸡心夹头安装

如图 7-11 所示为无鸡心夹头安装的方法。图 7-11a 为心轴的外方榫与拨块 1 的内方榫配合，其每边的配合间隙为 0.5 ~ 1mm。加工时，心轴装夹在两顶尖之间，由方孔拨块带动心轴转动。图 7-11b 安装是用单头拨块 1 来带动心轴转动，从而缩短了辅助时间。

2. 简易不停车夹头

如图 7-12 所示为简易不停车夹头。车削时，工件 2 左端靠带有锥孔（$\alpha/2 = 7° \sim 8°$）的夹头 1 带动，另一端用后顶尖 3 顶住。由于后顶尖的轴向推力，使锥孔和工件顶端的摩擦力增大而产生自锁作用。后顶尖的轴向推力越大，自锁性越好，夹得越牢固。当工件加工完毕后，只要退出后顶尖（可不必停车）工件就自动落下。但这种简易不停车夹头在使用中存在一定的局限性。例如，不适合加工毛坯圆度太差的工件，也不适合背吃刀量太大的场合。

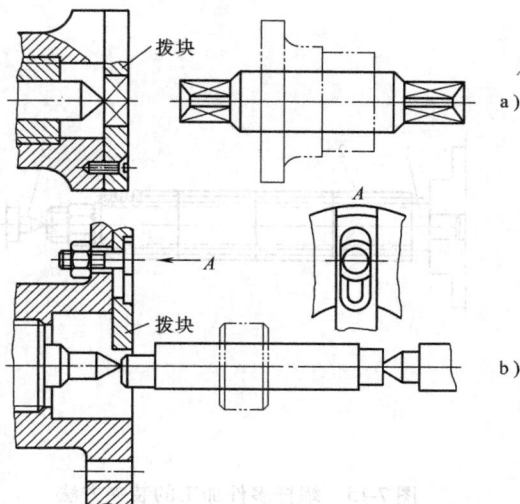

图 7-11　无鸡心夹头安装心轴
a) 方孔拨块　b) 单头拨块

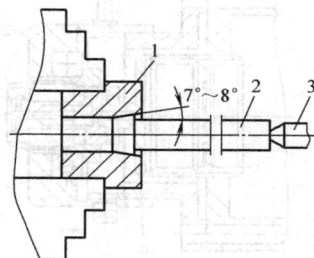

图 7-12　简易不停车夹头
1—夹头　2—工件　3—后顶尖

3. 车六角螺钉不停车夹头

如图 7-13 所示是车六角螺钉不停车夹头。螺钉六角头放入夹头的六角孔中，当用后顶尖推动工件及套 2 向左移动时，使套 2 上的斜爪与右侧的斜爪 1 接合，就能带动工件旋转。当工件加工完毕后，退出后顶尖，在弹簧 3 的作用下，斜爪互相脱开，工件就停止旋转，在不停车的情况下就可把工件卸下。

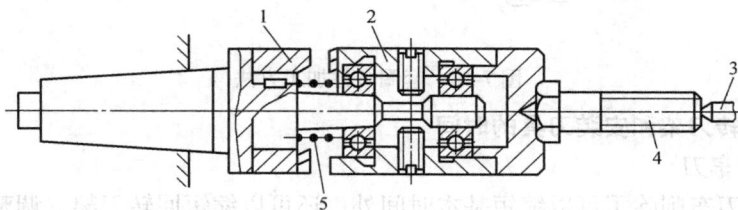

图 7-13　车六角螺钉不停车夹头
1—离合器　2—套　3—尾座顶尖　4—工件　5—弹簧

4. 不停车弹簧夹头

如图 7-14 所示是不停车弹簧夹头。弹簧套筒 4、套 3 固定在与主轴连接的盘 6 上，与主轴一起转动。套 3 的轴向移动是由带手柄的外套 2，通过推力轴承 5 带动。因此，扳动外套手柄 1 便可使旋转中的弹簧套筒 4 夹紧或松开，不停车就可装卸工件。

5. 多件加工

所谓多件加工，即在同一基本时间内同时加工出多个工件，从而提高劳动生产率。

如图 7-15 所示，是蜗杆多件加工的装夹方法。工件长度较短并且中间有孔，可采用先将工件内孔和两端面精加工，然后将工件 2 装夹在找正好的心轴 1 上夹持，另一端用尾座顶尖 3 支撑。这种多件装夹、加工的方法，大大提高了蜗杆加工的劳动生产率。

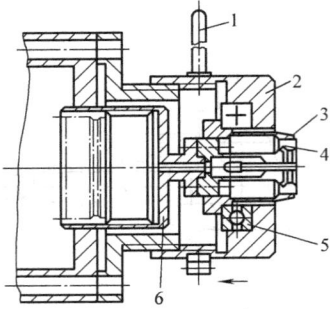

图 7-14　不停车弹簧夹头

1—手柄　2—外套　3—套　4—弹簧套筒
5—推力球球轴承　6—盘

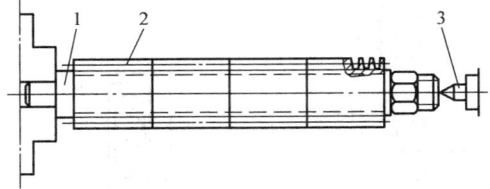

图 7-15　蜗杆多件加工的装夹方法
1—心轴　2—工件　3—尾座顶尖

如图 7-16 所示是套圈多件加工的装夹方法。用棒料加工直径较小的套圈，可采用一夹一顶的装夹方法。先车外圆，并按套圈的长度车槽，槽底直径略小于其孔径，然后钻孔，当钻孔到一定深度时，套圈就脱落并套在钻头上，去毛刺后即为成品零件。

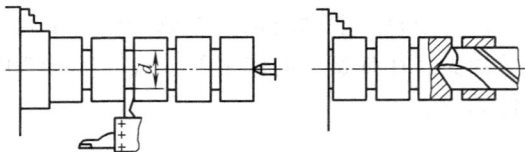

图 7-16　套圈多件加工方法

二、缩短回转刀架和安装刀具的时间

1. 采用多刃车刀

采用多刃车刀车削除了可以缩短基本时间外，还可以缩短回转刀架、调整刀具等辅助时间。车削加工中，大多数工件在车外圆、车端面或车内孔之后，在外圆或内孔口处需要倒角。一般加工方法需要回转刀架、调换车刀进行倒角，如采用多刃车刀就能缩短回转刀架等辅助时间。

如图 7-17 所示是内孔加工完毕之后倒角的多刃车刀。其中切削刃 1 车内孔，切削刃 2 车孔口和外圆处的倒角。内孔倒角时，车床主轴必须反转。

如图 7-18 所示是用多刃车刀车削齿轮轮坯，该车刀可以车端面、车外圆、车内孔、外圆倒角、内孔倒角等。

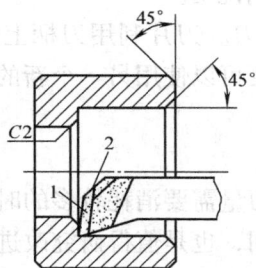

图 7-17　内孔倒角的多刃车刀

1、2—切削刃

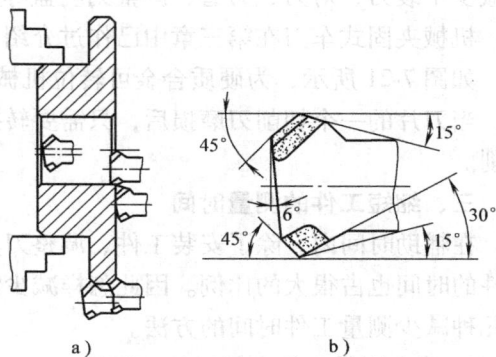

图 7-18　多刃车刀车削齿轮轮坯

a）车削情况　b）车刀角度

如图 7-19 所示是用多刃车刀车削外圆和退刀槽的方法。车削外圆和退刀槽，一般分别用外圆和退刀槽两种车刀车削，如图 7-19a 所示。现改用多刃车刀车削，在半精车或精车时，车削到台阶处就可车槽，如图 7-19b 所示。这减少了回转刀架，调整车刀所用的辅助时间，同时也减少了回转刀架所产生的尺寸误差。

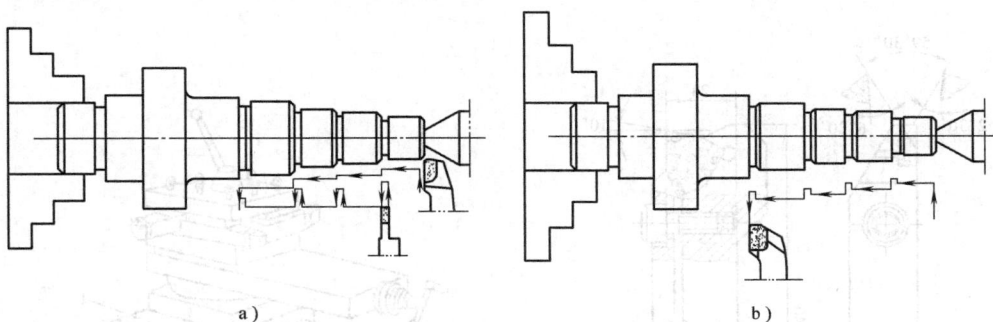

图 7-19　用多刃车刀车削外圆和退刀槽的方法

a）一般车削　b）用多刃车刀车削

车削外圆和退刀槽的多刃车刀，可用 90° 车刀改磨而成，其几何形状如图 7-20 所示。这种车刀刀头强度较差，背吃刀量不宜太大（$a_p \leqslant 3\text{mm}$），一般用于半精车。

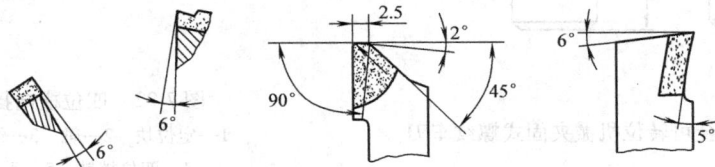

图 7-20　车削外圆和退刀槽的多刃车刀

2. 采用机械夹固式车刀

装夹车刀时为了对准中心，调整车刀与工件的相对位置，需要占用一定的辅助时间。为了减少辅助时间，可采用机械夹固式车刀车削。

机械夹固式车刀的形状和尺寸都比较准确，在刀片转位或更换后，其位置变化很小，大大减少了装刀、对刀、刃磨、调整刻度盘等所需要的辅助时间。

机械夹固式车刀在第三章中已作过介绍，这里仅举一例说明。

如图 7-21 所示，为硬质合金可转位机械夹固式螺纹车刀。刀片利用刀柄上的 V 形槽定位，当刀片的一个切削刃磨损后，只需要转换一个角度，便可以使用另一个新的切削刃继续切削。

三、缩短工件的测量时间

在辅助时间内，除了安装工件、调整刀具、调整背吃刀量需要消耗较多的时间外，测量工件的时间也占很大的比例。因此怎样减少测量工件的时间，也是值得研究改进的。下面介绍几种减少测量工件时间的方法。

1. 减少测量工件直径尺寸的时间

工件在成批生产时，直径尺寸可用横向挡铁来控制。如图 7-22 所示，定位块 1 用螺钉紧固在中滑板的侧壁上，定位块 4 分别固定在带有四条纵向槽 3 的轴 2 上，这些挡铁可以按工件不同直径预先调整好。车好一个台阶后，将滚花手柄 5 连同轴 2 转过 90°，便可车削另一台阶。车削时当中滑板上的定位块与四位挡铁接触时，就表明台阶的直径尺寸已达到要求。在使用时，应注意四位挡铁要与刀架上的四把车刀相对应，切勿装错。

需要更精确地控制直径尺寸时，也可以利用百分表来控制中滑板横向移动的距离。

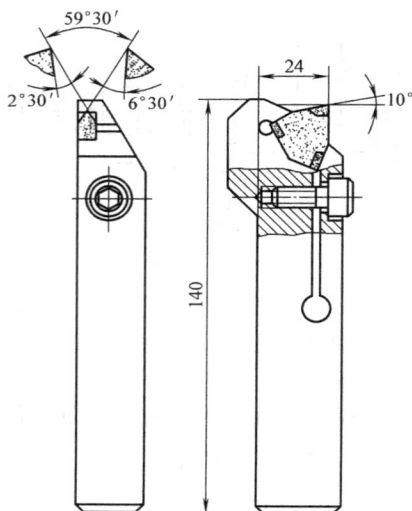

图 7-21　硬质合金可转位机械夹固式螺纹车刀

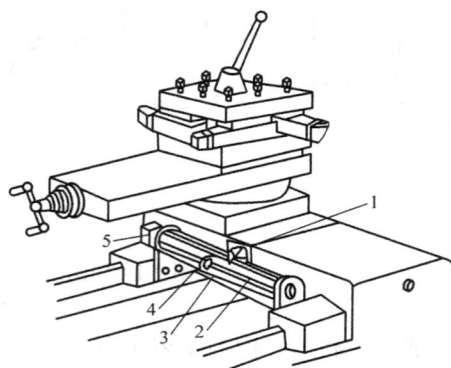

图 7-22　四位横向挡铁
1—定位块　2—轴　3—纵向槽
4—四位挡铁　5—手柄

2. 减少测量工件长度的时间

车削加工中，工件台阶的长度或孔的深度，一般用床鞍刻度盘来控制。卧式车床床鞍刻度盘刻度值为每格为 1mm，精度较差。因此，当工件长度精度要求较高时，可以采用纵向挡铁来控制。

如图 7-23a 所示，为带有微分筒的纵向挡铁，利用床鞍上的定位块与挡铁来控制工件的纵向加工尺寸。当转动挡铁上的微分筒时，可以对挡铁顶部的位置作微量调节，使工件达到较精确的尺寸。

如图 7-23b 所示，为四位纵向挡铁。滑座 1 上带有微分筒 2 的固定挡铁，用两个螺钉固定在床身上。圆盘 5 可以在套筒 6 内转动，在圆盘上有四个止挡螺钉 4，这四个止挡螺钉可以按工件所需要的长度进行调整。车削时只要转动圆盘，使所需要的止挡螺钉进入工作位置。这样，一块挡铁便可以控制四个尺寸。

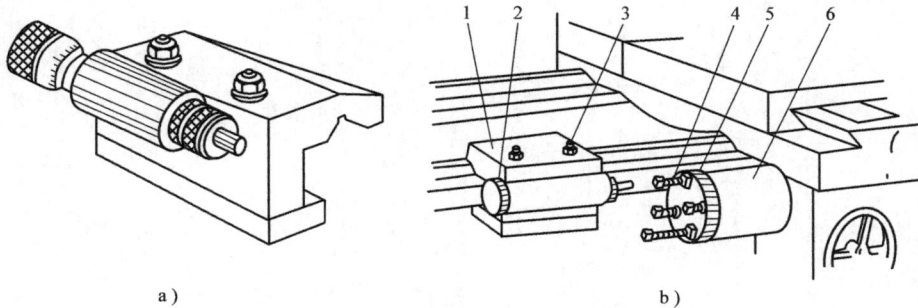

a)   b)

图 7-23　带有微分筒的纵向挡铁

a）带有微分筒的挡铁　b）四位纵向挡铁

1—滑座　2—微分筒　3—螺钉　4—止挡螺钉　5—圆盘　6—套筒

如图 7-24 所示，为带有百分表的挡铁装置。当刀架纵向移动时，百分表的触头触及挡铁，百分表可精确显示出床鞍移动的位置，带有百分表的挡铁与量块配合使用，可以控制几个长度；而且能达到 0.01mm 的精度。

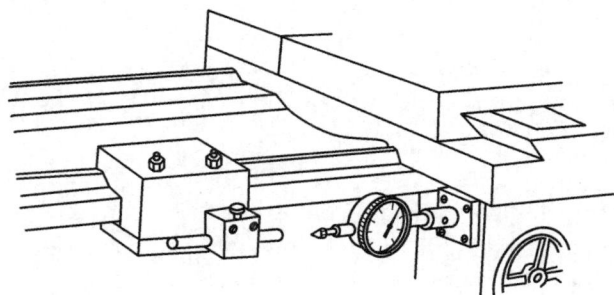

图 7-24　带有百分表的挡铁装置

3. 用位移数字显示装置控制工件

数字显示装置在车床上早已得到广泛的应用（即数显车床），它通过传感器和数码管等元件，将位移参数转换成电信号并以数字显示出来，从而自动对车刀的坐标位置进行精确的动态测量。这样不仅提高了控制精度，而且减少了停车测量工件的时间，减轻了劳动强度，大大减少了停车测量、对刀、试切、调整刻度盘所需要的辅助时间。

本 章 小 结

本章主要介绍了提高劳动生产率的途径及相关的工艺知识。通过本章的学习，了解劳动生产率的概念、组成和意义，学会缩短基本时间的方法，能够提出提高劳动生产率的有效措施。

复习思考题

1. 时间定额是由哪些因素组成的?
2. 缩短基本时间的方法有哪些? 试举例说明。
3. 缩短辅助时间的方法有哪些? 试举例说明。

附　表

附表 A　蜗杆导程角 γ、量针测量距 M 及量针直径等参数尺寸

m_x/mm	q	γ 蜗杆头数 z_1			
		1	2	3	4
1	28	2°02′44″	4°05′08″	6°06′56″	8°07′48″
	20	2°51′45″	5°42′38″	8°31′51″	11°18′36″
	14	4°05′08″	8°07′48″	12°05′41″	15°56′43″
	9	6°20′25″	12°31′44″	18°25′06″	23°27′45″
1.5	28	2°02′44″	4°05′08″	6°06′56″	8°07′48″
	20	2°51′45″	5°42′38″	8°31′51″	11°18′36″
	14	4°05′08″	8°07′48″	12°05′41″	15°56′43″
	9	6°20′25″	12°31′44″	18°26′06″	23°27′45″
2	26	2°12′09″	4°33′55″	6°34′55″	8°44′46″
	19	3°00′46″	6°00′32″	8°58′21″	11°53′19″
	13	4°23′55″	8°44′46″	12°59′41″	17°06′10″
2.5	24	2°23′09″	4°45′49″	7°07′30″	9°27′44″
	18	3°10′47″	6°20′25″	9°27′44″	12°31′44″
	12	4°45′49″	9°27′44″	14°02′10″	18°26′06″
	8	7°07′30″	14°02′10″	20°33′22″	26°33′54″
3	22	2°36′09″	5°11′40″	7°45′55″	10°17′18″
	17	3°21′59″	6°42′35″	10°00′29″	13°14′26″
	12	4°45′49″	9°27′44″	14°02′10″	18°26′06″
	8	7°07′30″	14°02′10″	20°33′22″	26°33′54″
4	19	3°00′46″	6°00′32″	8°58′21″	11°53′19″
	15	3°48′51″	7°35′41″	11°18′36″	14°55′53″
	11	5°11′40″	10°18′17″	15°15′18″	19°58′59″
	7	8°07′48″	15°56′43″	23°11′55″	—
5	18	3°10′47″	6°20′25″	9°27′44″	12°31′44″
	14	4°05′08″	8°07′48″	12°05′41″	15°56′43″
	10	5°42′38″	11°18′36″	16°41′57″	21°48′05″
	7	8°07′48″	15°56′43″	23°11′55″	—

（续）

m_x/mm	q	γ 蜗杆头数 z_1			
		1	2	3	4
6	17	3°21′59″	6°42′35″	10°00′29″	13°14′26″
	13	4°23′55″	8°44′46″	12°59′41″	17°06′10″
	9	6°20′25″	12°31′44″	18°26′06″	23°57′45″
	7	8°07′48″	15°56′43″	23°11′55″	—

m_x/mm	q	s_n 蜗杆头数 z_1				M 蜗杆头数 z_1				d_D/mm
		1	2	3	4	1	2	3	4	
1	28	1.57	1.567	1.562	1.555	31.926	31.935	31.948	31.968	2.10
	20	1.569	1.566	1.555	1.54	23.929	23.946	23.968	24.009	
	14	1.567	1.555	1.536	1.51	17.935	17.968	18.020	18.091	
	9	1.561	1.533	1.49	1.435	12.951	13.028	13.146	13.297	
1.5	28	2.355	2.350	2.343	2.333	47.066	47.079	47.099	47.126	2.94
	20	2.353	2.345	2.333	2.31	35.071	35.093	35.126	35.189	
	14	2.35	2.333	2.304	2.266	26.079	26.126	26.206	26.310	
	9	2.342	2.3	2.235	2.153	18.60	18.717	18.895	19.121	
2	26	3.139	3.132	3.121	3.105	58.208	58.227	58.257	58.301	3.78
	19	3.137	3.124	3.103	3.074	44.213	44.249	44.307	44.386	
	13	3.132	3.105	3.061	3.003	32.227	32.301	32.422	32.581	
2.5	24	3.924	3.914	3.897	3.874	67.344	67.374	67.421	67.484	4.62
	18	3.921	3.903	3.874	3.834	52.355	52.405	52.484	52.594	
	12	3.914	3.874	3.81	3.726	37.374	37.484	37.660	37.891	
	8	3.897	3.81	3.677	3.513	27.421	27.660	28.025	28.476	
3	22	4.708	4.693	4.669	4.637	74.489	74.530	74.596	74.684	5.46
	17	4.704	4.68	4.641	4.587	59.500	59.566	59.673	59.821	
	12	4.696	4.648	4.572	4.471	44.522	44.654	44.862	45.140	
	8	4.676	4.572	4.412	4.215	32.577	32.862	33.302	33.843	
4	19	6.274	6.249	6.206	6.148	88.426	88.495	88.613	88.772	7.56
	15	6.269	6.228	6.161	6.071	72.440	72.553	72.737	72.984	
	11	6.257	6.182	6.064	5.905	56.473	56.679	57.056	57.440	
	7	6.22	6.042	5.775	—	40.574	41.061	41.797	—	
5	18	7.842	7.806	7.747	7.667	104.710	104.809	104.971	105.191	9.24
	14	7.834	7.775	7.68	7.572	84.732	84.894	85.155	85.452	
	10	7.815	7.702	7.523	7.292	64.784	65.05	65.587	66.221	
	7	7.775	7.552	7.219	—	49.894	50.507	51.422	—	
6	17	9.409	9.36	9.281	9.174	118.997	119.131	119.348	119.642	10.92
	13	9.397	9.315	9.184	9.008	95.030	95.255	95.615	96.098	
	9	9.367	9.2	8.941	8.612	71.112	71.571	72.283	73.186	
	7	9.333	9.062	8.663	—	59.206	59.950	61.046	—	

注：q 为中径系数，同一模数中，q 的小值用于分度机构，q 的小值用于快速传动，一般情况下采用第三列 q 值。

附表 B　梯形螺纹的基本尺寸

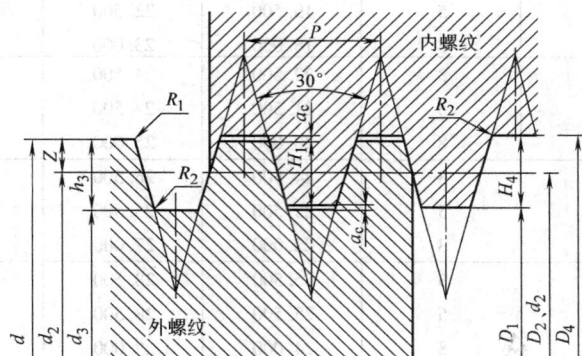

（单位：mm）

公称直径 d		螺距	中径	大径	小径	
第一系列	第二系列	P	$d_2 = D_2$	D_4	d_3	D_1
8		1.5	7.250	8.300	6.200	6.500
	9	1.5	8.250	9.300	7.200	7.500
		2	8.000	9.500	6.500	7.000
10		1.5	9.250	10.300	8.200	8.500
		2	9.000	10.500	7.500	8.000
	11	2	10.000	11.500	8.500	9.000
		3	9.500	11.500	7.500	8.000
12		2	11.000	12.500	9.500	10.000
		3	10.500	12.500	8.500	9.000
	14	2	13.000	14.500	11.500	12.000
		3	12.500	14.500	10.500	11.000
16		2	15.000	16.500	13.500	14.000
		4	14.000	16.500	11.500	12.000
	18	2	17.000	18.500	15.500	16.000
		4	16.000	18.500	13.500	14.000
20		2	19.000	20.500	17.500	18.000
		4	18.000	20.500	15.500	16.000

（续）

公称直径 d		螺 距 P	中径 $d_2 = D_2$	大径 D_4	小径	
第一系列	第二系列				d_3	D_1
	22	3	20.500	22.500	18.500	19.000
		5	19.500	22.500	16.500	17.000
		8	18.000	23.000	13.000	14.000
24		3	22.500	24.500	20.500	21.000
		5	21.500	24.500	18.500	19.000
		8	20.000	25.000	15.000	16.000
	26	3	24.500	26.500	22.500	23.000
		5	23.500	26.500	20.500	21.000
		8	22.000	27.000	17.000	18.000
28		3	26.500	28.500	24.500	25.000
		5	25.500	28.500	22.500	23.000
		8	24.000	29.000	19.000	20.000
	30	3	28.500	30.500	26.500	27.000
		6	27.000	31.000	23.000	24.000
		10	25.000	31.000	19.000	20.000
32		3	30.500	32.500	28.500	29.000
		6	29.000	33.000	25.000	26.000
		10	27.000	33.000	21.000	22.000
	34	3	32.500	34.500	30.500	31.000
		6	31.000	35.000	27.000	28.000
		10	29.000	35.000	23.000	24.000
36		3	34.500	36.500	32.500	33.000
		6	33.000	37.000	29.000	30.000
		10	31.000	37.000	25.000	26.000
	38	3	36.500	38.500	34.500	35.000
		7	34.500	39.000	30.000	31.000
		10	33.000	39.000	27.000	28.000
40		3	38.500	40.500	36.500	37.000
		7	36.500	41.000	32.000	33.000
		10	35.000	41.000	29.000	30.000
	42	3	40.500	42.500	38.500	39.000
		7	38.500	43.000	34.000	35.000
		10	37.000	43.000	31.000	32.000
44		3	42.500	44.500	40.500	41.000
		7	40.500	45.000	36.000	37.000
		12	38.000	45.000	31.000	32.000
	46	3	44.500	46.500	42.500	43.000
		8	42.000	47.000	37.000	38.000
		12	40.000	47.000	33.000	34.000
48		3	46.500	48.500	44.500	45.000
		8	44.000	49.000	39.000	40.000
		12	42.000	49.000	35.000	36.000

（续）

公称直径 第一系列	系列	螺距 P	中径 $d_2 = D_2$	大径 D_4	小径 d_3	小径 D_1
50		3	48.500	50.500	46.500	47.000
		8	46.000	51.000	41.000	42.000
		12	44.000	51.000	37.000	38.000
		3	50.500	52.500	48.500	49.000
		8	48.000	53.000	43.000	44.000
		12	46.000	53.000	39.000	40.000
	55	3	53.500	55.500	51.500	52.000
		9	50.500	56.000	45.000	46.000
		14	48.000	57.000	39.000	41.000
		3	58.500	60.500	56.500	57.000
		9	55.500	61.000	50.000	51.000
		14	53.000	62.000	44.000	46.000
	65	4	63.000	65.500	60.500	61.000
		10	60.000	66.000	54.000	55.000
		16	57.000	67.000	47.000	49.000
70		4	68.000	70.500	65.500	66.000
		10	65.000	71.000	59.000	60.000
		16	62.000	72.000	62.000	54.000
	75	4	73.000	75.500	70.500	71.000
		10	70.000	76.000	64.000	65.000
		16	67.000	77.000	57.000	59.000
80		4	78.000	80.500	75.500	76.000
		10	75.000	81.000	69.000	70.000
		16	72.000	82.000	62.000	64.000
	85	4	83.000	85.500	80.500	81.000
		12	79.000	86.000	72.000	73.000
		18	76.000	87.000	65.000	67.000

读者信息反馈表

感谢您购买《车工工艺学（下册）》一书。为了更好地为您服务，有针对性地为您提供图书信息，方便您选购合适图书，我们希望了解您的需求和对我们教材的意见和建议，愿这小小的表格为我们架起一座沟通的桥梁。

姓名		所在单位名称	
性别		所从事工作（或专业）	
通信地址		邮编	
办公电话		移动电话	
E-mail			

1. 您选择图书时主要考虑的因素：（在相应项前面✓）

（　）出版社　　（　）内容　　（　）价格　　（　）封面设计　　（　）其他

2. 您选择我们图书的途径（在相应项前面✓）

（　）书目　　（　）书店　　（　）网站　　（　）朋友推介　　（　）其他

希望我们与您经常保持联系的方式：

□电子邮件信息　　□定期邮寄书目

□通过编辑联络　　□定期电话咨询

您关注（或需要）哪些类图书和教材：

您对我社图书出版有哪些意见和建议（可从内容、质量、设计、需求等方面谈）：

您今后是否准备出版相应的教材、图书或专著（请写出出版的专业方向、准备出版的时间、出版社的选择等）：

非常感谢您能抽出宝贵的时间完成这张调查表的填写并回寄给我们，您的意见和建议一经采纳，我们将有礼品回赠。我们愿以真诚的服务回报您对机械工业出版社技能教育分社的关心和支持。

请联系我们——

地　　址　北京市西城区百万庄大街 22 号　机械工业出版社技能教育分社

邮　　编　100037

社长电话　（010）88379080　88379083　68329397（带传真）

E-mail　jnfs@ mail. machineinfo. gov. cn